Paulette Boudet
Gib mir deine Wut

Paulette Boudet

Gib mir deine Wut

Eine Frau berichtet

Aussaat

Die Originalausgabe ist erschienen unter dem Titel
«CE COMBAT N'EST PAS LE TIEN... MAIS» de Paulette Boudet
© LIBRAIRE ARTHÈME FAYARD 1988

Übersetzung aus dem Französischen von Beate Bongrand
(Da die Übersetzerin in Frankreich lebt und arbeitet, stand ihr kein *ß* zur Verfügung;
wir haben uns entschlossen, durchgängig die Schreibweise mit *ss* beizubehalten)

© 2000 Aussaat Verlag
Verlagsgesellschaft des Erziehungsvereins mbH, Neukirchen-Vluyn
Titelgestaltung: Hartmut Namislow
Satz: STP/Aussaat
Druck: Ebner Ulm
Printed in Germany
ISBN 3-7615-5062-6
Bestellnummer 155 062

Denn der Kampf ist nicht eure Sache, sondern Gottes Sache
(2.Chronik 20, 15)

Einführung

Ich bin als Tochter eines katholischen Vaters und einer jüdischen Mutter zur Welt gekommen – die beide zwar irgendwie gläubig waren, ihren Glauben jedoch nicht praktizierten – und die Theologie, mit der ich aufwuchs, war sehr karg und beschränkte sich, rein moralisch, auf die Existenz eines «lieben Gottes», der alles sah, was wir machten. Was die religiöse Praxis betraf, so bestand sie in dem abendlichen Gebet: «Lieber Gott, schütze Papa, Mama, meine Schwestern und mich und mach mich lieb. Dein Wille geschehe». Ich erinnere mich, dass dieses «Dein Wille geschehe» und jener «liebe Gott», der mein Gott wurde, lange Zeit geheimnisvolle Formeln für mich waren, deren Bedeutung ich nicht verstand.

Als ich vierzehn war, machte ich mit meinem Vater einen Spaziergang zu den Bücherständen der Quais von Paris und entdeckte ein dunkelgrünes Büchlein, dessen Format und Farbe mich entzückten. Ohne auf den Titel zu achten, zeigte ich es meinem Vater. Er schenkte es mir. Das Buch hatte den Titel: Imitation de Jesus Christ (Leben wie Jesus Christus).

Ich las es mit Leidenschaft. Ich wollte mehr wissen über diesen Jesus, kaufte mir ein Neues Testament und las zum ersten Mal in meinem Leben das Evangelium. Mit meinen katholischen Klassenkameradinnen ging ich zur Messe und nahm sogar mit zwei von ihnen an Osterexerzitien teil.

5

Mein Vater fragte mich manchmal, wenn ich von einem Gottesdienst zurückkam, und er mir die Tür öffnete, welchen Nutzen mir der Besuch der Messe eigentlich brächte (seine Frage war berechtigt, denn an meinem Verhalten wurde keine Veränderung sichtbar!). Ich konnte es ihm nicht erklären. Schliesslich fragte er mich, ob ich getauft werden wollte. Ich antwortete ihm, ich wüsste es noch nicht so recht und hätte noch keine Entscheidung getroffen.

Diese reifte im Laufe des kommenden Jahres heran, paradoxerweise durch die Entdeckung, dass ich in vielen Dingen mit der katholischen Kirche nicht einverstanden war. Anlässlich der Lektüre eines damals aktuellen Katechismus kamen an bestimmten Punkten Zweifel in mir auf, ich verspürte aber nicht das Bedürfnis, irgend jemand Fragen zu stellen im Blick auf die Trinität, genausowenig wie es mir eingefallen wäre, Nachforschungen anzustellen über die Existenz von Tierseelen oder andere Themen, die Minderjährige beschäftigen können. Eigentlich stellte ich mir überhaupt keine theologischen Fragen. Es war ja auch nicht unbedingt erforderlich, mit dem Inhalt eines Katechismus einverstanden zu sein. Ich hatte mich für den Christus des Evangeliums entschieden, ich ging gern zur Messe, und ich wollte darum bitten, getauft zu werden.

Dieses Verhalten war übrigens typisch für mein Verhältnis zur Kirche wie auch zum Evangelium, ein Verhältnis, das es mir erlaubte, das zu nehmen, was mir behagte, und den Rest beiseite zu lassen. Häufig war ich noch nicht einmal bereit, wahrzunehmen, was ich nicht wahrhaben wollte.

Ich teilte meinem Vater also meinen Wunsch mit, dass ich gerne die katholische Taufe empfangen wollte und wurde in Stresa, in Italien, getauft, ohne vorher irgendwelchen Unterricht erhalten oder mit einem Priester gesprochen zu haben. Dabei empfing ich gleichzeitig zum ersten Mal aus der Hand eines alten Priesters die heilige Kommunion. Damals war ich fünfzehn Jahre alt.

Wenn ich heute an diese weit zurückliegende Zeit denke, glaube ich, dass Christentum hauptsächlich Rationalismus, Sentimentalität und Willensstärke für mich bedeutet hat.

Ich war sehr idealistisch, und dieses Evangelium gefiel mir. Es hatte etwas Erhabenes, etwas Schönes. Ich ging in einer sehr intellektuellen Weise an das Wort Gottes heran – wie ich damals fast alles anzugehen pflegte –, und das war für mich eine sehr zufriedenstellende Vorgehensweise; sie bedeutete nämlich, nicht wirklich hinzuhören und die Schrift nicht wirklich zu studieren. Andererseits schien mir dieser Willensakt sehr wichtig zu sein, erhebend, wesentlich, und ich betrachtete das Christentum zur einen Hälfte als einen Willensakt, mit allem, was an Askese, Opferbereitschaft und «guten Taten» damit verbunden war, und zur anderen Hälfte als die praktische Umsetzung all dieser Dinge.

Ich hing mit ganzem Herzen an der Devise des Augustinus: «Tu was dir gefällt, aber tu es mit Liebe». Aber was meine Liebe anbelangte, so schien das Wort des Augustinus umgekehrt zu gelten: «Liebe die, die du lieben willst.» Und was die Praxis betraf, so verhielt ich mich wie ein ungenügend aufgeklärter agnostischer Philanthrop, der jeden Morgen zur Messe ging. Ich tat nämlich in der Tat, was mir gefiel, d.h. was mir für mich gefiel, nämlich die Messe zu besuchen. Was mir für Gott gefiel, das waren Opfer, Fasten, das Einhalten bestimmter Lebensregeln, der Katechismus, die Leitung von Bibelstudiengruppen, die Teilnahme an Exerzitien und schliesslich, was ich für die «anderen, für die ich etwas wollte», wollte. Ich kümmerte mich nämlich mit viel Liebe und in wirksamer Weise um meine armen kleinen, unglücklichen Nächsten, es kam mir jedoch nie in den Sinn, denen, die nicht arm und augenscheinlich nicht unglücklich waren, Aufmerksamkeit und Liebe zu schenken, und ich habe vielen Menschen meiner Umgebung Kummer bereitet oder sie verletzt. Jemanden nicht zu lieben war im allgemeinen kein Problem für mich. Wichtig war, nichts Böses zu tun. Der Gedanke, dass meine Gleichgültigkeit oder meine Verachtung andere berühren könnten, kam mir nie, warum waren sie auch so empfindlich und massen der Meinung anderer so viel Bedeutung bei? Tat ich das denn? Niemanden zu verleumden war wichtig, aber schwierig. Niemanden zu verurteilen war mehr als schwierig.

Auch das Beten war für mich wie eine Willensübung. Ich hatte nicht die geringste Ahnung, so unglaublich es sich anhören mag, angesichts der zahlreichen Exerzitien, an denen ich teilnahm, und der vielen religiösen Bücher, die ich las, dass Beten darin bestehen könne, Gott zu loben und ihm zuzuhören. Ich konnte um Verzeihung bitten, Dinge erbitten, für andere beten und über die Heilige Schrift in intellektueller Weise meditieren. Versuchte ich aber, still mit einfachen Worten zu beten, so ballte ich die Fäuste zusammen, schloss die Augen und zwang mich, nur an Gott zu denken, mit dem Ergebnis, dass nichts geschah.

Die Veränderungen in mir, die ich als notwendig erachtete, und die ich erreichen wollte, sowie die Art und Weise, wie sie sich vollzogen, hatten nichts mit Gehorsam gegenüber Gott oder mit Gottes Einfluss auf meine Persönlichkeit zu tun. Ich las zwei- oder dreimal im Jahr das 15. Kapitel des Johannes-Evangeliums, in dem es heisst: «Ich bin der wahre Weinstock, und mein Vater ist der Weingärtner», und ich verstand nicht, dass der Weingärtner derjenige ist, der den Weinstock beschneidet, und nicht die Weinranke selbst. Was ich verstand, war, dass Gott von mir erwartete, in einer bestimmten Weise zu handeln, und dass dieses Handeln einzig mich selbst betraf.

Kurzum, ich war eine engagierte Katholikin, die weiterhin nach ihrem Willen lebte, und die, bewusst oder unbewusst, fortfuhr, das Evangelium so zu betrachten, wie es ihr passte. Aber es bedurfte nicht meiner Leidenschaft für Kierkegaard, um zu erkennen und zu spüren, dass noch ein weiter Weg vor mir lag, bis ich eine wahre Christin sein würde. Es war offenkundig, dass noch viele Opfer, viel Zeit, viel Willenskraft, viel «Tun» und viele Anstrengungen erforderlich waren, um dorthin zu gelangen.

Mittlerweile war ich verheiratet, und wir hatten Kinder bekommen. Mehrere Jahre war ich sehr glücklich, erfüllt von einem Eheleben, das meinen Idealvorstellungen entsprach. Als ich entdeckte, dass ein tiefer Riss zwischen meinem Mann und mir entstanden war, durchlebte ich eine leidvolle Zeit, die schliesslich durch bewusstes Loslösen von ihm ein Ende fand.

Diese Lösung machte mich jedoch nicht glücklich. Ich lebte in einem Zustand chronischer Unzufriedenheit.

Das war sicher nicht die Lösung im Sinne Gottes.

Dann kam das Jahr 1962. Ein schrecklicher Sommer hatte mit einer Reise nach Griechenland begonnen, die ich mit unseren vier Kindern unternommen hatte. Ihr Vater sollte gleich zu Anfang dieser Reise zu uns stossen, kam jedoch nur für die letzten drei Tage. Und das war gut so, denn er war so mies gelaunt, und ich beging den Fehler, mich ganz nach ihm zu richten, so dass unsere Reise, die bis dahin für alle ein fröhliches und glückliches Abenteuer gewesen war, von nun an gründlich verdorben war.

Wieder zu Hause, lud mein Mann so viele Geschäftsfreunde ein, dass das Haus stets voll war, und dieses Mal war ich mieser Laune, und er hatte sich mir anzupassen, was übrigens das einzige war, worüber wir uns einig waren.

Ich sehe mich noch auf der Wiese vor dem Haus. Ich bin gerade dabei, meinem Mann zu erklären, dass dieses ständige Kommen und Gehen seiner Freunde ein Familienleben unmöglich macht und schicke mich an, eine Litanei bitterer Anschuldigungen vom Stapel zu lassen, als unser ältester Sohn Jean-Luc, einen Tennisschläger unter dem Arm, auf uns zukommt und mir fröhlich mit dem Zuruf: «Nur keine Scheidung!» ins Wort fällt.

Ich erinnere mich auch an einen Spaziergang, den ich in demselben Sommer mit einem Freund machte, der Priester war. Wir waren auf dem Weg, der zwischen einem Bauernhof und der Mauer unseres Gartens liegt. Ich legte ihm gerade auseinander, dass mein Christsein schliesslich nichts verändert habe in meinem Leben (endlich ein Gedankenblitz!). In welcher Weise beeinflusste mein Glaube denn mein Leben? (Ich dachte nicht eine Sekunde an mein Eheleben!)

Was tue ich eigentlich für Gott? Müssten meine Art zu leben, mich zu kleiden, mein Handeln anders sein? Worin liegt im wesentlichen das Sündhafte meines Lebens (vielleicht einzig und allein!), ist es vielleicht die fehlende Armut oder fehlende «Opferbereitschaft»? Ah, diese Opfer!

Das war ein schwieriger Sommer.

Aus Griechenland hatte ich meine ersten Lumbagoschmerzen mitgebracht, und eines Tages war beim Anziehen mein Rücken plötzlich völlig blockiert. Als er sich gebessert hatte und ich mich wieder frei bewegen konnte, begannen die Ischiasschmerzen.

Ich machte mir auch Sorgen um meine Töchter, die in dem sogenannten «schwierigen» Alter waren. Zum Glück waren da noch die Söhne. Der jüngste war neun und problemlos. Der älteste war meine ganze Freude. Es herrschte zwischen uns beiden eine unkomplizierte und tiefgehende Beziehung. Er zeigte sich mir gegenüber in einer Weise aufmerksam, die ich nur von meinem Vater kannte, denn die Beziehung zwischen meinem Mann und mir war von Anfang an eine Partnerschaft gewesen, in der beide in gleicher Weise verantwortlich waren und in der es weder einen Beschützer noch einen Schützling gab. Jean-Luc sorgte und kümmerte sich um mich, wie es nur mein Vater getan hatte.

Ich sehe uns noch am Bahnhof, wohin ich ihn begleite, weil er für ein paar Tage nach Belgien zu Freunden reist. Wir stehen am Auto, als er mich beim Arm nimmt, mich zum linken Vorderreifen des Autos führt und sagt: «Pass auf, dein Reifen hat nur wenig Luft. Fahr nicht zu schnell, und versprich mir, ihn aufpumpen zu lassen, bevor du heimfährst!»

Anfang September ist er wieder daheim. Am Abend vor seinem Unfall kommt er in mein Zimmer und bittet mich, mit ihm zu beten: «Hilf mir, ich kann es nicht allein.»

Und ich, die ich es eigentlich auch nicht besser kann, bete für ihn. Gemeinsam knien wir vor seinem Bett ...

An dem Dienstagmorgen, an dem sein Unfall passierte, war er in die Stadt gefahren, um eine letzte Nachhilfestunde in Mathematik zu nehmen; er wollte sich den Kopf vollstopfen mit Wissen für seine Aufnahmeprüfung in die Vorbereitungsklasse für die Ingenieurschule. Mein Mann und meine älteste Tochter waren bereits in Paris, unsere zweite Tochter bei einer Freundin. Ich stand um 5 Uhr morgens auf, früher als die Jungen, und machte einen Pilgermarsch von zwanzig Kilometern zum Brunnen Bénite-Fontaine, um dort Gott zu bitten, dass keines unserer Kinder je von ihm getrennt sei. Als ich wieder nach Hause kam, war mein Sohn bereits mit seinem Motorrad zur Schule gefahren. Ich ging einkaufen und bereitete zum Mittagessen Kalbsleber zu, weil er die besonders gern mochte.

Und dann hat man mich abgeholt. Er hatte einen Unfall gehabt. Ein Autofahrer hatte ein Stoppschild überfahren und ihn voll erfasst. Jean-Luc lag in der Stadtklinik.

Am nächsten Abend war er tot.

Die Gefühle, die der Tod unseres Sohnes in mir auslöste, waren gewaltig. Kein anderer Schmerz, keine andere Realität trifft uns in gleicher Weise. Ich habe dieses Leid mit meinem ganzen Wesen und meinem ganzen Sein durchlebt. In dunkler Nacht, als jeder Augenblick Beklemmungen in mir auslöste und ich das Gefühl hatte, in die Tiefe eines bodenlosen Brunnens zu fallen, klammerte ich mich an die Hand meines Gottes, an die Worte Jesu: «Noch heute wirst du mit mir im Paradies sein.»

Ich kann mich nicht mehr deutlich an diese Tage erinnern, weder an die ersten noch an die der sechs oder sieben folgenden Jahre. Es sind nur Bruchstücke geblieben. Mein Mann, der mich in seine Arme nimmt, eine Gott nahestehende Freundin, die einige Jahre vorher selbst ein Kind unter dramatischen Umständen verloren hatte, und die zu mir sagt: «Wir nehmen hier auf Erden alles viel zu wichtig. Wenn wir erst einmal im Reich Gottes sind, werden wir alles verstehen.» Und: «Wir setzen unsere Kinder in die Welt, damit sie das ewige Leben erlangen. Ihr erlaubt es ihm jetzt, in das ewige Leben vorzudringen.» Ich musste an das Gebet denken, das ich am Tag des Unfalls ausgesprochen hatte, und ich schrie zu Gott: «Nicht auf diese Weise!»

Mein Mann und ich haben uns aneinander geklammert. Die Schranken zwischen uns sind gefallen. Ich habe aufs neue meine Liebe zu ihm entdeckt. Wir haben gemeinsam in tiefer Verbundenheit das furchtbare Leid des Todes unseres Sohnes erfahren. Auch unsere Töchter brachten uns so viel Zärtlichkeit und Innigkeit entgegen, wie ich mir nur wünschen konnte.

11

Und ich schrie zu Gott: «Nicht um diesen Preis, Herr!»
Wie sehr begehrte ich zu spüren, wie Jean-Luc seine Arme um
meinen Hals legte. Das Berühren seiner Hände. Sein Lachen
und seine Stimme zu hören.

Mein Mann und ich lebten in einer Atmosphäre, in der wir
manchmal das Gefühl hatten, zu ersticken. Es war, als ob sich
von allen Seiten Mauern um mich schlossen, die mich gefan-
genhielten und erdrückten. Sechs Monate lang schlief ich fast
nicht. Dann fand ich langsam wieder Ansätze von Schlaf, aus
dem ich jedesmal mit dem schrecklichen Bewusstsein aufwach-
te, dass unser Sohn tot war.

Später fand ich in den Psalmen und bei Hiob ein schwaches
Echo, von dem, was ich erlebt habe:

Deine Hand liegt schwer auf mir.
Ich bin tief niedergebeugt, ich werde fast krumm.
Ich bin ganz und gar zerschlagen und ohne Kraft.
Auch mit meinen Augen kann ich nicht mehr sehen.
Ich bin wie ein Tauber, der nichts hört.
Ich bin wie ein Stummer, der nichts redet.
Darum ist dein Licht finster geworden, dass du nicht sehen kannst, und
Wasser bedecken dich.

(Psalm 38 und Hiob 22, 11)

Aber gleichzeitig hatte ich, wie Hiob, keinen Moment einen
Zweifel daran, dass «mein Verteidiger lebte», und ich wusste,
dass er mich nicht verlassen würde.

In meine dunkle Verzweiflung fiel plötzlich ein Lichtschein.
Ich verstand langsam die Bedeutung der Worte, die Paulus sagte: «Denn wenn ich schwach bin, dann bin ich stark .» (2. Kor.
12, 10)

Ich verstand plötzlich, dass ich nicht herausfinden musste, wie
ich das Evangelium zu leben hatte, wie ich Christus folgen sollte, sondern dass ich das leben musste, was mir zu leben gegeben
war. Ich verstand, dass es nicht darum ging, «Opfer für Gott» zu
suchen oder etwa meinen Weg, sondern einfach Ja zu sagen zu
dem, was ich selbst nie, niemals beschlossen hätte.

Paradoxerweise war ich jetzt, da der Tod meines Sohnes mich

in einem Masse in seiner Gewalt hatte, dass ich in jener Welt, die dieser Tod mir zum Teil verschloss, nicht mehr atmen konnte, gleichwohl imstande, wo es nötig war, ein Mass an Zuwendung und Liebe zu geben, von dem ich nicht einmal wusste, dass ich es besass, ja, das ich eigentlich nicht besass.

Gott schickte mir viele Männer und Frauen, deren Anliegen auf der Hand lagen, wie z.B. Mütter, die ein Kind verloren hatten und für die nur eine Frau, die dasselbe durchgemacht hatte, Worte finden konnte, die nicht nur leere Worte waren. Ich erkannte, dass das Leiden uns nicht gegeben ist, damit wir Trost finden können, sondern damit wir in die Lage versetzt werden, andere zu trösten.

Im Laufe des ersten Jahres nach dem Tod unseres Sohnes wurde mir noch ein anderes Geheimnis der Liebe offenbar.

Bei dem Sohn von Freunden waren Anzeichen einer schweren psychischen Krankheit aufgetreten. Die Spannungen, die zwischen ihm und seinen Eltern herrschten, hatten den Grad der Unerträglichkeit erreicht. Die Eltern fürchteten um das Leben ihres Sohnes. Er hatte sich in seinem Zimmer eingeschlossen und es abgelehnt, wieder herauszukommen.

Er war, wie unser ältester Sohn, in der Klasse zwölf des Gymnasiums und stand vor dem ersten Teil seines Abiturs (Das französische Abitur besteht aus zwei Teilen: Der erste Teil, die Französischprüfung findet am Ende der Klasse 11 statt, die anderen Fächer werden am Ende der Klasse 12 geprüft). Jean-Luc hatte mich gebeten, den Sohn unserer Freunde mit nach Paris zu nehmen und mich um ihn zu kümmern, was um so grosszügiger von ihm war, als er selbst im Internat bleiben musste.

Die Eltern des Jungen, den ich hier Yves nennen möchte, waren zu allem bereit und hatten mein Angebot angenommen. So hat Yves also das dritte Trimester des Schuljahres bei uns in Paris verbracht. Er hat die Abiturprüfung natürlich nicht bestanden, verbrachte dann den Sommer bei seinen Eltern und ist nach Jean-Lucs Tod zu uns zurückgekehrt, um, wie es vorher vereinbart worden war, die Klasse 11 zu wiederholen und in dieser Zeit bei uns zu wohnen.

13

Sein Unterricht begann morgens später als der unserer Kinder, und er trödelte beim Frühstück, das er mit verschlossenem Blick und gespanntem Gesichtsausdruck zu sich nahm. Seine Hände zitterten, und wenn er seinen Milchkaffee trank, verschüttete er häufig die Hälfte.

Ich mochte diesen Jungen aufrichtig, zum einen, weil er war, wie er war, zum andern, weil er bei uns lebte, und schliesslich, weil Jean-Luc ihn mir anvertraut hatte. Ich glaube, dass er bei uns neben der Ausgeglichenheit, die ihm der Lebens- und Arbeitsrhythmus unserer Familie gab, eine positive, aus Entschlossenheit und Liebe entstandene Stärke erworben hat. Aber an manchen Tagen, wenn ich sah, wie er da sass, schlaff, mit zitternden Händen und verschwommenem Blick, und wie er nach dem Weggehen meiner Kinder das Frühstück endlos in die Länge zog, während ich verzweifelt darauf wartete, dass auch er endlich gehen möge, damit ich meinen Tränen freien Lauf lassen könne, ertrug ich seine Anwesenheit nicht mehr, ertrug ich diesen kaputten Jungen nicht mehr.

Innerlich konnte ich nicht mehr. Äusserlich hatte sich an meinem Verhalten, an meiner Stimme, an meiner Art, mit ihm zu sprechen und ihm zuzuhören, nichts geändert.

Aber das wusste er. Sobald ich ihm das «Als-ob-ich-ihn-mochte» anbot, wusste er, dass das nur eine leere Hülse war. Und sofort verschlimmerte sich sein Zustand. Seine Augen verschlossen sich noch mehr, und seine Hände zitterten so gewaltig, dass der Kaffee nach allen Seiten auf das Tischtuch schwappte, und der Rest seines Tages verlief entsprechend.

Ich erkannte schnell die Wechselbeziehung zwischen seinem seelischen Gleichgewicht und meinen Gefühlen. Sie war offenkundig! Und zu dieser Zeit machte ich die vielleicht bis dahin wichtigste Entdeckung meines Lebens, dass ich nicht mit Gewalt, sondern dank einer Kraft, die zwar unerklärbar, aber doch Ausdruck eines klaren Willensaktes war, meine ganze Liebe zu ihm konzentrieren konnte, dass ich ihn wirklich lieben konnte und dies mit meiner ganzen Art, mich zu geben, zu sprechen und ihn anzuschauen. Und er spürte es sofort. Seine

Hände zitterten nicht mehr, sein Blick hellte sich auf, er konnte mich ansehen, er konnte seinen Tag angehen.

So hat Gott mir durch Yves zwei Dinge beigebracht. Einmal, dass die Willenskraft im Bereich der Liebe eine unentbehrliche Rolle spielt; indem ich mich willentlich dazu entschloss, gelang es mir, meine Aufmerksamkeit, meine zärtlichen Gefühle und die Liebe in mir zu mobilisieren. Und zum zweiten, dass die Liebe eine umwandelnde Kraft sein konnte, denn die Besserung des Zustandes von Yves war unmittelbar abhängig von der Qualität meiner Liebe, die ich ihm bezeugen konnte, wenn es ihm schlecht ging.

Ausgehend von dieser Entdeckung stellte ich fest, dass, was für ihn galt, auch für jeden anderen Menschen Gültigkeit besass, nämlich, dass es mit Gottes Hilfe jedem beliebigen Menschen gegenüber möglich war, meinen Blick in einen Blick der Liebe umzuwandeln, und dass, wenn dies geschah, etwas in dem Menschen, dem ich begegnete, in mehr oder weniger wahrnehmbarer, mehr oder weniger bewusster Weise auf diese Liebe antwortete.

Diese Entdeckungen sowie einige Begegnungen ragen aus dem Nebel der sechs bis sieben Jahre nach Jean-Lucs Tod heraus. Darüber hinaus weiss ich nur noch, dass ich weder die Kraft aufbrachte zu schreiben oder Musik zu hören; aber auch Untätigkeit oder Alleinsein waren mir unmöglich. Dank einiger Überlebenshilfen, wie der Sorge, unsere anderen Kinder nicht zu sehr mit meinem Leid zu belasten, sie nicht daran zu hindern, ihr Leben weiterzuführen, meinem Mann, der Messe und den Therapiestunden, die ich Gelähmten im Krankenhaus gab, konnte ich mich über Wasser halten. Ich erinnere mich auch, dass ich, sobald meine Gesundheit es erlaubte, immer mehr Verpflichtungen und Beschäftigungen annahm, denen ich regelmässig nachging. Eine Droge wie jede andere.

Zwischen diesen eher künstlichen Verpflichtungen diente, nicht etwa der intellektuellen Erbauung, sondern ebenfalls als Droge und sozusagen als musikalische Untermalung, die Überarbeitung der Kierkegaard-Übersetzungen (mein Mann hatte sich, in der Hoffnung, mich auf diese Weise ein wenig von meinem Kummer abzulenken, darauf eingelassen, die Veröffentlichung der Gesamtwerke des dänischen Philosophen in französischer Sprache zu fördern).

Langsam gelang es meinem Mann, den seine beruflichen Tätigkeiten ganz in Beschlag nahmen, dem Leben wieder gewogen zu sein. Seine von ihm gegründete Firma begann gerade, erste Erfolge zu zeigen, und er litt sehr darunter, dass ich immer noch gefangen war von der Trauer um unseren Sohn und nicht teilhaben konnte an seinen Freuden, seinem Stolz und den Früchten seiner Arbeit.

Mit der Zeit empfand er mein unverändertes Leid und das zurückgezogene Leben, das wir führten, als Belastung, und es begann, ihn zu stören. Auch meine Abhängigkeit von ihm ärgerte ihn. Er hatte mich nämlich seit dem Tod Jean-Lucs in verstärktem Mass in das Geschehen und die Probleme seiner Firma mit einbezogen. Mein Leben war jetzt völlig auf seines und das der Kinder ausgerichtet; ich lebte jetzt vor allem von ihm und durch ihn.

Nach etwas mehr als sieben Jahren nach dem Tod unseres Sohnes stellte ich fest, dass mein Mann eine Beziehung zu einer anderen Frau unterhielt. Ich verlor den Boden unter den Füssen. Ich weiss, dass das ein abgedroschener Ausdruck ist, aber er beschreibt genau das, was mir geschah. Ich war zu jenem Zeitpunkt abhängiger denn je von meinem Mann. Ich hatte mich noch nicht von dem Schock über den Tod meines Sohnes erholt. Eine unserer Töchter war inzwischen verheiratet und lebte auf dem Land. Die andere wohnte im Ausland. Unser zweiter Sohn verbrachte den ganzen Tag in der Schule. Und nach und nach entzog mein Mann mir seine Liebe, seine Aufmerksamkeit, seine Anwesenheit und alles, wodurch er versucht hatte, mein Leben neu zu füllen, nämlich mich teilhaben zu lassen an seinem Leben und seinen beruflichen Beziehungen.

Es begann für mich eine Zeit der Eifersucht und Verzweiflung.

Für uns beide begann eine Zeit der Ehekräche, Spannungen, gegenseitiger Aggressionen und Lügen, für die ich nicht viel Talent bewies.

Und das Ganze sollte lange Zeit so bleiben, was ich glücklicherweise damals noch nicht ahnte! Für mich lag die Grenze der Erträglichkeit einer solchen Situation bei höchstens sechs Monaten. Und es vergingen schliesslich, auf Grund immer neuer Krisen, acht Jahre. Die ganzen acht Jahre über war es klar für mich, dass ich diese Situation, diese Atmosphäre nicht länger als sechs Monate ertragen konnte. Ich war entschlossen, sie nicht länger als sechs Monate zu dulden. Ich würde es sechs Monate lang aushalten und nicht einen Tag länger. Und was würde sich nach sechs Monaten ändern? Ich konnte es nicht sagen. Erwartete ich vor allem, dass wir jenen zärtlichen und liebevollen Umgang, den wir nach dem Tod unseres Sohnes wieder gefunden hatten, wieder aufnehmen würden? Vielleicht dachte ich auch an Vergeltung.

Inzwischen tat ich alles, was eine eifersüchtige und verlassene Frau tut. Ich wartete auf meinen Mann, durchsuchte seine Taschen, lauerte darauf, dass er sich in Widersprüche verwickeln würde, stellte ihm Fallen, heulte, schrie, klagte, klagte ihn an und ... unnötig, weitere Einzelheiten zu nennen. Vor allem aber wurde ich trübselig. Ich betete viel, aber es waren weder Gebete des Vertrauens noch des Gehorsams. Es handelte sich eher um lange Klagelieder, ein Flehen, das ich schliesslich aufgab, um – mit Hilfe von Vorhaltungen, Leidensbeschreibungen und anderer menschlicher, der Situation jedoch völlig unangepasster Mittel – die Situation zu verändern und einen immer häufiger abwesenden Ehemann zurückzuholen. Wie könnte ich das heute nicht mehr verstehen? Jeder hätte auf diese Art gehandelt.

Zunächst gab ich die meisten meiner regelmässigen Verpflichtungen auf. Dann begann ich, andere anzunehmen. Aber nichts konnte die Leere, die ich empfand, wirklich füllen. Als unser jüngster Sohn in die Schule ging, besuchte ich alle möglichen Abendkurse, um diesem Haus, das ohne Leben war, zu entfliehen: Italienisch, Arabisch, oder ich ging zum Zentrum für Glaubensfragen. Ich, die ich bislang Geselligkeiten eher entflohen war, füllte jetzt das Haus mit Bridgespielern, Jugendlichen, Leuten, die meinen Mann interessieren könnten, sollte er heimkommen. Denn es war wichtig, dass er, wenn er nach Hause käme, das Haus lebendig und voller Freunde antreffen würde, wenn es auch nur Freunde waren, die sich mit mir allein als Gastgeberin zufriedengaben. Er, der sagte, dass niemand mich ertragen könne. Es gab jetzt übrigens nichts, das ich mehr fürchtete, als mit ihm allein zu sein, denn das endete immer mit einem Ehekrach.

Kurz, ich tat ohne Überlegung Dinge, die mich letztlich doch nicht aus meiner Verzweiflung retten konnten, und die an meiner Situation nichts zu ändern vermochten. Ich hatte indessen eins verstanden: Hass oder Gleichgültigkeit als Hilfen, mich aus dieser Situation herauszubringen, waren untersagt. Es hatte schon einen Sinn, dass Gott mir durch den Tod unseres Sohnes das Herz geöffnet hatte. Ich wollte mir selbst aus dieser Verzweiflung heraushelfen, indem ich meinen Mann weiterhin liebte. Das machte die Sache jedoch nicht leichter! Gleichzeitig flüsterte mir eine Stimme zu, dass ich mich «an dem Tag, an dem alles vorbei wäre», für all die Demütigungen und die ganze Selbstaufgabe, die ich erleiden musste, rächen würde.

Ich weiss heute, dass Gott mich durch alles, was ich erlebt habe, auffordern wollte, mich ihm ganz, ohne Vorbehalt, anzuvertrauen. Aber obwohl diese Erfahrungen mich, ohne dass es mir bewusst war, für den Herrn vorbereiteten, war ich so auf mich selbst und auf das, was mein Mann mir «ungerechterweise» zufügte, konzentriert, dass ich gar nicht hörte, was Gott mir sagte. Zum Glück ist der Herr sehr geduldig. Er sucht weiter, «bis er's findet» (Lk 15, 4). Wenn er uns nicht findet, ist es wirklich nicht sein Fehler! Ende 1976 sprach er zu mir in einer anderen Weise.

An diesem Freitag in der Mittagsmesse war ich besonders unglücklich. Mein ganzes Gebet drehte sich, wie zu oft, ganz um mich und meine Hoffnungslosigkeit, und siehe da, als es darum ging, die heilige Kommunion auszuteilen, sagte der

Priester, der die Messe las, anstatt: «der Friede des Herrn» zu mir: «Ich lade Sie ein, mit mir zusammen Christus Ihren Brüdern zu geben». Durch ihn war es Jesus selbst, der mir sagte: «Lass deine Probleme! Gib mich den anderen!»

Zum ersten Mal in meinem Leben teilte ich das Brot aus «mit Furcht und Zittern», während die Worte des Priesters noch in mir widerhallten.

Aber ich hatte nicht verstanden, was der Herr mir sagen wollte.

Zu Beginn der Fastenzeit sprach Gott erneut zu mir, dieses Mal in indirekter Form. Am Ende meiner Beichte fragte mich der Priester: «Welche Punkte scheinen Ihnen die wichtigsten und bereiten Ihnen die grössten Probleme für eine Weiterentwicklung Ihres geistlichen Lebens?»

Ich musste eine Zeitlang nachdenken.

Mir war überhaupt nicht bewuß wie unzureichend und wie selektiv ich andere liebte.

Und dann war da noch das Gebet: Seit ich das Buch von Kelly, Mon expérience de Dieu (Meine Erfahrung mit Gott) gelesen hatte, und ich jeden Tag die heilige Messe besuchte, wandte ich mich mehrere Male am Tag an den Herrn, aber ich betete nicht darüber hinaus.

Und seit langem hatte ich auch nicht mehr regelmässig in der Bibel gelesen.

Und dann war da noch mein obstruktives Ich.

Ich antwortete: «Liebe, ich habe nicht genügend Liebe. Und das Gebet. Ich bete sehr unregelmässig und sehr wenig. Und dann, ich weiss nicht, wie ich es ausdrücken soll (und ich weiss es heute noch nicht), ist da mein Ich. Zwischen mir und Gott ist immer mein Ich, das mir zuschaut und das sich selbst gefällt.»

«Nun», sagte er, «versuchen Sie, mehr zu lieben und regelmässig zu beten. Und um Ihnen dabei behilflich zu sein, rate ich Ihnen, jeden Tag in der Bibel zu lesen. Und vor allem kümmern Sie sich nicht um den dritten Punkt!»

So kam es, dass ich wieder regelmässig die Bibel las, zehn Minuten täglich, und dass ich aufs neue versuchte zu beten.

Es war mir immer noch nicht in den Sinn gekommen, dass die Art und Weise, wie ich meine gegenwärtige Situation lebte, ein

Hindernis für die Weiterentwicklung meines geistlichen Lebens darstellte.

Im Laufe der Jahre baute ich mir zwangsläufig nach und nach und ohne mir dessen bewusst zu sein, ein eigenes Leben auf, blieb jedoch weiterhin tief unglücklich und gequält.

Ende 1977 hatte ich meine eigenen Freunde, ein Berufsleben, Beziehungen und persönliche Interessen, wie das Schreiben, das ich wieder aufgenommen hatte. Für das erste Buch mit Novellen hatte ich den Prix du livre de l'été (Buch des Sommers) von France Inter (einem französischen Radiosender) erhalten, anschliessend war ein zweiter Band veröffentlicht worden. Der Radiosender bestellte Theaterstücke, und ich hatte den Auftrag, für die Zeitung «La France catholique»eine Chronik zu verfassen, die zweimal wöchentlich erschien.

Am Ende dieses Jahres vermerkte ich in meinem Tagebuch: «Gezwungenermassen habe ich gelernt, allein zu leben. Ich habe auch gelernt, mich besser zu kontrollieren.» Und mit einem Jubelschrei fügte ich hinzu: «Welche Stärke, sich kontrollieren zu können, Distanz halten zu können, einen objektiven Blick zu wahren!»

Und dennoch, trotz echter Freunde, sympathischer Bekannter, Arbeit und anderer Beschäftigungen glich meine Familienlandschaft immer mehr einer Wüste. Meine Töchter hatten mir, jede auf ihre Weise und trotz geographischer Entfernung, in den ersten Jahren beigestanden. Als die Situation jedoch zu einem Dauerzustand wurde, änderten sich die Dinge. Die Jüngere, die nach Paris zurückgekommen war, bevorzugte es, sich strikt neutral zu verhalten. Die Ältere sperrte sich jetzt ganz gegen ihren Vater. Was unseren Sohn betraf, so war er mittlerweile selbst verheiratet und lebte im Ausland.

Mein Mann mischte sich ab und zu in mein Leben ein, hatte mich jedoch von seinem ausgeschlossen, und unsere Beziehung war, wenn er anwesend war, nach wie vor sehr gespannt, voller gegenseitiger Aggressionen, vergiftet durch meine Eifersucht, meine Fragen, seine Beziehung zu der anderen Frau und seine langen und unvorhersehbaren Abwesenheiten.

Ein neuer Morgen

Der Unabhängigkeitssinn unserer zweiten Tochter Chantal war schon in ihrer frühesten Kindheit sichtbar geworden. Einer der ersten und meistgebrauchten Sätze war: «Toutou (so nannte sie sich selbst) allein!»
Sie war ein kleines schweigsames Mädchen, das selten Fragen stellte und bei dem die Fragen, die es hatte, erraten werden mussten. Als sie ungefähr dreizehn Jahre alt war, hatte sich ihre Unabhängigkeit in einen Antagonismus verwandelt, der undurchdringlich war wie Beton, und der von einem eisernen Vorhang geschützt wurde. Da ich glaubte, ihr in ihrem Alter keine absolute Freiheit zugestehen zu können, und auch versuchte – in äußerst ungeschickter Weise – mit ihr ins Gespräch zu kommen, das sie gar nicht wollte, war die Spannung zwischen uns beiden bald zu einem Dauerzustand geworden.
In dieser für mich sehr schmerzhaften (und für sie Wut erregenden) Situation hatte es ein Jahr der gegenseitigen Nachsicht gegeben: das Jahr, in dem Jean-Luc starb. Aber das war nur eine kurze Zwischenphase gewesen. Der eiserne Vorhang war erneut gefallen, und an Weihnachten 1963 teilte sie uns ihre Ablehnung gegenüber jeglichem religiösen Einfluss durch die Familie mit und weigerte sich, uns in die Christmette zu begleiten. Sie war damals neunzehn und hatte gerade ein Studium an einer Wirtschaftshochschule begonnen.

21

Später hat sie, wie man so schön sagt, «ihren Glauben wiederge-funden», einen Glauben, der auf keinen Fall irgendwelchen familiären Einfluss verraten durfte, und nach ihrer Heirat hatte sich unsere Beziehung ein klein wenig gebessert, d.h. wir gin-gen jetzt distanziert höflich miteinander um.

Unser Verhältnis zueinander war kein Mutter-Tochter-Ver-hältnis, sondern eher das einer Schwiegermutter zu ihrer Schwiegertochter, was im Klartext hiess, sie nicht mit meiner Anwesenheit zu belästigen, keine Fragen zu stellen, im Gespräch nicht über das Allgemeine hinauszugehen, grundsätz-lich alles, was nach Ratschlägen aussah, zu vermeiden und vor allem, nie ein Wort fallen zu lassen, das irgendwie geistlicher Art war, das war tabu. Im Bemühen, mich selbst zu schützen, hatte ich ebenso gelernt, mich in ihrer Gegenwart jeglichen Urteils zu enthalten, sei es in Bezug auf Bücher oder politische Ereignisse, erst recht auf bestimmte Personen, denn der gering-ste Kommentar löste sofort eine Art eisiger Wut in ihr aus, und dann hiess es: «Du verurteilst immer gleich!» Da unsere Kom-munikation in jeder Richtung auf Verbote stiess, war sie, ich muss es zugeben, sehr begrenzt. Ich ging wie auf Eiern und ver-suchte, jeden Fauxpas zu vermeiden.

Kurz vor Weihnachten 1977, sie war mittlerweile dreiunddreis-sig, verblüffte mich eine schwierig zu definierende Verände-rung an ihr. Sie zeigte plötzlich eine Art Strahlen, Freude, Hel-ligkeit und ich wagte es kaum zu denken: Hatte sie sich nicht ein wenig geöffnet?

Und dann ergab es sich eines Tages im Januar 1978, dass wir bei-de allein miteinander waren, und sie plötzlich zu reden begann ... und zwar von Jesus, von ihrem geistlichen Leben, von ihrer Entdeckung des Heiligen Geistes, von dem, was sie erlebte.

Sie liess sich aus über ein Thema, das zwanzig Jahre lang ein Tabu zwischen uns gewesen war. Sie sprach in ganz natürlicher Weise, ohne sich im geringsten zu genieren. Sie erzählte mir von einer Gebetsgruppe, von der Taufe in den Heiligen Geist, vom Gebetsleben, von persönlichen Gesprächen mit Gott, von einer wunderbaren Freude ...

Diese Ingenieurin, Mutter von vier Kindern, die mit den Direktoren grosser nationaler Firmen zusammenarbeitete, befand sich offenbar in täglichem Gespräch mit Gott, das die kleinsten Details ihres Alltagslebens betraf. Ich hörte nicht zum ersten Mal von solchen Gebetsgruppen. Ich hatte mir sogar mehrere Male vorgenommen, eine solche Gebetsversammlung «einmal anzuschauen», aber die Zeiten hatten mir nicht gepasst. Und ausserdem war ich ein wenig misstrauisch.

Gut. Ich war sehr glücklich über das, was sich bei meiner Tochter und ihrem Mann ereignete, sowie darüber, was der Herr alles in ihrem Leben tat, und es erschien mir reizvoll; gleichzeitig aber schienen sie zu glauben, dass ich, die offensichtlich(!) ein wirklich religiöses Leben aufweisen konnte, zum Glauben finden sollte, ich, eine Konvertierte, keine Erbkatholikin, keine Sonntagskatholikin! Dieser Eifer machte mich nervös.
Indessen wurde diese leichte Nervosität schnell von der Freude über den Kontakt zu Chantal, den ich mir seit so langer Zeit und manchmal verzweifelt gewünscht hatte, der so wesentlich für mich war und dessen Nichtvorhandensein mich so lange Jahre unglücklich gemacht hatte, weggewischt. Aber ich konnte ja nicht alles von ihr verlangen!
Meine Tochter schien es für unerlässlich zu halten, mich auf fromme Lektüre hinzuweisen, als ob ich nicht auch ohne ihre Aufforderung entsprechende Bücher lesen würde.
Das erste Buch, das sie mir gab, unterschied sich darin von den Büchern, die ich normalerweise las, dass es ziemlich primitiv war und es sich dabei um eine miserable Übersetzung aus dem Englischen ins Französische handelte. Es sprach von Dingen, die ich seit langem zu praktizieren und zu leben versucht hatte, und es hatte einen schrecklich protestantischen Stil. Hätte jemand anders als Chantal mir dieses Buch in die Hände gegeben, so hätte ich keine zwanzig Seiten darin gelesen. Dieses Buch hatte jedoch das Verdienst, dass es darin von Bibelzitaten nur so wimmelte (die mir selbstverständlich alle vertraut waren), die ich aber in dieser Zusammenstellung mit Freuden

wiederentdeckte, und die dazu noch mit ordnungsgemässen Hinweisen versehen waren.

Dieses Buch konnte jedoch keine Veränderung in mir hervorrufen.

Das zweite Buch «La puissance de la louange» (Die Macht des Lobpreisens) glich dem ersten wie ein Ei dem anderen. Aus dem Amerikanischen übersetzt in ein unleserliches Französisch war es genauso primitiv und protestantisch, sein Verfasser war ein gewisser Pastor Carothers, ein Militärgeistlicher.

Es verfügte leider über viel weniger Zitate und war weniger verständlich, weil es, vermutlich ausgehend von einem bereits sehr modernen Text, in ein sehr modernes Französich übersetzt worden war. Eine Textstelle liess mich jedoch aufhorchen: «Alles, was ich von Ihnen verlange», sagte da mein Geistlicher zu jemandem, der schwerem seelischen Leid ausgesetzt war, «ist, dass Sie hier mit mir auf die Knie fallen und Gott für alles, was Sie zur Verzweiflung bringt, danken. Wenn Sie glauben können, dass Gott diese Umstände nur zulässt, weil er es gut mit Ihnen meint, brauchen Sie ihm nur noch Ihr Vertrauen zu schenken und ihm zu danken, ganz gleich, worum es sich handelt.»

Dieser Textstelle folgten zwei Zitate (denn es gab trotz allem einige): «Seid dankbar in allen Dingen; denn das ist der Wille Gottes in Christus Jesus an euch.» (1. Thess. 5, 18) und «Wir wissen aber, dass denen, die Gott lieben, alle Dinge zum Besten dienen, denen, die nach seinem Ratschluß berufen sind» (Röm. 8, 28).

Ich hatte diese Verse schon viele Male gelesen. Aber wenn mir der zweite Vers auch besonders am Herzen lag – einen Tag nach dem Tod unseres Sohnes hatte mir eine Freundin geschrieben: «Paulette, vergessen Sie nicht, dass für die die Gott lieben, alles sich zum Guten wenden wird» – und ich mich schon oft an ihn geklammert habe, so konnte er doch nie wirklich etwas daran ändern, wie ich «alles» , was mit mir geschah, erlebte. Und was den ersten Vers anbelangte, so hatte ich noch nie den Eindruck, er könne mich persönlich betreffen, vermutlich weil meine Übersetzung lautete: «dass ihr allezeit für alles Gott, dem Vater, im Namen unseres Herrn Jesu Christi dankbar seid» und nicht:

«Sagt Danke, denn das ist es, was Gott für euch will». Klingt die Formulierung «Seid dankbar» nicht eher liturgisch, während «Sagt Danke» eine durchaus alltägliche Redewendung darstellt? Diese Textstelle und die beiden darin angeführten Bibelverse waren der Auslöser, mir Zeit zu nehmen, sie nachzuschlagen und bewußt zu lesen. Ich las das Buch zu Ende und gab es zurück. Es hatte nichts in mir verändern können, ich war nach wie vor in einem wenig glänzenden Zustand. Ausser dass irgendwo, tief verborgen in meinem Gedächtnis, die aktuelle Version der beiden Bibelverse gespeichert war, ohne dass ich mir dessen bewusst geworden war.

Kurze Zeit später befand ich mich wieder einmal am Ende meiner Kräfte und in Tränen aufgelöst. Ich rief Chantal an, um sie um Beistand zu bitten. «Aber Mama», sagte sie zu mir, «du weisst doch sehr gut, was du zu tun hast.» «Nein», antwortete ich ihr zwischen zwei Schluchzern, «was soll ich denn tun? Wenn ich es wüsste, täte ich es.» «Du musst einfach beten!» Plötzlich hörte ich auf zu heulen. Ich lachte sogar laut auf. Es war ein empörtes Lachen. Beten! Ich hatte doch immer gebetet! Ich betete seit Jahren! Und für alles! Und wieviele flehende Gebete hatte ich in den vergangenen acht Jahren zu Gott geschickt? Wie oft schon hatte ich ihm erklärt, was er tun sollte! Was ich jetzt brauchte, war, dass Chantal so betete wie ich. «Aber nein», sagte sie. «Du betest, aber du machst es nicht richtig. Du betest erst, und hinterher kümmerst du dich doch selbst um alles, du willst ja alles selbst regeln. Solange du so weiter betest, wird der Herr sich nicht um deine Probleme kümmern. Du musst richtig beten, du musst dem Herrn sagen: Das ist jetzt deine Sache, es ist nicht mehr meine, ich kümmere mich jetzt nicht mehr darum, ich vertraue dir ganz. Sag ihm das ein für alle Mal, und kümmere dich dann nicht mehr um die Sache.» Wir liessen es dabei bewenden. Es hatte sich um ein Telefongespräch gehandelt, und überdies hatte ich meine Tochter im Büro angerufen, was in zehn Jahren keine zwei Mal vorgekommen war.

Nicht nur wir beide hatten es dabei bewenden lassen, sondern ich für mich alleine auch. Indessen hatte sich ein anderes Lied in mein Gedächtnis eingraviert.

Zur gleichen Zeit nahm Chantal mich zu einer grossen Versammlung mit, die anlässlich eines Essens der Geschäftsleute des Vollen Evangeliums im Hotel Nikko stattfand. Der grosse Speiseraum war gefüllt mit Männern und Frauen, die an Tischen zu jeweils zehn Personen sassen. Ich war erstaunt über die Freude und Liebe, die die meisten Gesichter ausstrahlten, über die Art und Weise, wie die Menschen sich gegenseitig empfingen und vor allem über die Tatsache, dass hier alle Grenzen zwischen verschiedenen Glaubensgruppen aufgehoben schienen. Hassgefühle (und die Trennungen, auch ohne Hass) unter Glaubensgruppen habe ich immer wie einen Skandal empfunden. Wie kann man das grosse Gebet Jesu lesen (Joh. 17), sein Testament oder seine letzten Worte vor seiner Festnahme, und sich gleichzeitig wie feindliche Brüder verhalten? Ohne Zweifel beeindruckte mich am meisten, daß hier ein Ort war, wo Trennung zwischen Christen aufgehoben werden konnte.

Mir gefiel auf Anhieb die Ungezwungenheit der Gesten, mit denen die Menschen die Lieder, die sie sangen, begleiteten, und vor allem die wunderbare Harmonie der mehr als hundert Stimmen, die zum Teil auch in Zungen unter der Anleitung des Heiligen Geistes sangen. Was mich jedoch störte, war das von manchen in einer Art übertriebenen Eifers ausgerufene und meiner Meinung nach unangebrachte «Preist den Herrn» und «Halleluja».

Wieder zu Hause, nahm ich gleich mein Neues Testament hervor und fing bei der Apostelgeschichte an, mit einem Farbstift (ich habe vergessen, ob er rot oder blau war, und ich habe seitdem meine Bibel mit allen Farben des Regenbogens versehen), alles zu markieren, was sich auf den Heiligen Geist bezog.

Diese Aktion nahm mehrere Tage in Anspruch, und je weiter ich in der Bibel vorankam, desto mehr fragte ich mich, wie ich über vierundvierzig Jahre hinweg, mehrmals jährlich, diese Seiten habe lesen, noch einmal und immer wieder lesen und studieren können, ohne jemals festgestellt zu haben, welchen

26

gewichtigen Platz die dritte Person der Dreieinigkeit darin einnimmt, und ohne jemals «gehört» zu haben, was über die Taufe in den Heiligen Geist und über den Heiligen Geist selbst darin geschrieben steht! Nicht nur, was die Apostelgeschichte und die Briefe der Apostel, sondern Jesus, der «Täufer in den Heiligen Geist», selbst (Mt. 3,11; Mk. 1,8; Lk. 2,16; Joh. 1,33) über den Heiligen Geist sagt! Was Jesus seinen Jüngern über die Kraft des Geistes und was die Apostelgeschichte uns über diese Kraft berichtet, wenn sie am Werk ist!

War dieses Buch wahr oder war es nicht wahr? Wenn es wahr war, so musste alles, was es über den Heiligen Geist enthielt, ebenso wahr sein. In diesen Tagen begann ich zu begreifen, dass ich nicht mehr in selektiver Weise auswählen oder beiseite lassen konnte, was mir am Evangelium gefiel oder nicht gefiel. Entweder alles war Wahrheit oder nichts. Entweder ich nahm alles an oder ...

Einige Wochen später, zu Beginn der Karwoche, fuhr ich in unser Haus aufs Land. Einige Freunde kamen am Gründonnerstag dazu, mein Mann sollte sich am Abend des Karfreitags bei uns einfinden.

Aber am Karfreitag kam mein Mann nicht; am Samstagmorgen erfuhr ich am Telefon, dass er nicht kommen würde.

Diese Frau, die so glücklich gewesen war, endlich gelernt zu haben, allein zu leben und sich völlig unter Kontrolle zu haben, brach erneut zusammen. Ich sehe sie noch in dem grossen, mit blauem Stoff ausgekleideten Zimmer auf der Kante eines riesigen, mit braunem Samtstoff bezogenen Clubsessels sitzen, der einmal ihrem Vater gehört hatte, den Rücken zum Fenster gekehrt, beide Hände auf den Knien, wie sie sich mit vom Weinen geröteten Augen der Last der Verzweiflung und der Niederlage hingibt.

Und in diesem Moment fasste ich einen Entschluss, vielleicht den wichtigsten meines Lebens. Ich beschloss, im Namen Jesu Christi alles in die Hände meines Vaters im Himmel zu legen: meine ganze Bürde gab ich ihm, indem ich Jesus als Zeugen anrief – hatte er mir nicht versprochen, dass ich alles, was ich in seinem Namen und im Glauben erbitten würde, erhalten würde? – und ihn noch einmal daran erinnerte, dass er mir etwas zugesichert hatte, und dass das jetzt seine Sache war; ich gab mein Versprechen, mich jetzt um nichts mehr zu kümmern und in nichts mehr einzumischen.

Das alles nahm weniger Zeit in Anspruch als ich benötigt hätte, um alles aufzuschreiben. Und auf der Stelle, buchstäblich auf der Stelle, spürte ich, wie die Last, die so schwer auf meinen Schultern lag, sich faktisch um ungefähr zehn Zentimeter auf jeder Seite von meinen Schultern abhob. Nicht mehr. Zehn Zentimeter, aber wenn es sich um Tonnen handelt, ist das viel.

Das war am 25. März 1978, kurz vor Ostern. Als ich dort auf dem Sessel sass, fasste ich einen zweiten Entschluss, der ebenso wichtig war wie der erste, nämlich das Rezept des Militärgeistlichen Carothers (und des Paulus!) so systematisch wie möglich in die Tat umzusetzen. Und ich begann auf der Stelle, Gott laut zu danken für die Situation, in der ich mich befand sowie für die Abwesenheit meines Mannes, weil ich ja wusste, dass sich durch ihn alles zum Guten wenden würde.

Ich hörte auf zu weinen, beschloss, das Beste aus der Situation zu machen und ging hinunter, um meinen Freunden zu verkünden, dass mein Mann nicht kommen würde. Sie hatten nie wirklich geglaubt, dass mein Mann sich zu uns gesellen würde und hatten aus reinem Taktgefühl den Anschein entstehen lassen, dass sie die Gründe, die ich ihnen für sein Fernbleiben mitgeteilt hatte, glaubten.

Ich bin immer wieder erstaunt über das perfekte «Timing» Gottes. Die Art und Weise, wie er die einzelnen Ereignisse miteinander verkettet, jedes genau im richtigen Augenblick und am richtigen Ort, nicht vorher, nicht hinterher, nicht daneben, lässt mich immer wieder staunen. Eine weitere Sache, die an demselben Tag, jedoch ohne mein Wissen, stattfand, ist ein gutes Beispiel für dieses perfekte Timing.

Einige Monate vorher hatte ich in meinem Gebetseifer an das Sekretariat des Abtes Caffarel geschrieben, um mich in seinem Fernkurs für liturgisches Gebet anzumelden. An jenem 25.

März und in dem Moment, in dem ich meine beiden Entscheidungen traf, die mein Leben verändern sollten, schickte die für die Fernkurse verantwortliche Sekretärin mit einem freundlichen Willkommensgruss die Unterlagen des ersten Kurses ab. Bei meiner Rückkehr nach Paris fand ich den vom 25. März datierten Brief vor und begann sofort, den ersten Kurs zu studieren und, entsprechend den Anweisungen, jeden Tag fünfzehn Minuten zu beten.

Anfang Mai machte ich mich endlich auf, die Gebetsgruppe meiner Gemeinde zu besuchen.
Ich habe mich dazu durchringen müssen. Die Überwindung, die es mich gekostet hat, war fast übermenschlich, denn ausgerechnet an diesem Abend kam mein Mann, der normalerweise mittags nie und abends nur selten zum Essen nach Hause kam, und der zu allem Überfluss noch von einer sechswöchigen Geschäftsreise zurückkehrte, kurz vor Beginn der Versammlung heim.
Ich ging trotzdem hin und habe es nicht einen Moment bereut.
Es handelte sich um eine kleine Versammlung von ungefähr zwanzig Personen, die sich in einer Kapelle trafen. Die Stühle waren im Halbkreis angeordnet. An jenem Abend gab es weder Gebete in Sprachen noch Prophetien, aber die Frucht des Geistes – Liebe, Freude, Friede – war spür- und greifbar. Während der ganzen Versammlung dachte ich nicht einen Augenblick an meinen Mann.
Als ich nach Hause kam, teilte er mir mit, dass er am nächsten Tag, am Himmelfahrtstag, erneut eine Geschäftsreise antreten müsse. Er hatte gerade eine Einladung von Freunden angenommen, die uns vorgeschlagen hatten, das Wochenende mit ihnen in der Nähe von Bordeaux zu verbringen. Wie gewohnt bat er mich, allein dorthin zu gehen. Er würde dann samstags mit dem Flugzeug nachkommen.
Am nächsten Abend war es leicht, das leere Haus zu verlassen, um mit Chantal und Bruno die Gebetsversammlung einer charismatisch geprägten Gemeinde in der Rue Musset

zu besuchen. Vor mehreren Wochen schon hatten wir ausgemacht, einmal gemeinsam zu dieser Versammlung zu gehen. Aber unsere gemeinsame Teilnahme an diesem Gebetskreis musste aus verschiedenen Gründen mehrmals verschoben werden. Wochenlang hatte ich auf diesen Abend wie auf eine Befreiung gewartet.

Seit dem 25. März hatte ich eine harte Zeit durchlebt. Ich hatte mehr als einmal mein Problem wieder zurückgenommen, um es dann erneut in Gottes Hände zu legen, denn es ist nicht leicht, seine Last, hat man sie einmal Gott anvertraut, auch wirklich bei ihm zu lassen! Versuchen Sie es und Sie werden sehen! Und ich hatte in «zahlreichen» Lagen, aber nicht in «allen» gedankt. Ich hatte noch nicht genügend Übung. Man dankt nicht von heute auf morgen in allen Lebenslagen für die Demütigungen, Aggressionen oder Enttäuschungen, von denen man täglich niedergedrückt wird. Mein Mann war in letzter Zeit besonders viel ausser Haus gewesen. Und da fuhr er nach nur vierundzwanzig Stunden schon wieder weg, während er mir versprach, bald «zurückzukehren». Ich wusste, woran ich war mit derartigen Versprechungen, auch wenn jedesmal eine Hälfte in mir daran glaubte und die andere hoffte. Die Erleichterung, die ich am 25. März verspürt hatte, empfand ich nun nicht mehr so deutlich, auch wenn ich mich mit allen Kräften an meine Beschlüsse klammerte. Und ich hatte diese Versammlung seit dem 25. März wie eine Rettung mit Ungeduld erwartet. Warum gerade diese Versammlung? Warum nicht die des Vorabends? Ich kann es nicht sagen. Ich war fest davon überzeugt, dass diese Gebetsstunde mich aus der Verzweiflung herausziehen würde, die wieder dabei war, Macht über mich zu gewinnen. Als ich hinging, hatte ich mich erneut meinem Schicksal ergeben.

Ich wusste nichts von der Gemeinde in der Rue Musset, ausser dass Chantal und Bruno sehr oft zu der Gebetsgruppe donnerstags abends gingen und dort etwas sehr Besonderes gefunden hatten.

Später erfuhr ich, dass es eine charismatisch orientierte Baptisten-Gemeinde war und dass Thomas Roberts der Vorgänger von Pastor Jules Thobois war. (Thomas Roberts, gest. 1983, war ein nach Frankreich eingewanderter Baptisten-Pastor. Durch sein Wirken war die Gemeinde in der Rue Musset erweckt und lebendig geworden. Auf ihn geht auch die Arbeit der Offenen Tür – La Porte Ouverte – in der Nähe von Chalon-sur-Saone zurück)

An jenem Abend war Jules Thobois nicht anwesend, und einer der Brüder der Gemeinde leitete die Versammlung. Ich betrat einen grossen T-förmigen, weiss gekalkten Raum im Untergeschoss der Kirche; am Ende des Raumes befand sich ein Podium und ein Kreuz aus Holz. Ich nahm mit Chantal und Bruno in der ersten Reihe Platz. Der Saal war voller Menschen.

Alles an diesem Abend, die Gebete, die Lieder, die Texte und die prophetischen Worte, war auf das Empfangen des Heiligen Geistes ausgerichtet. Am Ende der Gebetsversammlung sagte der Leiter, was mir ziemlich aussergewöhlich erschien: «Wenn es heute hier Brüder oder Schwestern gibt, die den Heiligen Geist empfangen möchten, so bitte ich diese, mit uns in den kleinen Raum nach oben zu kommen, und wir werden für sie beten».

Ich wandte mich Chantal zu: «Glaubst du, ich könnte hingehen?»

«Warum nicht? Komm, wir gehen!»

Wir waren ungefähr ein Dutzend Leute in dem kleinen Raum, die vier oder fünf, die gekommen waren, um den Heiligen Geist zu empfangen, und die, die für uns beten und uns die Hände auflegen sollten.

Das war am 4. Mai 1978, am Tag Christi Himmelfahrt.

Es wurde für zwei Personen gebetet. Die erste Person begann sofort, in Zungen zu reden und die zweite, ein junges Mädchen mit dunklem langem Haar, sang ein Lied in Sprachen, das sich wirklich himmlisch anhörte. Ich höre noch diesen reinen, mit sehr hoher Stimme gesungenen Gesang, der über ihre Lippen kam. Ich selbst erlebte nichts Spektakuläres. Trotz der Aufforderungen des Mannes, der mir die Hände auflegte, konnte ich nur sagen: «Jesus Christus ist der Herr», aber ich war auf einmal von Kopf bis Fuss erfüllt von einer wunderbaren Freude und einem wunderbaren Frieden.

31

Ich kehrte in unsere leere und düstere Wohnung zurück. Die Freude und der Friede erfüllten mich immer noch, unverändert, trotz Leere und Düsterheit. Ich legte mich allein in unser «king size bed». Die Freude war immer noch in mir, es jubilierte. Ich schlief mit ihr ein. Ich schlief die ganze Nacht ohne Alptraum, ohne einmal aufzuwachen, durch. Um fünf Uhr am Morgen wurde ich von jenem seltsamen, hochtönenden Lied, das ich am Vorabend gehört hatte, geweckt. Ich sass halb aufgerichtet in unserem Bett, und der wunderbare Gesang kam aus meinem Mund, und ich wusste, dass es ein Gebet, ein Lobgesang, eine Verkündigung des Friedens und der Freude war. Ich sang noch nicht in Sprachen. Ich sang ein Lied, das nicht von mir kam, und das mich entzückte.

Mit demselben Frieden und derselben Freude stand ich auf und machte mich fertig, um mit den Freunden, die uns zum gemeinsamen Wochenende abholen wollten, wegzufahren. Mit demselben Frieden und derselben Freude übertrug ich ihnen die Entschuldigungen meines Mannes. Mit demselben Frieden und derselben Freude nahm ich allein auf dem Rücksitz im Auto Platz. Den ganzen Tag lang betete ich halblaut, wobei meine Stimme von den durch das offene Fenster eindringenden Geräuschen und dem Motorengeräusch verdeckt wurde. Ich betete nicht in Sprachen (das begann erst drei oder vier Wochen später und zwar ohne mein Wissen und zu meiner Überraschung); aber ich, die ich nie eine Weltmeisterin im Marathon-Beten gewesen war (sogar die fünfzehn Minuten Gebet im Kurs für liturgisches Beten waren mir immer lang und schwierig vorgekommen), und die ich bis dahin meistens mit angestrengten Kräften gebetet hatte, verbrachte jetzt den ganzen Tag mit Beten und dies auf vollkommen neue Weise, denn es war ein Loben und Danken.

Ich will damit nicht sagen, dass ich vorher nie in Form von Danksagung oder Lobpreis gebetet hätte, wenn mich seine Schöpfung manchmal in Staunen versetzt hatte, aber es war immer nur vorübergehend und ... ausserhalb des Gebetes. In diesem Fall leitete sich mein von Lobpreis und Danksagung erfülltes Beten nicht von dem Entschluss zu beten ab, sondern ich betete, weil ich nicht anders als beten konnte. Ein Gebetsfluss strömte aus mir heraus. Ich fühlte einen unaussprechlichen Frieden und eine unaussprechliche Freude, die in diesem Beten ihren Ausdruck fanden.

Ich war auf eine innere, irgendwo in mir wohnende Freudenquelle gestossen, von der ich jetzt fühlte, dass es sie gab, auch wenn ich sie einmal nicht spüren würde, auch wenn ich leiden würde. Ich war jetzt tief und für immer mit ihr vereint. Dieser Friede und diese Freude haben mich, welcher Art auch immer die Schwierigkeiten oder die Höhen und Tiefen waren, die mir begegneten, in guten oder schlechten Zeiten oder in der Verzweiflung, die ich noch kennenlernen sollte, eigentlich nie mehr verlassen – oder besser ausgedrückt, nur ganz selten.

René sollte also samstags zu uns kommen. Am Freitagabend hatte ich ihn am Telefon; natürlich kam er nicht. Er hatte, wie gewöhnlich, hervorragende Gründe, nicht zu kommen. Im Sortiment eines international tätigen Geschäftsmanns gibt es immer einige moslemische Kunden, die erwarten, dass am Himmelfahrtswochenende gearbeitet wird. Ich hätte, wie immer, auf meinem Bett oder in einem Sessel in Tränen ausbrechen können. Aber der Heilige Geist war in mir. Ich wandte den Blick weg von den «Verbrechen» meines Mannes. Anstatt mich meiner beklagenswerten und Mitleid erregenden Situation hinzugeben, wandte ich mich an Christus und dankte ihm für dieses Nichtkommen meines Mannes, das Gott für mich zum Guten wenden würde. Die Freude, der Friede, das Lobpreisen und das Danksagen wirkten weiterhin den ganzen Abend, den ganzen Samstag und den ganzen Sonntag in mir. Mein Leben mit dem Herrn hatte wirklich begonnen.

Die Panne

Am Montag nachmittag, ich war noch kaum richtig zu Hause angekommen, mein Koffer war noch halbvoll, überfiel mich plötzlich die Lust, ins Büro meines Mannes zu fahren, um ihn zu besuchen. Oder, um ganz ehrlich zu sein, eher um zu sehen, ob er dort war. Was er wohl gerade machte? Würde er wenigstens heute Abend nach Hause kommen?

Gewiss, ich hatte mein Problem in Gottes Hände gelegt. Aber die Versuchung, es wieder zurückzunehmen, war gross. Und beständig. Ja, natürlich, ich hatte es Gott gegeben. Aber wenn ich ins Büro fuhr, so war das schliesslich nur, um meinen Mann zu sehen! Das war der einzige Grund. Ich hatte weder vor, ihn zu überwachen noch wollte ich das Problem zurücknehmen. War das auch ehrlich? War das tatsächlich meine einzige Motivation? Aber war es letztlich wirklich meine Motivation, die zählte?

Wichtig war natürlich zu wissen, wie Gott wollte, dass ich handelte. Oder eher, ob er mir erlaubte, ins Büro zu fahren.

Völlig taub und blind den Folgen meines Dilemmas gegenüber stellte ich ihm die Frage: «Kann ich ins Büro fahren, um meinen Mann zu besuchen, oder sind Sie dagegen?» (Ich duzte den Herrn damals noch nicht).

Ich stellte diese Frage in eindeutiger Weise und spitzte die Ohren, um die Antwort wahrzunehmen.

Nichts.

Chantal hatte mir in letzter Zeit viel davon erzählt, wie Gott sie führte, zu ihr sprach, ihr seine Anweisungen erteilte – sogar in Bezug auf sekundäre Details ihres Lebens, dies ging manchmal so weit, dass er ihr bei Stau freie Strassen zeigte, die sie überhaupt nicht kannte.

Aber ich hörte nichts. Offenbar hatte ich nicht, wie meine Tochter, einen heissen Draht zu Gott! Ich konnte ihn soviel fragen, wie ich wollte, er antwortete nicht.

Schliesslich rief ich aufbrausend: «Ich liebe Sie, ich suche Sie, ich bete zu Ihnen seit vierzig Jahren. Auch wenn ich es nicht gut mache, so tue ich es doch seit vierzig Jahren, und Sie antworten mir nicht, während Sie in so deutlicher Weise zu Chantal sprechen! Das ist wirklich ungerecht! Wenn Sie mir nicht sagen, was ich tun soll, dann tut es mir leid für Sie, dann fahre ich eben hin!»

Fünf Minuten waren vergangen, und ich hatte immer noch nichts gehört.

«Gut», sagte ich, «Sie werden schon sehen, ich fahre! Wenn Sie es nicht wollen, dann müssen Sie es mir nur sagen.»

Ich nahm meine Handtasche und die Autoschlüssel und fuhr mit dem Fahrstuhl in die Tiefgarage. Während der Fahrt vom dritten Stock bis ins Untergeschoss hatte er noch Zeit, mir zu antworten. Als ich mich ins Auto setzte, hatte er mir immer noch nichts gesagt. «Sie werden schon sehen», sagte ich noch einmal.

Ich steckte den Autoschlüssel ins Zündschloss und drehte ihn um. Nichts geschah. Ich versuchte es noch einmal. Vergeblich, die Batterie war leer. Und sie war doch fast neu. Nichts war eingeschaltet gewesen, weder die Scheinwerfer noch das Standlicht noch die Deckenlampe noch das Radio. Alle Türen waren sorgfältig verschlossen worden, und vor drei Tagen war das Auto noch in einwandfreiem Zustand gewesen.

Ich stieg aus und musste auf einmal laut loslachen. Da hatte ich ja meine Antwort! Das war eine grossartige, wunderbare Panne! So wurde ich also wirklich von Gott geleitet! Er sprach zu mir. Und hatte dazu noch Humor! Das war eine aussergewöhnliche Entdeckung! Ich hatte nicht geahnt, dass Humor zu seinen Eigenschaften gehören würde! Nicht zu fassen!

Der gerufene Automechaniker bestätigte mir, dass die Unerklärlichkeit dieser Autopanne unwiderlagbar sei. Der «Telefonanruf» Gottes kostete mich ganze fünfundachzig Francs. Ich beglich die Rechnung mit dem grössten Vergnügen, bat jedoch meinen Herrn, es beim nächsten Mal ein wenig billiger zu machen.

Heute sehe ich aber, dass es sich für ein solches Ferngespräch, das überdies noch eine solch dicke Taubheitsschicht zu überwinden hatte, wirklich um einen Freundschaftspreis handelte.

Gott sprach also zu mir.

Und ich konnte ihn hören.

Erste Geschenke

Eine Gabe des Heiligen Geistes ist das Zungenreden. Wurden mir am Tage nach meiner Taufe in den Heiligen Geist ein wunderbarer Gesang und ein schier unversiegbarer Strom von Lobpreisungen geschenkt, so erhielt ich die Gabe des Zungenredens erst zwei oder drei Wochen später, und zwar so, dass ich es fast nicht gemerkt hätte. Aber zusätzlich zu jenem Frieden und jener Freude, die mich erfüllten, erhielt ich noch weitere Geschenke.

Nach dem Tod unseres Sohnes vor gut fünfzehn Jahren hatte ich grosse Schlafprobleme. Kein Schlafmittel konnte helfen. War es ein leichtes Mittel, so war es wirkungslos. War es ein starkes Mittel, so wurde mir übel, aber es brachte mir keinen Schlaf. Nach und nach hatte ich zwar wieder zu einer Art Schlaf gefunden, wachte aber oft auf mit geballten Fäusten und dem Abdruck der Fingernägel in den Handflächen. Ich entkrampfte meine Finger, schlief wieder mit geöffneten Händen ein, um sie beim nächsten Aufwachen wieder verkrampft zu haben.

Meine Probleme mit meinem Mann verbesserten die Situation natürlich nicht; die Phasen der Schlaflosigkeit verlängerten sich zusehends und wurden vor allem immer quälender, die bruchstückhaften Schlafphasen waren von Alpträumen bevölkert, und die Spuren meiner Fingernägel in den Handflächen vertieften sich.

Einige Tage nach der Rückkehr von dieser so anderen Reise stellte ich fest, dass ich seit meiner Taufe in den Heiligen Geist ohne Unterbrechung, ohne Alpträume und mit weit geöffneten Händen schlief.

Ich möchte nicht von einem Wunder sprechen, obwohl es für mich «wunderbar» war. Es war daran nichts Anormales, denn: schläft ein Kind nicht ganz ruhig, wenn es in den Armen seines Vaters oder seiner Mutter liegt? Ich hatte zum ersten Mal in meinem Leben Vertrauen, wirkliches Vertrauen in einen Vater, der noch viel mächtiger und liebevoller war als es je ein Vater auf dieser Erde sein kann. Wie hätte ich da nicht ruhig schlafen sollen?

Diejenigen, die nie unter hartnäckiger Schlaflosigkeit zu leiden hatten, wissen gar nicht, mit welcher Gabe sie gesegnet sind, Nacht für Nacht friedlich und ohne Unterbrechung schlafen zu können. Ich kostete jetzt diesen Segen weidlich aus und erfreute mich jeden Tag meiner frischen Kräfte.

Meine Beziehungen zur Welt veränderten sich ebenfalls in radikaler Weise und spontan.

Meine Mutter verabscheute die Welt. Mein Vater, der zwanzig Jahre älter war als sie, hatte sich ihren Ansichten gebeugt. Er war der einzige Sohn eines einzigen Sohnes, und seine Eltern waren lange vor unserer Geburt gestorben. Im Gegensatz dazu stammte meine Mutter aus einer Familie mit zehn Kindern, aber ihr Vater hatte sie anlässlich ihrer Heirat aus der Familie ausgestossen. Wir wuchsen also in der sozialen Leere einer engen Familienzelle auf, die aus einem Vater, einer Mutter und drei Töchtern bestand, ohne Wurzeln und überdies in einer «viktorianischen» Schonung, was alles Männliche anging.

Die Folge war, was mich betraf, eine ausgeprägte Schüchternheit, die sich unter der Maske eines starken Selbstbewusstseins verbarg, und eine grosse Angst vor den «anderen»: jenen, die ich nicht oder nicht gut kannte, jenen, denen man bei einem Essen oder einem Cocktail begegnete, jenen, die beobachteten, wie man eine Empfangshalle durchquerte, oder die mich allein an einem Tisch sitzen sahen. Es ging sogar so weit, dass eine

Begegnung mit einer Einzelperson mich stets, solange ich mir nicht sicher war, ob wir ein gemeinsames Gesprächsthema hätten (sprich: ob sie die gleiche Sprache sprach wie ich) mit Furcht erfüllte. Folglich war ich im allgemeinen wie gelähmt und lähmend.

1974 habe ich an einem Kommunikationskurs teilgenommen und das Praktizieren einer Kommunikationsform, die darin bestand, die Worte des Gesprächspartners inhaltlich nicht zu verändern, sondern sie bloss anders zu formulieren, war für mich eine Offenbarung. Ich habe entdeckt, wie man jemandem zuhört, seinen Gedankengängen folgt, sich selbst zurücknimmt, sich beim Zuhören zurückhält und ihn annimmt, so wie er ist, ohne ein Urteil über ihn zu fällen. Dieser Kurs hatte eine kleine Veränderung in meinem Verhalten bewirkt.

Aber jetzt hatte ich vor niemandem mehr Angst, weder vor Einzelpersonen noch vor einer Personengruppe, weder vor weiblichen Personen noch vor männlichen. Meine Schutzmauern waren gefallen wie die von Jericho beim Ertönen der Posaunen. Ich war von meinen Ängsten befreit und besonders von der Angst vor anderen. Ich fürchtete mich nicht mehr davor, weder in einem Empfangsraum noch auf der Strasse jemanden anzusprechen, wer es auch war. Mehr noch, es gab niemanden mehr, der mir auf seine Art nicht interessant erschienen wäre. Der Gedanke, mit einem Unbekannten, und sei es mit einem Mann, ein Gespräch anzufangen, weckte nicht mehr die geringsten Befürchtungen in mir. Ich sprach genauso unbefangen zu völlig Unbekannten auf der Strasse wie in vornehmer Gesellschaft. Ich ging allein in einen Empfangsraum, ohne darüber nachzudenken. Ich konnte mich in aller Öffentlichkeit an einen Tisch setzen, ohne mich hinter einem Buch verstecken zu müssen; ich war in der Lage, ruhig und gelassen anderen Blicken zu begegnen. Ich brauchte mich nicht mehr zu schützen, ich brauchte nicht mehr die Schutzmaske der Spassmacherin; ich fand die Spontaneität und das freie Verhalten wieder, die ich durch meine Schüchternheit bei Eintritt in die Adoleszenz verloren hatte.

Auch die Art, wie ich von meinem Herrn sprach, änderte sich schlagartig. Ich hatte immer von meinem Glauben gesprochen und von ihm, oder besser gesagt über ihn, und zwar mit meinem Verstand und meinen intellektuellen Kenntnissen. Jetzt sprach ich nicht mehr über ihn, sondern ich legte Zeugnis ab von ihm. Von dem, was er in meinem Leben tat. Ich hatte auf einmal ganz andere, persönliche Dinge von ihm zu sagen. Nicht, was ich in Büchern gelesen hatte, sondern was er in meinem Leben vollbrachte, was er zu mir sagte, wie er mich führte, was ich mit meinen eigenen Händen gefühlt, mit meinen eigenen Ohren gehört habe... Und es kam mir ganz leicht über die Lippen, einfach so, freudig und ungezwungen; oft musste ich sogar laut loslachen, denn ich machte immer mehr Erfahrungen, in denen Gottes Humor sichtbar wurde.

Auch meine Art zu beten änderte sich. Ich hörte auf, daran zu «arbeiten». Ich überliess das Handeln meinem Gott. Wenn ich mit meinem Hund im Wald spazierenging, verbrachte ich fast den ganzen Spaziergang damit, zu Gott in Sprachen zu beten oder ihn zu loben. Ich begann, die Bibel anders zu lesen. Zunächst mit wachsender Freude und grösserer Ernsthaftigkeit. Ich gestattete es mir nicht mehr, nur die Bibelstellen auszusuchen, die mir gerade recht waren, oder die ich am besten verstand, und den Rest beiseite zu lassen. Wenn ich auch heute noch nicht alles verstehe, so weiss ich doch, dass Gott mir eines Tages eine Erklärung geben wird. Bibelverse, die mir heute noch unverständlich sind, werden zu mir sprechen, sei es durch die Kraft des Heiligen Geistes, sei es durch ein Erlebnis, eine Erfahrung, anhand derer Gott sie mir entziffern wird.

Ebenso verlor meine Art, die Bibel zu lesen, immer mehr ihren intellektuellen Charakter, um langsam «existentieller» zu werden. Vorher hatte ich die Heilige Schrift studiert. Wenn ich mich der Bibel zugewandt hatte, um Gottes Lehren zu finden, hatte ich mich stets ein wenig vom geschriebenen Wort und viel von meinen eigenen Gefühlen und Reflexionen leiten lassen. Von heute auf morgen begriff ich plötzlich, dass die Bibel tatsächlich das Wort Gottes war, und dass sie es war und nicht meine eigene Reflexion, die mir helfen konnte zu verstehen, was Gott mir sagte. Ich las sie jetzt nicht mehr nur mit dem Kopf, sondern wie einen Brief von Gott (wenngleich manche Stellen im Dunkeln blieben), und ich wusste, dass er in diesem Brief stets unmittelbar zu mir sprechen konnte.

Unter all den Willkommensgeschenken aber gab es eines, das noch viel kostbarer war: Ich, die so sehr unter der fehlenden Liebe meines Mannes gelitten hatte, wusste auf einmal, dass ich geliebt wurde; und zwar noch mehr als ich in meinen kühnsten Träumen zu wünschen gewagt hätte.

Die fehlende Liebe hatte mich völlig zerstört. Die Liebe meines Vaters im Himmel baute mich wieder auf und befreite mich, machte mich völlig frei. Dank des Zusammenspiels meiner Erziehung, meiner Wesensart und finanziellen Unabhängigkeit hatte ich geglaubt, frei zu sein. Diese Liebe jedoch liess mich eine Freiheit kosten, die nichts gemein hatte mit dem, was ich für Freiheit gehalten hatte, und die nur eine Form materieller Unabhängigkeit gewesen war.

So hatte Gott mich in jenen Monaten nach meiner Taufe in den Heiligen Geist mit so viel Frieden und Liebe erfüllt, dass mein ganzes Leben davon berührt und verändert wurde, wenngleich die äusseren Lebensumstände dieselben geblieben waren.

Ich wusste noch nicht, dass diese Freude die Gegenwart Gottes bedeutete, aber ich lebte schon darin.

«Mein Freund hatte einen Weinberg auf fruchtbarer Höhe. Er grub ihn um, säuberte ihn von Steinen...» (Jes. 5, 1f)

Unkraut jäten

Dein Wort werde: ja, ja

In dieser grossen Freude über die Wunder und Veränderungen in meinem Leben – dass ich mein Problem in Gottes Hände legen durfte, das Danken für alles, zu jeder Zeit und an jedem Ort, den zurückgewonnenen Schlaf, das Verschwinden meiner Angst vor anderen, das Zungenreden – und noch viele andere Entdeckungen – die Nutzlosigkeit, ja, Schädlichkeit von Gebetsanstrengungen, Gottes Humor, die Möglichkeit, mit ihm zu lachen (eine Entdeckung, die ich täglich aufs neue überprüfte) – brauchte ich mehrere Jahre, um festzustellen, dass ich es mir gewissermassen in einem fiktiven Sessel bequem gemacht hatte in der Überzeugung, dass jetzt, da ich ja alles in Gottes Hände gelegt hatte, er nicht die äusseren Umstände, sondern meinen Mann verändern würde. Was mich betraf, so brauchte ich ihm bloss noch zuzusehen.

Aber sein Plan war ein ganz anderer. Wäre ich imstande gewesen, ihn von Anfang an zu überschauen und zu akzeptieren, so hätte er mir lediglich gesagt: «Ich kann an deiner Situation nichts ändern, wenn du selbst dich nicht auch änderst.» Aber er wusste sehr gut, dass ich nicht in der Lage war, eine Wahrheit dieser Grössenordnung zu verkraften, und, wie der Gott des

Unmöglichen nie etwas Unmögliches, nie etwas, was unser Fassungsvermögen übersteigt, von uns verlangt, so begann er einfach, im Gebet zu mir zu sprechen. Durch zwei Bibelverse fragte er mich – in oh, welch ironischer Weise – ein erstes: «Eure Rede aber sei: Ja, ja, nein, nein!» (Mt. 5,37) und «Wer im Geringsten treu ist» (Lk. 16,10).

Die Ironie lag in der Tatsache, dass die Wahrheit für mich lange Zeit ein Ideal gewesen war. Seit meiner jüngsten Kindheit war es für mich stets selbstverständlich gewesen, die Wahrheit zu sagen, und Lügen war mir fast unmöglich; ob meine Wahrheitsliebe andere verletzte oder nicht, kümmerte mich nicht.

Dieses Ideal habe ich meinem Mann triumphierend vorgehalten, als ich entdeckte, dass er mich belog. Seine Lüge war mir unerträglich, und ich hatte sie, im Namen meines Ideals, wie eine grosse Sünde verurteilt.

Ein Vierteljahrhundert später – obwohl ich trotz allem inzwischen gelernt hatte zu sehen, dass mein Mann vielleicht besser war als ich – hatte Pater Thomas anlässlich eines Vortrags im «Centre d'information de la foi» (Zentrum für Glaubensfragen) erklärt, wir würden uns, ausgehend von Lastern oder Tugenden, unsere eigenen Ideale schaffen. Diese Ideale konnten ebenso Mut, Arbeit, Ehrlichkeit (und Wahrheitsliebe) wie Bequemlichkeit, Freizeitbeschäftigungen, Nascherei oder Sex heissen. Ich verstand, dass es sich hierbei genau um das handelte, was ich aus meiner Wahrheitsliebe gemacht hatte, nämlich eines meiner persönlichen Ideale.

Mir dessen bewusst zu werden, war vielleicht eine gute Sache, aber ich zog alsbald den falschen Nutzen daraus. Anstatt mich nämlich «von den Götzenbildern zu bekehren, um dem lebendigen und einzigen Gott zu dienen» (1.Thess. 1, 9), begnügte ich mich damit, mein Idol zu zerstören. Und da ich im täglichen Kampf mit meinem Mann lebte, indem ich ständig hinter seinen Lügen her war, und ich das Ideal Wahrheitsliebe zerschlagen hatte, begann ich, um meine eigenen Ziele verfolgen zu können, zu lügen.

Und es gelang mir viel besser als ihm! Ich glänzte! Seine Lügen waren leicht zu erkennen, und von einem Tag auf den anderen widersprach er sich. Meine waren perfekt, intelligent, konsequent. Meine Erfolge in diesem Bereich brachten mir bald ein gewisses Machtgefühl ein, eine gewisse Schadenfreude darüber, dass ich auf dem, was ich «sein» Gebiet nannte, stärker war als er.

Nach meiner bewussten Umkehr zu Gott hatte ich diesen Kampf in Gottes Hände gelegt. Mein Kampf bestand jetzt darin, ihn bei Gott zu lassen, ohne ihn zurückzunehmen. Der Kampf gegen meinen Mann war nicht mehr meine Sache, obgleich es sich manchmal als sehr schwierig erwies, der Versuchung zu widerstehen, den Kampf selbst zu führen. Aber meine Angewohnheit, es mit der Wahrheit nicht mehr so genau zu nehmen – eine Angewohnheit, die nach und nach auf mein ganzes Leben übergegriffen hatte – war geblieben. Schliesslich ist das sehr bequem!

Und nun, während der ersten Zeit meines neuen Lebens, sagte Gott zu mir:

«Ich will, dass du ja, ja, nein, nein sagst.»

Diese Worte sprudelten aus dem Matthäus-Evangelium hervor. Gott sagte mir: «Ich spreche zu dir. Zu dir, Paulette. Diese Worte sind für dich.»

Und ein zweiter Satz kam wieder:

«Im geringsten, bis ins kleinste Detail».

Er kam immer wieder. Denn einige Zeit bevor diese Worte aus dem Matthäusevangelium an mich persönlich gerichtet worden waren, hatte dieser kleine Satz: «bis ins kleinste Detail», während ich betete oder im Laufe des Tages begonnen, in mir widerzuhallen. Er steht nicht genau so in der Bibel. Aber er entspricht am besten der Aussage Jesu in Bezug auf die Treue auch bei den geringsten Dingen: «Wer im Geringsten treu ist, der ist auch im Grossen treu» (Lk. 16, 10). Ich glaube, er bestätigte auch meine Entdeckung, dass Gott sich für mein ganzes Leben, bis ins kleinste Detail interessierte. Wie dem auch sei, dieser war der erste Satz, den ich mehrere Tage (und vielleicht sogar mehrere Wochen) vor den Matthäus-Worten in ein gelbes Heftchen eintrug. Und der Herr sollte dieses «Bis ins kleinste Detail» vielen seiner kommenden Worte hinzufügen, denn

44

Gott interessiert sich für alles, bis in die kleinsten Details, für jede Kleinigkeit. Er kennt alles, bis ins kleinste Detail, es gibt für ihn keine Kleinigkeiten, und wenn er uns grosse Dinge anvertrauen will, müssen wir unsere Treue «in den kleinsten Details» und in Bezug auf alle Menschen erweisen. Und insbesondere, was mich betrifft, in Bezug auf meinen Mann.

Ich finde es sehr bezeichnend, dass Gott mich zuerst mein Ideal zerschlagen liess, um mich dann zu einer Wahrheit zu führen, die nicht mein persönliches Ideal wurde. So fordert Paulus in seinem Brief an die Epheser (4, 22) auf, den alten Menschen abzulegen (und dieser alte Mensch, das sind auch bestimmte unserer guten Eigenschaften), um ein neuer Mensch zu werden: «Legt von euch ab den alten Menschen ...». Hätte ich weiterhin die Wahrheitsliebe verehrt (mit allem, was diese Verehrung an mörderischen Urteilssprüchen mit sich brachte und mit allem Liebesmangel, der in ihr steckte), hätte er mich nicht zu seiner Wahrheit führen können. Gott wirkt alles zum Guten zusammen. Selbst die Lüge! Es hatte der Lüge bedurft, damit er mir sagen konnte: «Jetzt will ich, dass deine Worte ja, ja, nein, nein seien, bis ins kleinste Detail».

Und da er es war, der mir sagte, wie ich handeln sollte, verlieh er mir gleichzeitig seine Kraft, dass es nach seinem Willen geschehen konnte: Alles, was er von mir begehrte, um seinen Willen in die Tat umzusetzen, war, ihm völlige Vollmacht über mein Wollen zu geben und seine Gebote stets im Gedächtnis zu behalten. Die aus dem Evangelium hervorsprudelnden Worte tönten übrigens so laut in mir, dass ich gar nicht anders konnte!

«...Aber ich will sie heilen und sie leiten und ihnen wieder Trost geben; und denen, die da Leid tragen, will ich Frucht der Lippen schaffen. Friede, Friede ... » (Jes. 57, 18.19)

Sagt Dank

So hörte sich der erste Befehl an, den ich alsbald als solchen vernahm.

In Wirklichkeit war dieser erste Befehl derjenige, den Gott durch unseren gemeinsamen Freund, Herrn Carothers, an mich gerichtet hatte: «Sagt Dank in jeder Lage, denn ihr wisst, dass Gott alles zum Guten zusammenwirkt.»

In allen Lagen und vor allem in denen, die dich leiden machen, die dir missfallen, die dich verletzen und die dich demütigen.

So hörte sich doch der erste Befehl an, den er an mich richtete zu Beginn meines neuen Lebens im Vertrauen, noch vor meiner Taufe in den Heiligen Geist, und es war der allererste Befehl, den ich mit viel Anstrengung und systematisch in die Praxis umzusetzen versuchte.

Ich strengte mich an, denn so etwas geht nicht von heute auf morgen. Aber ich begann mit meiner ganzen Willenskraft, Gott für die verschiedenen schwierigen Situationen zu danken und seine Macht und seine Fähigkeit, alles zum Guten zusammenzuwirken, zu verkünden.

Und es boten sich mir alle möglichen Gelegenheiten: Entweder war mein Mann verreist, und ich wusste nicht, wo er war und mit wem, oder er war zu Hause, gab mir die Schuld an allem, verurteilte mich oder er ärgerte oder verspottete mich vor anderen.

Nun, ich kann nur eins sagen: es klappt. Es klappt ausserordentlich gut!

Ich begann mit den Lippen zu danken, was mich eine gewaltige Anstrengung kostete, aber nach und nach kam dieses Danksagen aus meinem Herzen und schliesslich aus der Tiefe meines Geistes. Zu Anfang verpasste ich viele Gelegenheiten, mich zu üben. Nach und nach aber ergriff ich immer mehr Gelegenheiten: Jeder Ärger, jede Sorge, jede Verletztheit, jeder Stich und jeder Faustschlag waren Anlässe, dank derer meine Beziehung zu Gott enger wurde. In demselben Augenblick, in dem ich diese drei Worte: «Danke, mein Herr» aussprach, wendete sich mein Blick von mir ab, von meinem Ärger, meiner Verletztheit, meinem Problem oder von dem Wesen, das mich gerade kränkte, um sich Gott zuzuwenden. «Ich weiss, dass du alle Dinge zum Guten zusammenwirkst. Ich vertraue dir.» Er war da. Ich sprach zu ihm. Er war allmächtig. Er würde Sorge tragen.

Sobald ich dem Herrn dankte, erfuhr mein Verhalten zu den anderen – und folglich deren Verhalten zu mir – eine grundlegende Veränderung.

Gewöhnlich reagierte ich, wenn jemand mich angriff oder verletzte, mit einem Gegenschlag. Und mein Gegenschlag besass die Eigenschaften eines mörderischen Angriffs. Ich bin besonders begabt, auf höchst verletzende Weise zurückzuschlagen. Zum damaligen Zeitpunkt schrieb ich für eine Wochenzeitschrift regelmässig politische Briefe im Stil Frossards, eines Satirikers, der für die Zeitung «Le Figaro» schrieb, nur noch beissender. Da ich jetzt jedoch darauf achtete, Gott stets zu danken, holte ich nicht mehr zu Gegenschlägen aus. Und da ich jetzt darauf aus war, meinen Blick auf ihn zu richten, machte ich nicht mehr jenes Märtyrergesicht, das man aufsetzt, wenn man lieber schweigt. Denn wenn es zu Beginn eines bösen Streites weder ein Gegenüber gibt, das zum Gegenschlag ausholt oder entrüstet ist, noch eins, das ein Märtyrergesicht macht – noch nicht einmal sichtbares Leid oder Verärgerung zeigt –, dann kann es nicht zum Brodeln kommen. Damit es bei einem Streit so richtig brodelt, bedarf es des Zusammenspiels zweier Gegner. Es gab immer weniger Streitgespräche zwischen meinem Mann und mir. Rückfälle wurden seltener und kürzer.

Aber das Picadorenspiel und das meiner Situation innewohnende Leid lieferten mir weiterhin alle möglichen Gelegenheiten, die ich brauchte, um Gott zu danken. Dieses Picadorenspiel war wie eine zweite Haut für meinen Mann geworden, es war mittlerweile seine einzige Art, mit mir zu kommunizieren. Es war geradezu seine neue Art, sich für mich zu interessieren! Aber jeder Nadelstich, jeder Messerstich und jeder Dolchstoss lieferten mir mit jedem Tag mehr Gelegenheiten, das zu leben, was Pater Laurent de la Croix die «permanente Gegenwart meines Gottes» nannte. Ohne sie hätte die Gegenwart Gottes in Vergessenheit geraten können. Dank dieser Gelegenheiten und meinem «Ich danke dir, Gott», war das nicht mehr möglich. Zehn-, zwanzig-, dreissigmal täglich hatte ich Gelegenheit, ihn zu finden, zu ihm zu sprechen, ihm zu sagen, dass ich ihm vertraute, und festzustellen, wie sehr er mich, in jeglicher Situation, mit seinem Frieden erfüllte.

Und eines Abends hatte ich das Gefühl, heute habe etwas gefehlt. Was? Ich wusste es nicht. Ich setzte mich hin, um dieses Problem zu klären und ging in Gedanken den ganzen Tag noch einmal durch. Was war heute so «anders» gewesen? Wenige Sekunden später hatte ich begriffen: Ich hatte an diesem Tag nicht eine Situation erlebt, die mir Gelegenheit gegeben hätte, Gott zu danken, da er ja alles zum Guten zusammenwirkt! Keine Gelegenheit zu haben, sich auf diese Weise an ihn zu wenden, ... nun, das schuf eine Leere, einen Mangel! Ich begann zu lachen und dankte ihm für diesen Tag ohne «Gelegenheit» zum Danken in der Gewissheit, dass er jetzt sicherlich mit mir über dieses Ereignis lachte.

«Alle eure Sorge werft auf ihn; denn er sorgt für euch...»
«Der Gott aller Gnade aber, der euch berufen hat zu seiner ewigen Herrlichkeit in Christus Jesus, der wird euch, die ihr eine kleine Zeit leidet, aufrichten, stärken, kräftigen, gründen.» (1.Petr. 5, 7.10)

Lass mich machen!

Ihm wirklich ganz vertrauen, alle unsere Probleme in seine Hände legen, das geht nicht von heute auf morgen. Man übergibt sie ihm. Man nimmt sie zurück. Man gibt sie wieder zurück. Langsam, ganz langsam lernt man, sie ihm zu lassen.

Wenn ich mich diesem ersten Jahr (oder sogar diesen ersten Jahren) zuwende, sehe ich, wie sehr mein ganzes Leben mit dem Herrn sich um dieses Loslassen drehte. Auf vielfache Weise wiederholte er mir: «Der Kampf ist nicht deine Sache. Setz dich hin. Bleibe ruhig. Vertraue mir. Lass mich machen».

Eines Tages rief Chantal mich an, um mir die Worte, die der Herr ihr für mich im Gebet gegeben hat, mitzuteilen: «Hör auf nachzudenken! Hör auf zu überlegen! Hör mir zu! Sag ihr, dass ich sie liebhabe!»

In den folgenden Tagen bestätigte der Herr mir in seiner Schrift, dass ich «so geschätzt (bin) in seinen Augen» und dass er «meine Stärke wurde» (Jes. 49, 5), dass meine Stärke im «Stillehalten und Vertrauen» (Jes. 30, 15) liegt. Kaum habe er mein Rufen gehört, habe er mir geantwortet, konnten meine Augen ihn sehen, meine Ohren seine Stimme hören, die mir sagte: «Hier ist der Weg, den sollst du gehen» (Jes. 30, 21).

Dann war es eine Kassette, die mir diesen Befehl übermittelte: «Alle eure Sorge werft auf ihn; denn er sorgt für euch... Der Gott aller Gnade aber, der euch berufen hat zu seiner ewigen Herrlichkeit in Christus Jesus, der wird euch, die ihr eine kleine Zeit leidet, aufrichten, stärken, kräftigen, gründen.» (1. Petr. 5, 7; 10)

Die Kassette gab die angenehme Stimme eines amerikanischen Schwarzen wieder, der erklärte, dass wir wirklich, sozusagen physisch, alle unsere Probleme auf Gottes Schultern abwälzen sollten, weil diese Schultern breiter und tragfähiger seien als unsere. Und dass für ihn, nachdem er seine Probleme auf Gottes Schultern abgewälzt hatte, alles gut wurde, aber jedesmal, wenn er sich selbst wieder damit belasten wollte, er unter der Last zusammengebrochen sei.

Diese Realität erfuhr ich persönlich Tag für Tag.

Dann las ich im zweiten Buch der Chronik den Vers 15, und Gott sagte mir: «...denn der Kampf ist nicht eure Sache, sondern die Sache Gottes.» Nicht nur zu den Judäern, zu den Bewohnern Israels, zum König Joschafat sprach hier der Geist des Herrn durch den Mund des Propheten, sondern zu mir, hier und jetzt: «... denn der Kampf ist nicht eure Sache, sondern die Sache Gottes.»

Und zu demselben Zeitpunkt wiederholte Chantal mir: «Tue nichts! Lerne, nichts zu tun. Lass den Herrn machen!»

Dank der Kassette, dank seiner Bibelworte, dank Chantal hatte der Herr mir jeden Zweifel darüber genommen, was ich zu tun hatte, nämlich all meine Probleme auf seine Schultern zu legen und sie dort zu lassen. Gott, wie ist es schwierig, sie dort zu lassen! Sie dorthin zu legen, war relativ leicht. Ich hatte es an jenem erinnerungswürdigen Ostersamstag gemacht. Aber sie dort zu lassen! Der Versuchung, sie wieder zurückzunehmen, um alles zu beschleunigen, zu widerstehen: der Versuchung, meiner Intelligenz, meiner Lösungen!

Gott beeilte sich nicht! Es dauerte nun schon Jahre, dass ich unter diesen Problemen litt. An seiner Stelle hätte ich alles in ein paar Tagen geregelt. Ich hatte es eilig. Die Jahre vergingen. Ich war ungeduldig, endlich die Lösung, das Verschwinden meiner Probleme zu sehen. Schliesslich lag nicht die Ewigkeit vor mir! Aber ich musste das Problem an seinem Platz lassen (oder es wieder dorthin zurücklegen). An seinem Platz: auf Gottes Schultern. Jedes Mal, wenn ich es zurücknahm oder mich von ihm einnehmen liess, bedeutete den Zusammenbruch. Dann rief ich Chantal an oder ging zu ihr und betete mit ihr, und sie half mir, es an seinen Platz zurückzulegen: auf Gottes Schultern. Sie sagte zu mir: «Schau auf den Herrn. Schau nicht auf das Problem. Wenn du auf das Problem schaust, wird es zum Gebirge. Aber wenn wir die Augen auf den Herrn gerichtet halten, wird das Problem klein, ganz klein, gerade so gross, wie es sein darf.»

Oder sie erklärte mir den Abschnitt aus dem Matthäus-Evangelium (14, 28-33), in dem Petrus, der auf dem Wasser geht, ab dem Moment befürchtet, unterzugehen, als er sich, anstatt seine Augen auf Jesus gerichtet zu lassen, von der Gewalt der Wellen überwältigen lässt.

Häufig wies sie mich auch auf das Lukasevangelium hin: «Sorgt nicht um euer Leben,... machet euch keine Unruhe, ... euer

Vater weiss wohl, dass ihr dessen bedürft, ... fürchte dich nicht...» (Luk. 12, 22-32).

Wenn ich dann den Hörer auflegte oder sie verliess, war das Problem wieder an seinem Platz, nämlich auf den Schultern Gottes und meine Augen wieder auf ihn gerichtet.

Und je mehr ich lernte, ihm jedesmal ein wenig länger meinen Berg und meine Hügel zu überlassen und den Blick auf ihn gerichtet zu halten, anstatt mich wie verbissen auf meine Probleme zu konzentrieren, wurden mein Berg und meine Hügel zusehends kleiner, bis sie nur noch kleine Maulwurfshügel waren, um schliesslich vollkommen zu verschwinden.

«Desgleichen sollt ihr Frauen euch euren Männern unterordnen, damit auch die, die nicht an das Wort glauben, durch das Leben ihrer Frauen ohne Worte gewonnen werden… Euer Schmuck soll nicht äusserlich sein, sondern der verborgene Mensch … des sanften und stillen Geistes.»
(1.Petr. 3, 1-4)

Damit Sein Wort …

Manche Christen haben eine besondere Begabung dafür, gleichzeitig Bibelverse und ihre Stellenangaben zu behalten. Das gilt nicht für mich. Ausser den Telefonnummern meiner Kinder, die ich mir unauslöschlich, sofort und ohne jede Anstrengung einprägen kann, verfüge ich über wenig Begabung, Zahlen zu behalten. Meine Talente liegen anderswo.

Aber die Verse 1 bis 4 im 3. Kapitel des ersten Petrusbriefes bilden da eine Ausnahme. Ich messe diesen Bibelversen wirklich den Löwenanteil an der Realisierung des Versprechens Gottes in mir und für mich bei.

Wenn diese Verse mir auch nicht von selbst ins Auge sprangen, um mir zu sagen: Ich bin Gottes Wort für dich, heute und jetzt, und meine Aufmerksamkeit zunächst auf sie gelenkt werden musste, so wurden sie doch schnell sehr wichtig für mich.

«Desgleichen sollt ihr Frauen euch euren Männern unterordnen, damit auch die, die nicht an das Wort glauben, durch das Leben ihrer Frauen ohne Worte gewonnen werden... Euer Schmuck soll nicht äusserlich sein, sondern der verborgene Mensch ... des sanften und stillen Geistes.«

Ich besass weder die Natur noch den Geschmack (noch die Erziehung!) einer unterwürfigen Frau – das Wort selbst missfiel mir bereits vollkommen – noch war ich eine sanfte oder besonders friedliebende Frau.

Ich begann damit, das Ende des ersten Verses zu hören: «... könnten ohne Worte durch den Wandel ihrer Frauen gewonnen werden». Dieses «ohne Worte» verblüffte mich: wieviele Worte, Predigten, Aufforderungen, Vorhaltungen, Verurteilungen hatte ich nicht schon über meinen armen Mann ausgegossen, mündlich und schriftlich!

Ich verstand, dass ich dieses «ohne Worte» wörtlich nehmen und ihnen jenen kleinen Satz, den der Herr mir ans Herz gelegt hatte, nämlich: «bis ins kleinste Detail», hinzufügen musste.

Dann näherte ich mich langsam dem ersten Teil des Bibelverses – aber sehr vorsichtig.

Mit der Entdeckung des Aufrufs von Paulus: «Ordnet euch einander unter in der Ehrfurcht vor Christus!» (Eph. 5, 21) machte ich einen grossen Schritt vorwärts: wenn alle aufgerufen waren, sich einander unterzuordnen, konnte der Einzelfall: «die Frauen ... sollen sich den Männern unterordnen» leichter ins Auge gefasst werden.

Langsam drang ich zu einem vollständigeren Verständnis, zu den Verästelungen und sogar zur Praxis dieses Verses vor. Aber ich werde später auf den Begriff zurückkommen, der mit diesem Thema eng verbunden ist, und für den ich auch nicht mehr Sympathie empfand: die Demut.

Gib mir deine Wut

Anlässlich einer jener üblichen Auseinandersetzungen zwischen meinem Mann und mir, bei der ich, anstatt «danke zu sagen in jeder Lage, denn wir wissen, dass Gott alles zum Guten zusammenwirkt» und anstatt zu schweigen und die Empfehlungen von 1.Petrus 3, 1-4 umzusetzen, meinem Mann Vorwürfe machte, war der Streit ausgebrochen. Und als der Zank zu Ende ging, weil mein Mann den Raum verliess, versank ich, anstatt auf den Herrn zu schauen, und indem ich das Gewicht meines Kummers, dieser Verletztheit, besonders empfand, erneut in mein Leid... bis mein Problem schliesslich wieder die Proportionen eines Gebirges angenommen hatte.

Wie gewöhnlich in diesen Situationen wandte ich mich an Chantal. Ich rief sie an. Glücklicherweise war sie gerade zu Hause. «Ich bin alleine, warum kommst du nicht her?» fragte sie mich.

Ich fuhr zu ihr. Ich sagte etwas wie: «Er hat sein Versprechen wieder nicht gehalten. Ich kann nicht mehr.»

Anstatt mit mir darüber zu sprechen (Chantal sprach nie mit mir über das Problem mit meinem Mann), schlug sie mir vor, gemeinsam zu beten.

Wir waren gerade dabei, darum zu bitten, dass der Herr mir Kraft geben möge, mein Problem (zum wiederholten Male) in seine Hände zu legen und den Blick auf ihn zu richten, als Chantal plötzlich das prophetische Wort aussprach: «Gib mir deine Wut!»

Dann wiederholte sie: «Er will, dass du ihm deine Wut gibst.»

Denke ich jedoch an die Worte zurück, die ich Gott gesagt hatte, und an unser Gebet, so schienen seine Worte in keinem Zusammenhang mit der Situation zu stehen. Ich hatte nicht zu Gott gesagt, ich sei wütend auf meinen Mann, aus dem einfachen Grund, dass ich es selbst nicht wusste; ich hatte nur meine Verletztheit gespürt und nur davon zu ihm gesprochen. In dem Moment aber, als die Worte: «Gib mir deine Wut« ausgesprochen waren, tauchte meine innere Wut auf. Ich erkannte sie gleichermassen als etwas, das mir schon vertraut war und als etwas, das ich plötzlich neu entdeckte.

In dem Moment wusste ich, dass das, was ich während unseres kurzen Schlagabtauschs gefühlt hatte, eine gewaltige, ohnmächtige Wut gewesen war, und dass diese Wut mich vollkommen erfüllte. Und ebenso wusste ich auf einmal, dass es nicht nur diese Wut war, die Gott von mir haben wollte, sondern alle Wut.

Ich gab sie dem Herrn – und zwar mit seltsamer Leichtigkeit. Ich gab ihm gleichzeitig meinen Willen, ihm alle Wut zu überlassen. Und wieder war ich erfüllt von seinem Frieden und seiner Freude.

«Wie konntest du erkennen, was der Herr dir gesagt hat?» fragte ich Chantal, als wir uns trennten.

«Ich habe nichts erkannt», antwortete sie mir, «es war ein Wort der Weisheit, das Gott mir für dich gegeben hat.»

Während ich nach Hause fuhr, sang ich und machte mich, kaum zu Hause angekommen, daran, in einem der Bücher über den Heiligen Geist, die im Laufe der Zeit immer zahlreicher in meinem Bücherregal aufgetaucht waren, nachzuschlagen, was ein Wort der Weisheit war.

Wie eine Artischocke

So kam es, dass der Herr, während ich darauf wartete, dass er meinen Mann verändern würde, mich selbst veränderte. Oft hatte es, während ich betete, den Anschein, als sei ich eine Zwiebel, der man eine Haut nach der anderen abzieht. Oder eine Artischocke, von der jedes abgezogene Blatt eine Entdeckung oder eine Einladung darstellte.

Ein Blatt: In allen Lagen danken.

Ein Blatt: Dein Wort sei ja, ja, nein, nein.

Ein Blatt: Lernen zu schweigen.

Wenn das, was Gott von mir wollte, Realität geworden war, kam das nächste Blatt an die Reihe: Gib mir deine Wut!

Nimm dir Zeit ...

Nimm dir Zeit. Wenn man mit dem Herrn unterwegs ist, darf man es niemals eilig haben. Wenn du es eilig hast, trittst du unterwegs auf viele Füsse, du rennst, ohne es zu sehen, an Menschen vorbei, die dich brauchen.

Und ich entdeckte, dass der Herr selbst dafür sorgte, dass ich, auch wenn ich mir Zeit nahm, trotzdem pünktlich war: der Strassenverkehr stockte auf einmal nicht mehr, ich fand sofort einen Parkplatz, oder die Leute (sogar die pünktlichsten), mit denen ich verabredet war, hatten selbst gerade so viel Verspätung, dass sie einige Minuten nach mir ankamen.

Eilte ich dagegen, vergass ich, Gott, dem Herrn über Zeit und Ewigkeit, zu vertrauen, so konnte ich sicher sein, dass ich nicht zum richtigen Zeitpunkt ankommen würde. Oder ich kam pünktlich an, aber die Leute, mit denen ich verabredet war (selbst die pünktlichsten), hatten fünfzehn, zwanzig oder dreissig Minuten Verspätung.

Gott forderte mich übrigens nicht nur auf, mir Zeit zu nehmen und auf ihn zu zählen, sondern er wollte ebenso, dass ich darauf achtete, meine Tage nicht mehr so vollzustopfen, wie ich es früher immer getan hatte. Kam es jedoch vor, dass ein vollgestopfter Tag unumgänglich wurde, so wusste ich, ich brauchte mich nicht zu hetzen, denn ich konnte, ich musste ohne Hast auf die Planung meines «Chefs» zählen.

Ein neues Blatt.

Und jedesmal, wenn ein neues Blatt dieser Artischocke, die ich bin, abgezogen worden war, und ich (mehr oder weniger leicht, mehr oder weniger schnell, mehr oder weniger wirkungsvoll) meinen Willen dem Herrn übergab, um «seinen Geboten zu gehorchen», bewegte sich etwas kaum Wahrnehmbares in meinem Mann.

Eines Tages entdeckte ich in einem Brief von Fénelon an Madame de Maintenon, wie sehr mir – wie ihr – «an der Wertschätzung ehrlicher und an der Anerkennung wohlgesinnter Menschen gelegen war», und dass es mir Vergnügen bereitete, den Ruf einer Frau zu haben, die ein rechtschaffenes Leben führte (und wie ich mich selbst für diese Rechtschaffenheit beglückwünschte!), kurz, wie sehr es mir gefiel, den Anschein zu erwecken, über mehr Herzensgrösse zu verfügen als es der Wirklichkeit entsprach, und inwieweit mein Ich noch «ein ungebrochenes Ideal» war.

Ein neues Blatt.

Als ich eines Tages das Buch «La libération de l'esprit» von Watchman Nee las, stiess ich auf einen Abschnitt, der ungefähr so lautete: Vergessen wir nicht, dass der Grund für jedes Missverständnis, für jede schlechte Laune, für jede Unzufriedenheit nur der eine ist: unsere geheime Eigenliebe.

Und die innere Stimme fügte hinzu: «Für jedes durch andere zugefügte Leid, für eine jede durch andere verursachte Demütigung ...»

Bis dahin hatte ich gedacht, meine Reizbarkeit (die ich «Sensibilität» nannte) sei ein Zeichen für eine empfindsame Seele. Sie war doch eine hervorragende Eigenschaft, ich hatte nämlich für alles ein feineres Gespür als normal Sterbliche, weil ich ein aussergewöhnliches Wesen war: Dichterin, Schriftstellerin, Künstlerin! ... Es lag also im allgemeinen bei den anderen, und insbesondere bei meinem Mann, die Zerbrechlichkeit des Porzellans, aus dem ich gemacht war, zu erkennen und sich mir gegenüber entsprechend zu verhalten. Und da schien Nee sagen zu wollen, diese kostbare Sensibilität sei keine hervorragende Eigenschaft, sondern ein Fehler, sie sei lediglich das Zeichen einer «geheimen Liebe», die wir selbst nähren. Sie sei nicht jene gesunde und lebensnotwendige Liebe, die es uns erlaubt, unseren Bruder wie uns selbst zu lieben, weil wir uns wie ein kostbares Geschenk unseres Vaters und Schöpfers lieben, sondern die Frucht des Egozentrismus, des Egoismus, von allem, das die Vorsilbe «Ego» oder «Selbst» hat (und das die Engländer «self» nennen: self-centeredness, self-love, self-protection).

Ich las diesen Abschnitt in dem Buch «La libération de l'esprit» mehrere Male. Es war hart, diese Kritik herunterzuschlucken, aber je öfter ich den Abschnitt las, um so mehr drängte sich mir diese Wahrheit auf. Ich schrieb den Abschnitt in mein gelbes Heftchen und zweimal auf lose Blätter. Eins legte ich gut sichtbar auf meinen Schreibtisch, und das zweite klebte ich an den Spiegel über meinem Waschbecken. Und jedesmal, wenn ich mich an den folgenden Tagen oder in den folgenden Wochen von dem, was mein Mann (oder jemand anderes) sagte oder tat, verletzt fühlte, dachte ich bei mir, und zwar noch bevor ich dem Herrn dankte: «Diese Verletztheit rührt nicht daher, dass er oder sie mich verletzt, sondern ausschliesslich von meiner geheimen Eigenliebe.» Nach dieser kurzen Klarstellung war es leichter, sich der Liebe des Herrn zu erfreuen. Auf diese Weise offenbarte der Herr mir über mich selbt, Blatt für Blatt, was ich nicht wusste und häufig, was ich lieber nicht gewusst hätte. Aber er tat dies mit so viel Behutsamkeit und Geduld – immer eins nach dem anderen – und mit so viel Liebe, dass ich mich, anstatt mich niedergeschlagen und angeklagt zu fühlen, geliebt und aufgebaut fühlte, und ich erwartete mit Ungeduld die nächste Offenbarung, den nächsten Schritt, zu dem er mich auffordern würde.

So lebte ich ein Leben voller Überraschungen mit dem Herrn. Ein Leben, in dem sich jeden Tag etwas ereignete. Und fast nach jeder Veränderung, die Gott auf unmerkliche Weise in mir bewirkte, änderte sich gleichzeitig etwas in meinem Mann.

«Viele aber, die Zauberei getrieben hatten, brachten die Bücher zusammen und verbrannten sie öffentlich…» (Apg. 19, 19)

Das Pendel

Mehrere Monate bevor meine Tochter begonnen hatte, von ihrer wunderbaren Entdeckung zu mir zu sprechen, hatte die Leiterin des Kurses für Kommunikation, die mir eine gute Freundin geworden war, von ihren Erfahrungen in Radiästhesie berichtet. Ich hatte mich sehr zurückhaltend gezeigt:

War das auch mit meinem Glauben vereinbar? Sie beruhigte mich gleich. Ein Priester hatte ein Buch über dieses Thema geschrieben; ein anderer war Mitglied der Gruppe, in der meine Freundin sich mit diesem Thema beschäftigte. Der Gebrauch des Pendels erlaubte es, vielen Menschen zu helfen, entweder, indem festgestellt werden konnte, was ihnen fehlte oder woran sie litten, oder um sie zu stärken, indem ihnen, dank der Schwingungen des Pendels, die Kräfte, die sie benötigten, übertragen wurden. Ebenso war es möglich, sich der Schwingungen für seine eigenen Bedürfnisse zu bedienen.

Eines Tages gab sie mir ein Pendel in die Hand, aber es blieb regungslos, es blieb einfach im Lot. Sie war überrascht und enttäuscht darüber, aber jedesmal, wenn wir uns trafen, um zusammen zu arbeiten, hielt sie mich auf dem laufenden über die Fortschritte ihrer Gruppe in Radiästhesie. Von Anfang an hatte sie mich gebeten, von all dem, was sie mir berichten würde, niemandem zu erzählen. Sie selbst, so sagte sie, sprach darüber noch nicht einmal mit ihrer eigenen Familie. Dieses Geheimnis bereitete mir ein gewisses Unbehagen, aber alles, was sie bezüglich dieses Themas sagte oder zeigte, interessierte mich. Wir tauschten uns darüber aus, was Radiästhesie wohl bedeuten mochte. Ich suchte wissenschaftliche Erklärungen: Verwandtschaft mit der Elektrizität oder mit Magnetfeldern. Sie sagte, es handle sich um etwas anderes, ohne dieses andere jedoch näher zu definieren.

Eines Tages, als ich am Ende meines Gebets noch neben meinem Bett kniete, nahm ich ein ziemlich grosses, schweres Ankerkreuz von meinem Nachttisch, das mir eine Freundin geschenkt hatte, die mir nach dem Tod unseres Sohnes sehr geholfen hatte. Dieses Kreuz lag immer auf meinem Nachttisch, ausser, wenn ich es manchmal um den Hals trug.

Ich nahm also das Ende der Kordel, an der das Kreuz hing, in die Hand, und es begann, sich wie die Kugel eines Pendels zu drehen. Zurückblickend weiss ich, dass dieses Ereignis nichts anderes war als ein Angriff des Satans: Ich hatte ein neues Leben mit dem Herrn begonnen. Aus einer überzeugten, aber traurigen und durch die Ereignisse niedergeschlagenen Katholikin hatte der Heilige Geist begonnen, eine lebendige, strahlende Christin zu machen, die er als Zeugin für die Herrlichkeit Gottes haben wollte. Es war also Eile geboten, Hindernisse in den Weg zu legen.

Aber in jenem Augenblick war ich entzückt. Es schien mir sogar ein Geschenk Gottes zu sein. Da ich entspannt, offen, voller Vertrauen und Frieden war, konnte das Pendel jetzt in meinen Händen agieren. Und es gab keinen Zweifel darüber, dass ein Zusammenhang bestand zwischen diesen beiden Tatsachen. Ich war zu Anfang, als ich das Pendel in der Hand gehalten hatte, blockiert gewesen, aber auch von meinen Mauern geschützt. Jetzt, da diese gefallen waren, war ich entspannt und offen für den Heiligen Geist. Aber ich wurde gleichzeitig eine dem Feind offenstehende Stadt. Je mehr wir offen sind für Gott, um so wichtiger wird es für uns, wie Paulus es im Epheserbrief Kapitel 6, Vers 11 formuliert: «...die Waffenrüstung Gottes an(zuziehen), damit (wir) gegen die Überfälle des Teufels bestehen könn(en)».

Nichts von alldem wurde mir klar, und ich dachte an nichts Böses. Satan nähert sich uns nicht, indem er laut seinen Namen ruft. Ich war entzückt! Dieses Erlebnis war Teil all der wunderbaren Dinge, die ich gerade erlebte.

Bei unserem nächsten Treffen berichtete ich meiner Freundin von dem, was sich zugetragen hatte, und wir verbrachten von nun an noch mehr Zeit damit, das Pendel zu studieren. Sie schenkte mir ein «echtes», das ich immer bei mir trug.

Ungefähr acht Monate später, ich erinnere mich nicht mehr, warum oder wieso (sicher aber dank eines besonderen Schutzes Jesu) und zweifellos im Zusammenhang mit irgendeinem Buch oder einer Kassette zum Thema Verbote der Bibel, die alles, was mit Magie, Okkultismus oder Geisterbeschwörung zu tun hat, untersagen, sprach ich mit Chantal darüber.

Sie sagte mir sogleich und ohne Umschweife: «Lass das. Du musst das Pendel wegwerfen. Das kommt nicht von Gott.»

Ich antwortete ihr, ich sei nicht ganz einverstanden mit ihr: Gott habe in seine Schöpfung vieles hineingelegt, das uns rätselhaft erscheint. Wenngleich wir heute noch nicht verstünden, worum es sich bei der Radiästhesie handelt, so käme vielleicht der Tag, an dem sie eine anerkannte wissenschaftliche Realität darstellen würde. Viele Priester interessierten sich dafür; sie sei ein häufig angewandtes Mittel, um Wasser zu finden, verlorene oder unauffindbare Dinge wiederzufinden ... um herauszufinden, ob ...

Chantal sagte zu mir: «Um herauszufinden, was ich herausfinden will, brauche ich kein Pendel, dafür habe ich Jesus. Gib das alles auf! Es kommt nicht von Gott. Du kannst mit Gott keine Fortschritte machen, solange du damit weitermachst.»

Ich verliess sie, jedoch nicht überzeugt. Ich sah nicht ein, warum ich auf das Pendel verzichten sollte. Wurde Chantal langsam bigott und abergläubisch? Aber ihre Worte riefen mir auch die Erfahrung in Erinnerung, die ich mit dem Wort der Weisheit und der geistigen Erkenntnis gemacht hatte, die Jesus Chantal gegeben hatte.

Als ich mich anschliessend im Gebet vor dem Herrn befand, brachte ich dieses Problem vor, aber gleichzeitig klammerte ich mich an meine Überlegungen und an meine Liebe zu diesen Erfahrungen. Ich wollte nicht hören, dass der Herr Chantals Urteilsspruch bestätigen würde. Nur spürte ich ein leises Unbehagen gegenüber diesem Pendel, jetzt, nachdem Chantal zu mir gesprochen hatte.

Eines Tages nahm ich am Ende der Gebetsversammlung meiner Gemeinde (ich wohnte damals noch nicht in Neuilly und war noch nicht Mitglied der Gruppe von Pierre d'angle, zu der Chantal und ihr Mann gehörten) die Leiterin der Gruppe beiseite und unterbreitete ihr das Problem.

Sie gab kein Urteil ab, tat ihre Meinung nicht kund, sondern sagte: «Warum sprechen Sie nicht mit dem Exorzisten des Erzbischofs darüber?»

Mehrere Tage lang fuhr ich fort, diese Frage immer wieder dem Herrn anzutragen. Ich hörte keine Antwort aus der Bibel; viele verbotene Praktiken sind dort aufgeführt, aber versuchen Sie einmal, ausfindig zu machen, was es mit dem Verbot, Radiästhesie zu praktizieren, auf sich hat! Die Leiterin meiner Gebetsgruppe hatte keine Ächtung über das Pendel verhängt.

Sie hatte mir «nur» geraten, den Exorzisten des Erzbischofs um Rat zu fragen.

Ich bekam immer noch keine Antwort im Gebet. Sicherlich, weil ich Gottes Verbot nicht hören wollte. Der Gebrauch des Pendels war fast eine Droge für mich geworden. Ich wurde mir dessen irgendwie bewusst. Es lag gegen Chantal in der Waagschale. Und war Chantal nicht das ganze Jahr über ein sicherer Führer gewesen, der mich wieder zum Herrn zurückbrachte? Was konnte indessen so schlecht daran sein, sich in Radiästhesie zu üben?

Dann versuchte ich eines Tages im Gebet, mir Jesus mit einem Pendel in der Hand vorzustellen. Das war unmöglich! Aber sogar dieses fast scherzhafte Bewusstwerden genügte mir noch nicht ganz. Ich sagte zum Herrn: «Ich werde einen Termin mit dem Erzbischof vereinbaren. Ich verpflichte mich dir gegenüber, seine Antwort als deine zu betrachten und zu tun, was er mir sagen wird.»

Ich erhielt einen Termin für den 30. März, fast genau ein Jahr nach dem Tag, an dem ich zum ersten Mal in meinem Leben meine Probleme wirklich in die Hände meines Vaters im Himmel gelegt und ihm «in allen Lagen» gedankt hatte.

Pater Morand empfing mich in der Basilika Sacré-Coeur. Ich durchquerte das rechte Seitenschiff, stiess ganz am Ende des Ganges auf die verglaste Empore, von der er am Telefon gesprochen hatte, öffnete die Glastür, die das andere Ende der Empore begrenzte und durchlief den langen, mit einem Holzboden ausgelegten dunklen Korridor, der zum Büro des Erzbischofs führte.

Er sass hinter einem gewaltigen Schreibtisch neben einem hohen Fenster, das dem riesigen, sonst alltäglich erscheinenden Raum einen Renaissance-Charakter verlieh. Er stand auf, mich zu empfangen, wies auf einen Sessel im Stil Ludwig XIII. und hörte mir zu, ohne mich zu unterbrechen oder mir zu helfen. Als ich geendet hatte, fragte er mich: «Warum bedienen Sie sich des Pendels?»

Ich gestand, dass ich hauptsächlich Antworten suchte auf meine

Fragen, was mein Mann machte oder um mir bestätigen oder entkräften zu lassen, was ich über seinen Charakter und seine Persönlichkeit wusste (ah ja! nach einem Jahr bewusster Nachfolge Jesu!), sowie um verlorene Gegenstände wiederzufinden. Er stützte sich nicht auf die Bibel, jedenfalls nicht ausdrücklich. Er sagte: «Meine persönliche Erfahrung ist, dass die meisten Menschen, die ein Pendel befragen, und mit denen ich Gelegenheit hatte zu sprechen, in Depression oder Wahnsinn verfielen. Ich rate Ihnen davon ab. An den Früchten erkennt man den Baum.»
Ich dankte ihm und ging hinaus. Auf dem Heimweg dankte ich dem Herrn für seine Antwort. Zu Hause angekommen, legte ich das Pendel in ein grünes Tintenfässchen aus Porzellan und rührte es nicht mehr an. Einige Wochen später nahm ich es heraus und warf es in den Mülleimer.

«...denn ich bin sanftmütig und von Herzen demütig»   (Mt. 11, 29)

Demut

Ich lebte ein Leben voller Überraschungen, Humor und Entdeckungen mit dem Herrn. Ein Leben, in dem sich täglich etwas Neues ereignete. Das Gesicht der anderen veränderte sich. Ich veränderte mich. Und viele Worte erhielten eine neue Bedeutung oder nahmen eine vielschichtigere Bedeutung an, die ich nicht erwartet hätte. Worte wie Vertrauen, Gehorsam, Beurteilen, Verzeihen, Zuhören, Lieben, Demut ... Es war, als ob eine Hornhaut nach der anderen von meinen Augen und Ohren abgezogen würde.
Sich anvertrauen, das hiess, es wirklich in die Tat umzusetzen, vollkommen, in Bezug auf alles. Gehorsam, das war der Weg des Sieges und der Liebe. Zuhören, das erhielt erst seinen Sinn, wenn ich mich von den Worten des Herrn verändern liess. Mich zu rechtfertigen wurde, ebenso wie Beurteilen, eine mör-

derische Waffe. Denn hatte ich recht, so verurteilte das unweigerlich den anderen, quälte ihn, setzte ihn ins Unrecht. Beurteilen wie sich rechtfertigen erwiesen sich beide als mörderische Waffen, sowohl für mich als auch für mein Gegenüber. Verzeihen ... Aber davon später. Wovon ich hier sprechen möchte, ist das Wort Demut.

Der Leser wird bereits vermutet haben, dass dieses Wort weder zu meinem persönlichen Wortschatz gehörte noch zu meinem bisherigen Leben. Weder meine Herkunft noch meine Erziehung drängten mich zur Demut.

Der unermüdliche Eifer, den eine Gouvernante, die mich nicht mochte, mehrere Jahre lang entfaltet hat, um mir einzuprägen, ich solle mich «nicht in den Vordergrund drängen», schuf in mir meine Schüchternheit und Angst vor anderen, die jedoch nichts mit Demut zu tun hatten.

Mein Vater hatte, als sein Vater ihn und seine Mutter verlassen hatte, im Alter von vierzehn Jahren begonnen, als Vorarbeiter in der Türkei zu arbeiten. Er betrachtete Demut nicht als eine Tugend, sondern als einen schlimmen Fehler oder zumindest als eine Schwäche, die man selbst zu verantworten hatte. Er verglich sie mit übertriebener Unterwürfigkeit und Willfährigkeit, die er bei vielen Menschen ihren in der Hierarchie oder im sozialen Bereich Übergeordneten gegenüber beobachtet hatte, und die er dann später sich selbst gegenüber feststellte. In meiner Jugend kam es öfter vor, dass er mir sagte, diese Aufforderung des Evangeliums zur Demut könne er weder verstehen noch akzeptieren, und dies gelte sowohl für ihn als auch für die anderen; seiner Meinung nach hatte der Mensch im Gegenteil die Aufgabe, sich nicht unterschätzen zu lassen, sich nicht minderwertiger als irgend jemand anders zu betrachten, gleich welche Funktion diese Person innehatte. Demut sei eine niederträchtige Sache.

Im Sommer 1965, als ich «Meditationen eines Einsiedlers» von Thomas Merton übersetzte, ist mir bewusst geworden, dass ich zwar keine Vokabelprobleme im Englischen oder Amerikanischen habe, dass ich aber erhebliche Lücken bezüglich der exakten Bedeutung der französischen Wörter aufwies. Wir benutzen täglich viele Wörter, deren wirklichen Sinn wir gar nicht kennen und berücksichtigen nicht im geringsten die Implikationen, die ihnen eigen sind und ihnen ihre tiefere Bedeutung verleihen. Wir mögen oder verwerfen instinktiv Wörter (sowie die wirkliche Bedeutung, die wir ihnen zuschreiben), die Konzepte in sich verbergen, von denen wir nichts wissen. Das Wort Demut war für mich immer ein solches Wort.

Von Anbeginn meines neuen Lebens hat der Herr, ohne dass ich es wusste oder mir dessen bewusst geworden wäre, eine lange und behutsame Umschulung mit mir begonnen.

Ich hatte stets und in allem, was ich unternahm, eine «Leader»-Rolle eingenommen. Mein Organisationstalent hatte sicherlich sehr dazu beigetragen. Und mein Vergnügen daran ebenfalls!

In Ägypten habe ich zu Beginn unserer Ehe einen Bibelkreis geleitet und ein mit dem Anneau d'or, einer von Abbé Caffarel gegründeten und geleiteten Revue, verbundenes Familiengebetsnetz aufgebaut und geführt.

Als ich 1956, nach unserer Rückkehr nach Frankreich, im Garches-Krankenhaus als Privatlehrerin im Krankenhausgymnasium arbeitete, trug mir die Direktorin dieser Institution nach kurzer Zeit die Leitung des Unterrichts der stark Behinderten an, die in dem Krankenhaus unterrichtet wurden.

Als ich ohne offizielle Nominierung an der Schaffung eines Informationszentrums für den Empfang französischer Bürger in unserer Stadt mitarbeitete, wurde mir die Leitung des Zentrums übertragen.

Ich fand das damals völlig normal und richtig. Aber da der Herr immer schon einzugreifen beginnt, ehe wir imstande sind, sein Handeln wahrzunehmen, und lange bevor sein Plan in unseren Augen langsam Form annimmt, ereignete sich eines Tages etwas Unerwartetes.

Ich studierte zwei Jahre Theologie am Zentrum für Glaubensfragen. Das Studium bestand aus einer einmal wöchentlich stattfindenden Vorlesung und Sitzungen in Gruppenarbeit. Als es hiess, jede Gruppe habe einen Gruppensprecher zu wählen, eine Art Verbindungsmann zwischen der Gruppe und den Jesuitenpatres, die das Zentrum leiteten, kam es mir überhaupt nicht in den Sinn, dass die Gruppe jemand anderen wählen könnte als mich. Nun, die Wahl der Gruppe fiel, mit einer Stimme Mehrheit, auf ein anderes Mitglied. Um ehrlich zu sein, ich empfand keine wirkliche Enttäuschung; indessen bedauerte ich es ein wenig, nicht in den Genuss eines regelmässigen Kontakts mit den Leitern des Zentrums kommen zu können, und vor allem war ich sehr erstaunt ...

Nach meiner Taufe in den Heiligen Geist wurde das Eingreifen des Herrn in dieser Richtung hartnäckiger. Durch meine Tochter Chantal, durch die Bibel oder durch sein Reden im Gebet sagte der Herr zu mir: «Unternimm nichts mehr! Übernimm keine Verantwortungsposition mehr! Gib deine Aktivitäten auf!»

Und er gab sich nicht zufrieden damit, es mir zu sagen. Er fügte es so, dass ich eine meiner Verantwortlichkeiten und Aufgaben nach der anderen verlor.

Im Garches-Krankenhaus leitete ich den Unterricht in den Krankenzimmern. Ein Schulinspektor stellte fest, dass eine Person ohne Universitätsdiplom und ohne Beamtenstatus einen Bereich leitete, der mit Hilfe von über fünfzig freiwilligen Mitarbeitern mehr als hundertfünfzig Wochenstunden Unterricht und Nachhilfestunden leistete. Sofort wurden drei Lehrer-Vollzeitstellen für diesen Unterricht geschaffen und nur noch einer geringen Anzahl freiwilliger Mitarbeiter wurde ein sehr begrenzter und untergeordneter Anteil an der Unterrichtsarbeit zugestanden.

In meiner Gemeinde war ich bekannt. Ich teilte die Kommunion aus, las Texte in der Messe und gehörte zu denen, die die Messe vorbereiteten. In der Bibelstudien-Gruppe der Gemeinde schlug der Leiter mir vor, im kommenden Jahr mit anderen zusammen die Leitung zu übernehmen. Der Herr verpflanzte mich jedoch nach Neuilly in eine Gemeinde, in der ich unbekannt war, und in eine Gebetsgruppe, in der ich die «Jüngste» war, und in der die Mitgliedschaft meiner Tochter und meines Schwiegersohnes mich zu grosser Diskretion verpflichtete.

Im Gebet stolperte ich über das Gegenteil von Demut. Der Augenschein dessen, was in meinem Innern im Dunkeln verborgen lag, alles dessen, was nicht von Gott kam, drängte sich mir mit jedem Tag mehr auf. Aber paradoxerweise musste ich gleichzeitig bei jedem Schritt, bei jeder Entdeckung, bei jeder Veränderung, die Gott in mir bewirkte, eine leise Stimme zum Ersticken bringen, die mir zuflüsterte: «Mein lieber Mann, du machst wirklich Fortschritte, du wirst langsam richtig gut! Du bist wirklich gar nicht mehr so schlecht!»

Wie leicht gehen wir im Anfangsstadium unseres Weges mit dem Herrn in die Fallen des Hochmuts, der Eitelkeit und Selbstgefälligkeit! Ich habe gelernt, mich in den Psalm 51 zu flüchten, um meinen richtigen Platz wiederzufinden, nämlich den, den man einnimmt, wenn man vor Gott steht. Aber ich verstand noch nicht, dass die Quelle dieser Stimme irgendwo im Bereich der Demut lag. Und ich verstand auch nicht, worauf der Herr hinaus wollte.

Dann kam der Tag, an dem der Herr offen durch den Propheten Micha zu mir sprach: «Es ist dir gesagt, Mensch, was gut ist und was der Herr von dir fordert, nämlich Gottes Wort halten und Liebe üben und demütig sein vor deinem Gott.» (Micha 6,8) Als dieser Vers aus dem Bibeltext hervorstach, um für mich jenes persönliche Wort zu werden, das der Herr an mich richtete, war meine erste Reaktion (nachdem ich die Textstelle sorgfältig rot unterstrichen und schwarz umrandet hatte), zu sagen:

«Nichts anderes!!!»

Anschliessend hielt ich bei dem Wort: «Gottes Wort halten» inne. Dies zu tun bedeutet Vertrauen, Kenntnis seines Wortes und Gehorsam. Ein Lebensprogramm!

Anschliessend kam ich bei «Liebe üben» an. Jetzt wurde die Mitteilung schon persönlicher.

Der Herr sagte zu mir: «Liebe üben!»

Ich wurde nachdenklich.

Und schliesslich, und vor allem, sagte er mir:

«Sei demütig vor deinem Herrn!»

Und Jesus sagte zu mir, und es klang wie ein Echo:

«Du liebst nicht, wenn du nicht zartfühlend liebst. Du liebst nicht, wenn du nicht demütig liebst. Denn ich bin sanftmütig und von Herzen demütig.» Dann ist Demut also Teil der Sanftmut? Gab es einen Zusammenhang zwischen Sanftmut und Demut? Er sagte zu mir:

«Ja. Du kannst nicht sanftmütig lieben, wenn du nicht demütig liebst. Du kannst sogar überhaupt nicht lieben, wenn du nicht demütig liebst. Du kannst noch nicht einmal mich lieben, mich, der ich sanftmütig und von Herzen demütig bin, wenn du deinen Nächsten nicht sanftmütig und demütig liebst.»

Und er liess mich entdecken, dass der Grund, warum man nicht wirklich liebt, wenn man ohne Demut liebt, der ist, dass einzig die Demut uns auf dieselbe Ebene mit dem anderen bringt.

Liebe ich ohne Demut, so lasse ich meine Liebe von oben auf den Mitmenschen herabfallen. Manchmal von sehr weit oben: dann kann der andere zerdrückt werden. Das ist nicht Liebe.

Jedesmal, wenn ich wirklich geliebt habe, hat mich die Liebe auf den Platz dessen zurückverwiesen, den ich liebte. Mit der Demut ist es genauso. Sie weist jedem seinen richtigen Platz zu, alle auf derselben Ebene, alle sind gleich geliebt von Gott, gleich wertvoll in den Augen Jesu, in seinem Leben und seinem Tod.

Dann, nachdem ich mir ein wenig Zeit genommen hatte, um das Ganze zu verarbeiten, nicht jene Worte, sondern die Gewissheit, dass sie an mich persönlich gerichtet waren und dass sie in mir Gestalt annehmen konnten – und mussten, sprach der Herr erneut zu mir, dieses Mal mit der Stimme des Paulus: «Tut nichts aus Eigennutz oder um eitler Ehre willen, sondern in Demut achte einer den andern höher als sich selbst» (Phil. 2, 3).

Jetzt handelte es sich nicht mehr darum, sich auf die Ebene des anderen zu begeben, sondern den anderen, jeden anderen, gleich wen, tatsächlich und von Grund auf als höherstehend zu betrachten! Die Sache wurde allmählich spannend.

Ich durfte glauben, ohne Überlegenheitsgefühle geliebt zu haben. Sicher nicht immer, aber immer häufiger. Aber lieben und den anderen als höherstehend betrachten ... das war eine andere Geschichte!

Und jene Worte Michas (6, 8) fanden Unterstützung und Bestätigung durch Jesu Worte:

«Denn ich bin sanftmütig und von Herzen demütig» (Mt. 11, 29).

Die Worte des Paulus wurden durch andere Aufforderungen des Apostels bestätigt:

«Seid so unter euch gesinnt, wie es auch der Gemeinschaft in Christus Jesus entspricht! ... Er ... entäußerte sich selbst und nahm Knechtsgestalt an ...» (Phil. 2, 5.7)

und durch Jesu eigene Worte:

«So soll es nicht sein unter euch; sondern wer unter euch gross sein will, der sei euer Diener; und wer unter euch der Erste sein will, der sei euer Knecht» (Mt. 20, 26.27) und: «Ich aber bin unter euch wie ein Diener» (Lk. 22, 27).

Während einem Exerzitien-Wochenende, an dem ich wenig später teilnahm, sagte er mir immer wieder, gleich, wo ich mich gerade befand, sei es, dass ich allein betete in meinem Zimmer oder in der Kapelle, sei es während der Vorträge oder den gemeinsamen Stunden mit anderen: «Nimm den letzten Platz ein! Halte dich im Hintergrund! Schweige!»

Es wurde immer deutlicher. Und immer insistierender: Schliesslich bat ich Gott, mir diese Demut zu geben. Das war offenbar das einzige, was ich zu tun hatte.

Es war im August 1981. Mehr als vier Jahre nach meiner Taufe in den Heiligen Geist. Wir befanden uns, wie jeden Sommer, auf dem Lande und das grosse Haus war voll. Unsere beiden Töchter mit Ehemännern und Kindern waren gekommen, jeder hatte Freunde eingeladen, und es waren ausserdem noch Geschäftsfreunde meines Mannes dazugekommen.

Jeden Morgen musste ich aufs neue eingestehen, dass mir die Demut fehlte, und Gott bitten, mich damit zu erfüllen.

Eines Tages, kurz nachdem ich angefangen hatte, Gott um die Gabe der Demut zu bitten, sassen wir alle zusammen auf der Terrasse zum Kaffee, als mein Mann plötzlich begann, mich zur Zielscheibe seines Spottes zu machen. Und dies vor der ganzen Familie, den Freunden und Gästen. Das war nicht sehr angenehm. Aber ich war bereits geübt im Danken in allen Lagen, beissende Scherze inbegriffen. Bis zu dem Moment, in dem er die Ankunft eines Geschäftsfreundes mit seiner Frau für diesen

Abend ankündigte und vor allen Anwesenden Joëlle, unsere älteste Tochter, damit beauftragte, die Gäste vom Bahnhof abzuholen, obwohl dies eigentlich meine Aufgabe gewesen wäre: «Du holst Monsieur und Madame am Bahnhof ab, du kannst so etwas besonders gut! Deine Mutter macht es nicht, wie es sich gehört. Und kümmere dich in besonderer Weise um ihn!» Adieu Danksagen und Lobpreisen! Adieu mein Friede! Ich schwieg. Aber mein Schweigen war sehr sichtbar, sehr hörbar, und innerlich kochte ich vor Entrüstung.

Als ich die Terrasse verliess, um im Nachbardorf jemandem einen Besuch abzustatten, hatte ich einen dicken Kloss im Hals. Am Lenkrad konnte ich endlich meiner Empörung, die mich zum Ersticken brachte und mir den Hals zuschnürte, freien Lauf lassen. Gleichzeitig kämpfte es in mir: Ich muss mich nicht verletzt fühlen. Ich muss ihm verzeihen. Danksagen.

Aber so sehr ich auch mit den Lippen für diese «skandalöse» Art, mit der mein Mann mich öffentlich gedemütigt hatte, dankte, der Schmerz verliess mich nicht. Auch der eindrückliche Satz von Watchman Nee: «Vergiss nicht, dass jeder Ärger, jede Wut nur eine Ursache hat, nämlich deine geheime Eigenliebe», der mir schon so häufig zur Befreiung verholfen hatte, konnte nichts ausrichten. Der Kloss im Hals, die Empörung, die mörderische Eigenliebe erstickten mich.

Dann, plötzlich, in einer Kurve, fiel mir wieder mein Gebet an diesem Morgen ein.

Wofür hatte ich gebetet?

Um Demut.

Ich brach in lautes Lachen aus. Gott hatte mein Gebet erhört, und ich lehnte das, worum ich gebetet hatte, ab.

In demselben Augenblick löste sich mein Kloss im Hals, und Gottes Friede und Freude erfüllten mich erneut.

Gott antwortet stets auf unsere Gebete. Aber nicht immer so, wie wir es erwarten. Das Problem ist auch, dass wir nicht immer wissen, was wir eigentlich erbitten. Schauen wir nur auf Jakobus und Johannes, die Söhne des Zebedäus (Mk. 10, 36)! Er aber kennt alle Implikationen dessen, worum wir bitten, alle

Nuancen und alle «Ingredienzien» jedes Wortes. Nun hatte ich gelernt, dass man nicht demütig werden kann, ohne zu akzeptieren, auch gedemütigt zu werden.

Kämpfe

Im Mai 1981 wurde meine Mutter krank.

Einige Tage nach dem Ausbruch der Krankheit bat ich in der Gebetsgruppe darum, für sie zu beten.

Eine Schwester der Gruppe sagte sogleich:

«Wir werden dafür beten, dass jeder Tag, den der Herr Paulettes Mutter noch leben lässt, sie ihm ein Stück näher bringen möge.»

Im Laufe der folgenden zwei Jahre der Krankheit kam es tatsächlich so. Langsam, Tag für Tag, oft kaum wahrnehmbar, lernte meine Mutter einen Gott kennen, der sie stets voller Liebe begleitete. Einige Monate später verstand ich, als ich einen Blick zurückwarf auf den Sommer, den ich mit ihr durchlebt hatte, dass jeder Tag, den der Herr meiner Mutter noch zugestanden hatte, nicht nur ein Tag war, der es ihr erlaubte, sich ihm zu nähern, sondern dass diese Tage mir gleichermassen die Möglichkeit gaben, ihm und seinem Willen näherzukommen, und dass diese Zeit mich entdecken liess, was er von mir wollte.

Und er brachte mir viele Dinge bei, verlangte vieles, das er mir durch die Krankheit meiner Mutter zeigte.

Im Juli, als es möglich geworden war, meine Mutter zu unserem Haus auf dem Lande zu transportieren, brachte ich sie in der grossen Bibliothek im Erdgeschoss unter, deren Fenster zum Garten gingen. Sie kam langsam wieder zu Kräften. Sie benötigte viel Pflege – Spritzen, Schorfbehandlungen usw. – und musste wieder lernen, zu gehen und sich zu konzentrieren. Es war nicht schwer, und ich machte alles mit Freuden. Was jedoch nicht so leicht zu bewältigen war, war die Tatsache, dass sie meine permanente Anwesenheit an ihrer Seite forderte, denn ich war der Faden, der sie noch mit dem Leben verband, und sie gedachte nicht, ihn abreissen zu lassen.

Die Art und Weise, wie sie mich in Beschlag nahm, zeigte sich auf verschiedene Weise. Sobald ich mich von ihr entfernte, liess sie mich von dem einen oder anderen rufen. Ich erhielt in diesem Sommer keinen einzigen Telefonanruf, von dem sie nicht wissen wollte, wer angerufen hatte und warum. Ich konnte sie niemals allein lassen, ohne ihr zu erklären, was ich tun würde. (Welch grosse Versuchung zu lügen!)

Sie hätte am liebsten ohne Unterlass meine Hand in der ihren gesehen. Und gelang es ihr, so streichelte sie meine Hand und sagte: «Weisst du, ich habe dich so lieb, ich kann ohne dich nicht sein, du bist diejenige, die mir aus allem heraushilft.»

Das war das Schlimmste. Alles in mir wehrte sich gegen solche Erklärungen, lehnte sie ab, wollte diese Form des Besitzergreifens nicht, die das Besitzergreifen der kranken alten Frau in meiner Mutter war und nicht von ihr selbst kam. Nun, dieses Besitzergreifen, diese körperlichen Zärtlichkeitsbezeugungen, die ich trotz meiner zärtlichen Liebe für sie als inakzeptabel empfand, deckten mein eigenes Besitzergreifen meinem Mann gegenüber auf und zeigten mir, wie sehr meine Fragen, einige meiner Zärtlichkeitsbezeugungen und meine Angewohnheit, ihm bei jeder Gelegenheit (und vor allem, wenn es völlig unangebracht war) zu sagen, wie sehr ich ihn brauchte, unannehmbar für ihn gewesen sein mussten. Die Versuchung, meine Mutter zu belügen (und zwar grundlos), wenn sie mich über meine momentanen Pläne ausfragte, liess plötzlich Verständnis in mir für die Lügen meines Mannes aufkommen. Der Druck, den meine Mutter auf mich ausübte, um meine permanente Anwesenheit an ihrer Seite zu erwirken, machte mir klar, wie sehr meine Anhänglichkeit meinen Mann belastet haben musste. Ich hatte vorher nie verstanden, dass meine Zärtlichkeitsbezeugungen ihm gegenüber nicht positiv wahrgenommen oder aufgenommen werden könnten. Jetzt wusste ich es. Ich erlebte in umgekehrter Weise etwas, was mein Mann mit mir erlebte.

Aber mein Herr offenbarte mir nicht nur mein Besitzergreifen meinem Mann gegenüber. Er liess mich nicht nur dessen Reaktionen verstehen, sondern liess mich gleichermassen innerlich eine Situation erleben, die ich nur von aussen beurteilt hatte. In der Tat hatte ich einige Jahre vorher kategorisch eine meiner Schwägerinnen verurteilt. Während der sieben Jahre, die meine Schwiegermutter noch lebte, nachdem sie nach zwei Herzanfällen sehr behindert war und sich in einem sich stets verschlechternden Zustand befand, hatte meine Schwägerin sich andauernd über ihr «aufopferndes Leben» beklagt.

Schliesslich bezahlte mein Mann eine Krankenschwester für tagsüber und eine für nachts! hatte ich bei mir gedacht. Schliesslich arbeitete sie doch den ganzen Tag ausser Haus! Schliesslich war ihr Leben gar nicht so schlecht, wie sie es darstellte!

Ich hatte auch eine Hilfe für tagsüber und nachts für meine Mutter. Aber jetzt verstand ich auf einmal die Klagen meiner Schwägerin und ihr Verlangen, wegzugehen, zu atmen, weit weg zu sein von ihrer Mutter und nicht über jeden Schritt, den sie unternahm, Rechenschaft ablegen zu müssen.

Am Tag, als mir das bewusst wurde, wurde mir ebenso klar, dass der Herr mich nicht zum ersten Mal sozusagen beim Kragen packte, um mich selbst, in meinem eigenen Leben, eine Situation erleben zu lassen, die ich vorher, von aussen betrachtet, verurteilt hatte. Ich fasste den festen Vorsatz, so etwas nie mehr zu tun. Diesem Vorsatz bin ich treu geblieben. Nicht aus Tugendhaftigkeit oder Liebe, sondern aus Selbstschutz! Sobald ich versucht bin, eine Situation von aussen zu beurteilen, sage ich mir: «Herr, vor allem, vor allem lass mich diese Situation nicht verstehen, indem du sie mich selbst leben lässt. Vor allem will ich niemanden verurteilen. Ich will es gar nicht verstehen können. Ich vertraue mich deinem Verständnis an. Amen.»

Meine Mutter kam also wieder zu Kräften, und ich entdeckte,

was es bedeuten kann, Objekt von Besitzansprüchen zu sein. Aber gleichzeitig litt ich unter einem noch schlimmeren Besitzanspruch, nämlich meinem eigenen.

Ich hatte, wie gesagt, meine Mutter in der grossen Bibliothek im Erdgeschoss untergebracht. Mein Zimmer lag genau darüber, und ich hatte meinen Schreibtisch und meine Schreibmaschine in einen anderen Raum gestellt, um meine Mutter nicht zu stören, wenn ich manchmal Lust verspüren sollte, zu arbeiten, während sie ihren Mittagsschlaf hielt. Als ich vor ihrem Eintreffen diese Anordnungen getroffen hatte, hatte ich mich von dem Gedanken leiten lassen, ihr die Bibliothek und einen Teil des Gartens zu überlassen. So hätten wir, unsere Kinder und unsere Gäste, den Rest des Hauses und den Garten für uns gehabt.

Im Grunde war ich bereit, meiner Mutter eine Art Apartment, d.h. die Bibliothek und ein Badezimmer sowie ein Zimmer für die Krankenschwester zur Verfügung zu stellen; ich war bereit, mich um sie zu kümmern, sie zu pflegen und wieder auf die Beine zu bringen, sie zu waschen, zu kämmen und anzukleiden und ihr ein eigenes Plätzchen in «meinem» Garten und auf «meiner» Wiese zuzugestehen.

Meine Mutter hingegen wollte so nah wie möglich am Haus bleiben und zog folglich, anstatt mit der Sonne in Richtung der Pflaumenbäume zu wandern und sich immer weiter vom Haus zu entfernen, parallel der Hauswand entlang in Richtung Mitte der Wiese. Bei dieser Art Wanderung verliess sie den Gartenstreifen, den ich ihr zur Verfügung gestellt hatte, und machte zuerst vor den Fenstern des blauen Zimmers halt, in dem jetzt mein Schreibtisch und meine Schreibmaschine standen, um sich schliesslich vor den Fenstern des Wohnzimmers niederzulassen. Denn obgleich sie immer versicherte, zu viele Menschen um sie herum würden sie ermüden, versuchte sie doch, soviel Gesellschaft wie möglich zu finden.

Frei war ich nur zur Zeit ihres Mittagsschlafs und während der zwei Stunden, in denen meine Schwester mich ablöste. Meine Schwester kam mit ihren Töchtern und anderen Gästen, die meine Mutter in jener Zeit besuchten. Diese wanderte also,

74

umgeben von ihren Freunden, mit ihrem Stuhl langsam auf der Wiese in Richtung Fenster des Zimmers, in dem ich versuchte zu schreiben.

Versuchte ich am Schwimmbad, am anderen Ende des Gartens, etwas Ruhe zu finden, stiess ich auf die eine oder andere Tochter meiner Schwester und ihren Ehemann sowie eine unbestimmbare Anzahl von Grossneffen, Grossnichten, die sich manchmal durch die Anwesenheit von zusätzlichen Freunden noch erhöhte ...

Mein Vater besass ein Buch mit humoristischen Zeichnungen aus der Zeit vor 1914, in dem ich als junges Mädchen gerne blätterte. Auf einer Seite dieses Werkes befanden sich zwei Zeichnungen. Das eine Bild stellte eine entzückende Frau mit Wespentaille und einem grossen, breitrandigen Hut dar, die ein süsses Baby im Arm trug. Es trug den Titel: «Mutter sein hat seinen Reiz...». Und das andere Bild stellte eine dicke Frau dar, umgeben von sechs oder sieben ungehobelten Knirpsen, von denen der jüngste an ihrer Brust hing. Über dieser Zeichnung stand: «... aber man sollte es nicht übertreiben!»

Das Kommen und Gehen all dieser Menschen und das Kindergeschrei um das Schwimmbad herum (das ich bis in mein Zimmer hörte) machten mich reizbar und ich sagte mir: «Familie haben hat seinen Reiz, aber man sollte es nicht übertreiben!»

Wie klein war doch mein Herz und wie armselig meine Gastfreundschaft! Ich spürte es genau. Ich wusste es. Ich wusste ebenso, dass die Stimmen meiner Enkelkinder in vierzehn Tagen eine bezaubernde Musik für meine Ohren sein würden. Aber all das half nichts. Ich fühlte mich vollkommen vereinnahmt. Weder in meinem Zimmer noch im Haus oder im Garten konnte ich dieser Invasion entfliehen.

Meine Wiese wurde vollkommen besetzt. Mein Haus wurde vollkommen vereinnahmt. War die Sonne einmal nicht mit von der Partie, wurde mein Wohnzimmer vollkommen in Beschlag genommen, meine Kekse und Plätzchen wurden serviert und verteilt, bevor ich sie auch nur hatte kosten können. Und meine Schwester (wobei ich mich nach all den massiv besitzergreifenden Formulierungen mit all den Possessivpronomen genötigt sehe, mich bei ihr etwas gemässigter auszudrücken) verhielt sich in unserem Haus als sei es ihr eigenes.

Ich begriff sehr schnell, dass sich in mir ein Kampf abspielte. Ein Kampf mit dem Herrn: Diese Wiese trennte mich von ihm. Der Beweis lag darin, dass erneut Schlafprobleme auftauchten, obwohl ich doch seit meiner bewussten Lebensübergabe an Gott stets durchgeschlafen hatte. Der Beweis lag auch darin, dass mein Gebet ärmlich und dürr geworden war.

Ich spürte genau, dass mein Verhalten nicht im Einklang mit dem stand, was der Herr von mir verlangte. Er wollte, dass ich mein Wohnzimmer, meine Wiese und all jene Possessivpronomen, an denen ich so sehr festhielt – oder besser ausgedrückt, die aus meinem Herzen nicht auszurotten waren –, freigab.

«Lass das! Geh ans andere Ufer!»

Das andere Ufer – war ein Ufer ohne Possessivpronomen.

Ich kämpfte im Gebet. Tag für Tag. Ich hörte nicht mehr die Stimme des Herrn. Das war nicht erstaunlich, war ich doch durch diesen Berg von Possessivpronomen von ihm getrennt! Langsam wurde mir klar, dass es nicht meine Mutter, meine Schwester und deren Kinder waren, denen ich (moralisch) meine Wiese verweigerte, sondern ich verweigerte sie ihm.

Aber es gelang mir immer noch nicht, diese Wiese auf andere als nur auf rationale Weise loszulassen. Mein Körper, meine Gefühle, alles in mir wehrte sich dagegen, loszulassen. Es war wie der Kampf Jakobs (1.Mose 32, 24). Wegen einer Wiese! Aber dennoch war es wie der Kampf Jakobs, weil es der Kampf gegen Gott war, aus dem man nicht als Sieger, sondern nur als Besiegter hervorgeht, nachdem man endlich losgelassen hat. Ich kämpfte drei Wochen lang im Gebet um die Frage der «besetzten» Wiese, ohne Erfolg! Nichts half! Ich war einfach nicht imstande, meine Wiese loszulassen.

Bis dahin konnten alle Probleme, die der Herr mir offenbart hatte, mehr oder weniger schnell im persönlichen Gebet oder im Gebet mit Chantal gelöst werden. Dieses Mal sollte ich die Macht des Gruppengebets kennenlernen.

Eines Tages, als Freunde aus unserer Gebetsgruppe von Neuilly mich auf der Durchreise besuchten, versammelten wir uns in meinem Zimmer, um zu beten. Sobald das Gebet begonnen hatte, spürte ich, dass ich so lange nicht beten konnte, wie mein Problem nicht von der Gruppe vor den Herrn gebracht worden war. Ich legte den anderen dar, was ich zur Zeit durchlebte, meine Schwierigkeiten und die extrem karge Antwort Gottes auf mein Rufen sowie meine Unfähigkeit, das Problem zu lösen. Im Gebet der ganzen Gruppe konnte der Riegel meiner beschlagnahmten Wiese endlich gesprengt werden. Und es war unsere älteste Tochter Joëlle, die der Herr auswählte, mich aufzufordern, weder die tausend Schritte zu tun, die ich tat, noch zweitausend, sondern dreitausend, viertausend Schritte zu unternehmen.

Ich übergab ihm Wiese, Wohnzimmer, Haus, Possessivpronomen ... Der Friede erfüllte mich an diesem Abend wieder von neuem, und ich schlief zum ersten Mal seit drei Wochen wieder wie ein Kind.

Gott spricht zu uns

Gott spricht durch die anderen zu uns

Eines Tages, bevor es an ihr war, in den Heiligen Geist getauft zu werden, sagte meine älteste Tochter in einem eher agressiven Ton zu mir: «Bring die Probleme nicht durcheinander! Du wirfst immer alles in einen Topf!»

Seltsam daran war, dass ich trotz ihres aggressiven Tonfalls sofort wusste, dass es der Herr war, der da zu mir sprach, der mir sagte, ich hätte tatsächlich ein Problem oder eher ein Wirrwarr von Problemen.

Ein anderes Mal war es mein Sohn, der zu mir sagte: «Du bist zu besitzergreifend mit deinem Haus!»

Der Herr hatte schon begonnen, mich darauf hinzuweisen: «Du bist zu besitzergreifend (und nicht nur mit deinem Haus!)»

Es war leicht, meinem Sohn zu antworten: «Du hast recht», hatte ich doch klar die Stimme des Herrn vernommen.

Je mehr ich versuche, mit meinem Herrn unterwegs zu sein, um so mehr entdecke ich, dass er auf die verschiedensten Arten zu mir sprechen kann. Nicht nur durch die Heilige Schrift oder im Gebet oder in der Predigt, nicht nur in Worten der Erkenntnis oder in Prophetien in einer Gebetsgruppe, nicht nur durch ein Familienmitglied, sondern durch den Mund absolut

jedes Menschen. Dieser beliebige Mensch braucht keine besondere Begabung der Weisheit oder des Prophezeiens zu besitzen,
er muss kein in den Heiligen Geist getaufter Christ oder ein
Christ schlechthin sein, es kann eine vollkommen fremde Person sein oder sogar jemand, der nicht einmal Sympathie für
mich empfindet, und meistens weiss diese Person gar nicht, dass
sie in diesem Augenblick die Stimme des Herrn ist. Vor meiner
Taufe in den Heiligen Geist wusste ich es ebensowenig – wie an
jenem Tag in Cluses, an dem ein sechzehnjähriger Junge, den
ich anschliessend nie mehr wiedergesehen habe, in einem
Gespräch zum Thema Verzeihen sagte: «Verzeihen, das ist,
wenn man sich wieder verträgt, und alles wieder wie vorher ist.»
Aber jetzt weiss ich es, horche ich plötzlich auf. Es ist, wie wenn
beim Bibellesen auf einmal eine Aussage aus dem Zusammenhang hervorspringt, um mir zu sagen: «Das ist für dich,
selbst wenn die Form oder der Hintergrund dir nicht gefallen.
Nimm es für dich und höre, was ich dir zu diesem Thema zu
sagen habe.» Manchmal, wenn es ein wenig hart ist, die Worte
zu verstehen und anzunehmen, kann ich sie erst, nachdem ich
sie im Gebet vor Gott gebracht habe, als das annehmen, was sie
sind: Gottes Worte.

So trug es sich eines Tages im Sommer zu, dass Joëlle und ich
uns in einer jener für unseren Umgang miteinander üblichen
Situationen befanden. Joëlle «nahm den Platz ein», der «mir
zustand», ich versuchte, diesen Platz, der «mir gehörte», festzuhalten, und mein Mann trug, bewusst oder unbewusst, in bös-
williger Weise kräftig dazu bei, die Situation zwischen uns beiden zu verschlimmern.

Joëlle befand sich zu diesem Zeitpunkt auf der Schwelle zum
verbindlichen Glauben, was ich jedoch nicht wusste. Ebenso
hatte sie persönliche Probleme, von denen ich nichts ahnte.

Alles, was ich wusste, war, dass sie mich verletzt hatte, und dass
es mir schwerfiel, nicht zu reagieren – nicht anders zu reagieren
als in Form verletzten Schweigens.

Ich bedauerte diese Stimmungsänderungen. Fanden sie auch
ganz geräuschlos statt, so war ich mir doch im Klaren darüber,
dass sie nicht unbemerkt blieben. Am frühen Nachmittag ging

ich in Joëlles Zimmer, um sie um Verzeihung zu bitten. Aber meine Absicht war nicht nur, ihr zu sagen: «Verzeih mir!» Ich wollte ihr gleichzeitig (oder vor allem) erklären, was ich in dieser Situation empfand. Der Herr hatte jedoch schon begonnen, mir zu verstehen zu geben, dass man sich niemals, selbst unter Berücksichtigung aller erdenklichen Argumente, rechtfertigen kann, ohne sein Gegenüber zu verurteilen. Übrigens, hätte man mich darauf hingewiesen, so hätte ich sogleich geantwortet, dass es sich nicht um eine Rechtfertigung handelte, sondern lediglich darum, zu erklären, was ich fühlte!

Insistierte Carl Rogers in seinem Werk «Entwicklung der Persönlichkeit» nicht darauf, dass es so wichtig sei, seine Gefühle «herauszulassen»? Seiner Meinung nach ist eine Auseinandersetzung möglich und wirkungsvoll, vorausgesetzt, die Gefühle werden in neutraler Weise, ohne den anderen zu verurteilen, ausgesprochen. Ich würde (das versteht sich von selbst!) nicht zu Joëlle sagen: «Du hast dich in dieser und jener Weise mir gegenüber verhalten ...», sondern: «So habe ich empfunden, was sich eben zwischen uns abgespielt hat ...» Es handelte sich also nicht um eine Rechtfertigung oder eine Anklage.

Joëlle liess mich nicht weit kommen mit der Darlegung meiner Gefühle. Nachdem sie mich mehrere Male mit Sätzen wie: «Du gibst Papa Anlass zu ...» oder: «Du solltest dieses oder jenes tun ...» unterbrochen hatte, begann sie plötzlich eine Flut von gerechtfertigten und ungerechtfertigten Anschuldigungen über mich zu ergiessen (vollkommen frei von jeglichen Rogers-Einflüssen!), mit denen sie mir vorwarf, ihr die Zeit seit ihrem achten Lebensjahr vergiftet zu haben. Sie sagte, ich hätte stets ihre Brüder bevorzugt, ich hätte sie falsch eingeschätzt, ich sei mir nicht klar darüber geworden, wie unerträglich besitzergreifend ich mit ihrem Vater gewesen sei, sie hätte in meiner Erziehung für alles herhalten müssen, ich sei extrem streng mit ihr gewesen, ich dramatisiere alles und dann diese Reise nach Petra, die wir, sie, ihr Mann und ich, vor zehn Jahren zusammen unternommen hatten! Oh, diese Reise nach Petra ...

Natürlich erinnerte ich mich an diese Reise nach Petra. Ich hatte nicht vergessen, wie schwierig sie gewesen war.

Aber ihrer Version zufolge war ich diejenige gewesen, die schwierig war. «Du warst unverschämt mir gegenüber. Du hast Georges in Beschlag genommen. Du hast den ersten Platz eingenommen. Das tust du übrigens immer. Deine Anwesenheit genügt, um die Aufmerksamkeit aller Männer auf dich zu konzentrieren, und das Schlimmste ist, dass du es noch nicht einmal absichtlich tust ...»

Ich schluckte alles, fast völlig schweigend und ohne mich zu verteidigen, ohne mich zu rechtfertigen, ohne zu widersprechen. Ich hatte endlich vergessen, daran zu denken, wie ich mich fühlte! Ich hörte zu und betete. Und schon wusste ich, dass ich all das Gehörte vor den Herrn bringen musste, um zu erfahren, was er mir durch Joëlles Anklagen sagen wollte. Schliesslich schwieg sie. Ich stand auf. Wir trennten uns, jede auf ihre Art, ein wenig steif. Es ist nicht leicht, die richtige Haltung zu finden nach einer solchen Auseinandersetzung. Es war offensichtlich, dass ich sie nicht umarmen durfte, sie hätte mir etwas an den Kopf geworfen (ich hätte an ihrer Stelle das gleiche getan!). Wir trennten uns also schweigend und ohne eine Geste.

Ich brachte das Ganze vor den Herrn. Ja, dieses Besitzproblem schälte sich immer deutlicher heraus. Es musste radikal ausgerottet werden. Und schliesslich, selbst wenn ich «nicht absichtlich» alle Aufmerksamkeit auf mich konzentrierte, so konnte es vielleicht «absichtlich» geschehen, sie nicht mehr auf mich zu konzentrieren. Was meine, nun der Vergangenheit angehörende, gute oder schlechte Strenge betraf, so war sie vorbei. Unnötig, länger darüber zu sprechen. Ich konnte es nicht mehr ungeschehen machen. Mit dem Herrn beginnt alles heute. (Welch ein Glück!)

An jenem Abend bat ich Joëlle im Vorübergehen, sehr schnell, um «Verzeihung, Punkt und ohne weitere Einzelheiten» für alles, was ich ihr angetan hatte. Damit begann eine Wende in unserer Beziehung. Ich kann nicht behaupten, dass Joëlle von heute auf morgen nicht mehr im geringsten mir gegenüber blockiert gewesen wäre, oder ich nie mehr Unverständnis oder Ärger ihr gegenüber empfunden hätte. Aber ich meinerseits warf ihr nicht mehr vor, ihren Vater «für sich allein» in Anspruch zu nehmen oder Alleingänge mit ihm zu unternehmen, und was sie betraf, so veränderte sich auch ihre Haltung mir gegenüber – zu meinem Vorteil.

An diesem Abend gesellte sie sich zum ersten Mal zu der kleinen Gebetsgruppe, die sich in meinem Zimmer traf, und plötzlich fühlte ich statt meiner Probleme die ihren.

Nimm mich mit!

Meine Mutter kam während dieses ersten Sommers nach dem Ausbruch ihrer Krankheit wieder recht gut zu Kräften, was ihre Rückkehr nach Paris im Oktober möglich machte. Langsam, Tag für Tag, näherte sie sich ein Stückchen mehr diesem Gott, der für sie ihr ganzes Leben lang so weit entfernt und fremd gewesen war. Aber ausser den positiven Augenblicken, in denen es möglich war, zu ihr von der Liebe und Gegenwart Jesu zu sprechen, erwiesen sich die ersten Monate in Paris als besonders schwierig.

Sie, die ihr ganzes Leben lang vollkommen unabhängig gewesen war, litt jetzt, da es ihr wieder besser ging, unter ihrer Abhängigkeit. Diese Abhängigkeit und das Bewusstwerden der Folgen ihrer Krankheit machten aus ihr einen leicht erregbaren und verdriesslichen Menschen. Überdies war es unmöglich, zwei oder drei Minuten neben ihr zu sitzen, ohne von ihr gestört zu werden, ausser, wenn sie eingenickt war. Im Wachzustand bat sie ununterbrochen um dies oder jenes. Fragte ich sie, gerade bei ihr angekommen, und bevor ich mich hinsetzte:

«Willst du ein Lutschbonbon?» so antwortete sie mir:

«Nein, nicht jetzt.»

Sobald ich jedoch Platz genommen hatte, änderte sie ihre Meinung:

82

«Gib mir ein Bonbon!»

Ich brachte ihr das Bonbon. Da ich dachte, sie hätte es vielleicht gerne, wenn die Tür zu ihrem Zimmer geschlossen wäre, fragte ich sie:

«Willst du, dass ich die Türe schliesse?»

«Nein, nein, lass sie offen.»

Kaum hatte ich mich hingesetzt, sagte sie:

«Schliess die Tür!»

Also schloss ich die Tür und nahm wieder Platz. Kaum sass ich, hörte ich:

«Nimm die Decke weg!»

Und so ging es unentwegt weiter.

Und nie sagte sie danke oder bitte, sie, die stets so zuvorkommend gewesen war. Selbst wenn ich verstand, dass diese Bitten dazu dienten, sich ihres Daseins zu vergewissern, selbst wenn ich mir sagte, dass es hart war für eine Frau, die stets, bis zum Alter von achtzig Jahren, unabhängig und rege gewesen war, plötzlich alt, krank, schwach, fast gelähmt und abhängig zu sein, war es dennoch schwierig, ihr zu helfen, und besonders schwierig, es mit Liebe zu tun.

Ich wünschte mir so sehr, ihr alles zu geben, wozu ich imstande war, aber gleichzeitig hatte ich das Gefühl, sie verlangte von mir viel mehr als ich ihr geben wollte, viel mehr als ich bereit war, ihr zu geben, sogar viel mehr als ich verpflichtet war, ihr zu geben.

Während der zwei Wochen nach ihrem Herzanfall war es selbstverständlich gewesen, ihr alles zu geben und sich ganz ihrer Unterstützung zu widmen. Wir wussten damals nicht, ob sie nicht jeden Augenblick sterben würde. Auch den Sommer über wurde diese Hilfe als «normal» betrachtet. Es ging darum, sie aus dem Bett zu holen, zu verhindern, dass sie bettlägerig würde und ihr zu helfen, wieder zu leben. Aber gegen Ende des Sommers war sie zu einem Gesundheitszustand gelangt, das Jahre anhalten konnte (und dessen Dauer wir uns so lange wie möglich wünschten), und mein Verhalten hatte sich geändert. Ich sagte mir: «Ich kann nicht den Rest meines Lebens Sklavin meiner Mutter sein. Ich muss auch ein persönliches Leben haben und leben.»

Zu Beginn ihrer Krankheit befand ich mich geistlich und gesundheitlich in einem aussergewöhnlich guten Zustand, ich sang innerlich ohne jede Anstrengung, ich sagte unaufhörlich Dank, mein Herz war voller Liebe und Zärtlichkeit für sie, wie immer ihre Laune war und was immer sie verlangte.

Jetzt verspürte ich das Bedürfnis, mit meinen Kräften zu haushalten, mich zu schützen, und die Hilfe, die sie benötigte, war mir oft lästig. Ich fühlte genau, dass meine Gesten auf Grund des Ärgers, den ich innerlich empfand, der Liebe beraubt waren.

Warum sagte sie nicht bitte? Warum bedankte sie sich niemals? Warum dachte sie nicht manchmal daran, dass ich müde sein könnte, und dass ich nicht mehr zwanzig war?

Nun, natürlich habe ich im Gebet alles vor den Herrn gebracht. Das ist der Königs- und sichere Weg. Und er hat zu mir gesagt: «Warum nimmst du mich nicht mit, wenn du zu deiner Mutter gehst? Nimm mich mit! Nimm mich in die Arme, wenn du sie in die Arme nimmst. Schau sie mit meiner Liebe an, mit meinem Blick!»

Es war eine grosse und wunderbare Entdeckung! Noch an demselben Tag habe ich den Herrn mitgenommen zu meiner Mutter. Ich habe ihn im Auto mitgenommen, als ich von zu Hause wegfuhr. Er stieg mit mir aus dem Auto aus. Im Fahrstuhl habe ich ihn noch einmal daran erinnert: «Du kommst mit mir. Du nimmst mich bei der Hand. Dich werde ich umarmen. Es ist mehr als selbstverständlich, dass du mir gegenüber weder bitte noch danke sagen musst! Das hätte gerade noch gefehlt! Ich hätte nicht die Stirn, danke und bitte von dir zu verlangen!

Jesus ging mit mir hinein. Und seine ganze Liebe auch. Und ich kann tatsächlich sagen, dass es mir bis zum Tod meiner Mutter, achtzehn Monate später, nie mehr schwergefallen ist, ihr mit Liebe und Zärtlichkeit zur Seite zu stehen. Im Gegenteil, von jenem Tag an wurden langsam, aber in zunehmendem Masse alle Stunden bei ihr für mich Stunden des Herrn, Stunden der Gnade und des Friedens in der Liebe.

Und meine Mutter spürte es auch. Manchmal sagte sie zu mir: «Wenn du da bist, habe ich den Frieden.» Denn der Herr war mit uns.

Auf diese Weise also hat der Herr angefangen, mir beizubringen, dass wir ihn in uns sein und handeln lassen müssen, und dass, wenn ich andere Menschen auf seinen Weg bringen will, ich mich für seine Liebe öffnen muss, ich seine Liebe immer mehr in mir leben lassen muss, immer mehr, bis zu dem Tag, an dem sie von selbst in Freude, Liebe und Zärtlichkeit aus mir herausströmt – ohne Worte.

Bediene mich

Es gibt Menschen, die das Glück haben, die Ordnung nicht zu lieben. Ich kenne mehrere, in allen Abstufungen.
Ich gehöre leider nicht zu dieser Sorte Mensch, ich liebe nämlich die Ordnung.
Mein Mann liebt ebenfalls die Ordnung, aber vor allem meine. Wenngleich er durchaus auch ordnungsliebend ist, könnte doch niemand ihn als übertrieben ordentlich einstufen, und seine Pantoffeln, schmutzigen Strümpfe oder Pullover gehören nicht zu den Dingen, die er in Ordnung hält.
Meine «Toleranzschwelle» in Bezug auf seine Pullover lag stets einigermassen hoch (vorausgesetzt, dass ich nicht mehr als zwei oder drei zu falten hatte), aber der Anblick in unserem Schlafzimmer am Morgen, nachdem mein Mann das Haus verlassen hatte, löste in mir ausgesprochene Empörung aus. Da lag ein Paar schmutzige Strümpfe neben seinem Bett auf dem Boden herum, und in der Mitte des Zimmers fand ich seine Pantoffeln, die einsam herumlagen oder getrennt in den diagonal entgegengesetzten Zimmerwinkeln auftauchten. Bereits der Anblick dieses Pantoffelpaares – wo immer im Zimmer ich es auch fand – Seite an Seite mit dem rechten Fuss links und dem linken Fuss rechts, verursachte in mir eine wahre Allergie. Jedesmal geriet ich in Wut: Warum war er nicht imstande zu einer so einfachen Sache, wie seine Strümpfe in den Korb mit

der schmutzigen Wäsche (oder sogar direkt in die Waschmaschine) zu stecken und seine Pantoffeln unten in den Schrank zu stellen? Meine Wut war um so stärker als es noch nicht einmal einen Zeugen gab, der hätte berichten können, wie sehr ich mich jeden Morgen für meinen Mann aufopferte. Warum war es an mir, stets seine Sachen hinter ihm her aufzuräumen, schliesslich war ich nicht seine Dienerin, und ich lehnte es ab, sie zu sein!

Wie oft habe ich mir geschworen, sie nicht mehr anzurühren, jedes Teil an dem Platz zu lassen, an dem er es hatte fallenlassen (damit er bei seiner Rückkehr grosse Augen machen würde), ohne imstande zu sein, vor mir selbst Wort zu halten? Es störte mich wie ein Mitesser auf der Nase, ein schiefhängendes Bild oder ein Fleck auf einer schneeweissen Fläche. Meine Ordnungsliebe siegte stets, und voller Wut warf ich die Strümpfe in den Wäschekorb.

Meine Zeiteineinteilung hat bereits gezeigt, dass es stets ein «Vorher», das ich im vorliegenden Fall gerade beschrieben habe, und ein «Nachher» gibt, das glücklicherweise eine neue, bessere Situation widerspiegelt . Das «Nachher» hat an dem Tag begonnen, an dem ich eines Morgens, ich befand mich erneut in heller Wut über diese unverschämten Pantoffeln, aufgefordert wurde herauszufinden, ob dieses Problem nicht zufällig mit dem zu vergleichen wäre, das ich mit der Pflege meiner Mutter hatte. Und ob, da es sich doch um die gleiche Art von Problem handelte, nicht ebenfalls die gleiche Lösung zu suchen wäre?

Ich möchte nicht, dass mein Mann es erfährt, aber ich räume heute die Pantoffeln meines Herrn Jesus mit viel Frieden und Freude weg, selbst wenn sie kreuz und quer im Zimmer herumliegen! Und ich hebe für ihn die vor dem Bett vergessenen Strümpfe auf!

Diese Veränderung ist nicht von heute auf morgen eingetreten, es bedurfte vieler Entwicklungen, und es passiert mir heute noch manchmal, daß ich vergesse, dass es sich um die Pantoffeln und Strümpfe meines Herrn handelt und nicht um die meines Mannes – aber es dauert nie sehr lange.

P.S. Jeder Mensch ärgert sich über andere Dinge (ich kenne sogar Frauen – d.h. eine! – die mit Vergnügen die herumliegenden Sachen ihres Ehemannes aufräumt) und, egal ob wir Mann oder Frau sind, Mutter oder Tochter, die Anzahl der Dinge, die uns bei unserem Ehepartner, unserer Mutter oder unserer Tochter in Wut bringen, beschränkt sich nicht immer nur auf einen Bereich. Diese von mir hier beschriebene Lösung lässt sich jedoch in unbegrenzter Weise und mit wunderbaren Ergebnissen, die bei weitem das Problem übertreffen, anwenden, worum auch immer es sich handelt.

Gott spricht also zu uns?

Im Verlauf der letzten Seiten habe ich viel darüber gesprochen, wie Gott zu uns spricht –, und ich bin noch nicht am Ende.
Gott spricht also zu uns?
Ja, Gott spricht zu uns. Zu Ihnen, zu mir, zu jedem Menschen. Wir schenken ihm mehr oder weniger Beachtung. Unser Ohr ist mehr oder weniger gut trainiert, seine Stimme zu erkennen und zu hören. Unser Herz ist, auf Grund unserer Begierden, mehr oder weniger offen für seine Stimme.
Und dennoch: Er spricht zu uns und auf so verschiedene Weise, wie es dem entspricht, dessen Schöpfung uns zeigt, wie unermesslich gross seine Liebe für die Mannigfaltigkeit und die Vielfalt der Dinge ist. Ich mache täglich aufs neue diese Erfahrung.
Es ist noch gar nicht so lange her, dass mich die Worte Jesu aufhorchen liessen, die er an seinen Gastgeber, den Pharisäer richtete:
«Simon, ich habe dir etwas zu sagen.» (Lk. 7,40)
Haben Sie die Textstelle erkannt? Es ist die Geschichte, in der die Sünderin die Füsse Jesu mit ihren Tränen benetzt, sie mit ihren Haaren trocknet und sie mit kostbarer Salbe einreibt. Sie

steht da, ganz nah bei dem Herrn – obwohl sie hinter ihm bleibt. Wenn ich diese Textstelle lese, sehe ich im allgemeinen die Sünderin im Vordergrund, ich sehe, wie sie, den Rücken mir zugekehrt, hinter Jesus steht, ich sehe ihn auch nur von hinten, halb liegend, wie es damals Sitte war, und Simon gegenüber am Tisch, aber sehr weit entfernt, im Hintergrund.

Sie steht da, im Vordergrund. Bussfertig für die Sünden ihres Lebens. Ihr werden viele Sünden erlassen, und sie lernt diese unermesslich kostbare Frucht des Verzeihens kennen, diese unermesslich grosse Liebe, die so viel grösser ist als die, die dem Pharisäer entgegengebracht wird ... und der arme Pharisäer da hinten, am anderen Ende des Tisches, scheint nur die Rolle des Kontrastes zu spielen, um zu zeigen, dass die, denen weniger verziehen wird, weniger geliebt werden.

Aber Jesus wendet sich ihm zu und sagt zu ihm:

Ich habe dir etwas zu sagen ...»

Unser ganzes Leben lang, alle Tage lang ist der Herr da, an unserer Seite, und sagt zu uns: «Wenn du mir zuhörst, habe ich dir etwas zu sagen.»

Als ich um die Taufe in den Heiligen Geist gebeten habe, habe ich (wie der Pharisäer) Jesus eingeladen, zu mir zum Essen zu kommen, in mein Haus einzutreten und in mein Leben.

Und er kam. In mein Haus, in mein Leben. Er hat sich an den Tisch gesetzt. (Er nimmt alle Einladungen an, von woher auch immer sie kommen.) So wie er wusste, was Simon dachte, kennt er auch die Dinge, die tief in meinem Herzen, in meinen Gedanken und Bedürfnissen verborgen liegen ... so wie ich selbst sie nicht kenne. Und von dem Moment an, da ich ihm gesagt habe: «Komm herein!», habe ich angefangen, seine Stimme zu hören und auf sie zu hören.

Er kann zu mir durch einen Bibelvers, im Gebet, durch den Mund eines Menschen oder durch jedwede Lebenssituation sprechen: »Paulette, ich habe dir etwas zu sagen. Ich, der Herr, habe dir etwas zu sagen, Paulette, dir.»

Unter seinen Willkommensgeschenken befand sich eins, das mich lehrte, seine Stimme zu erkennen.

Ich konnte plötzlich, beim Lesen eines Buches (wie es mir mit dem Werk Carothers' geschehen war) etwas hören, das unmittelbar an mich gerichtet war. Oder durch eine Predigt, das Zeugnis eines Christen oder durch eine Lehre. Ich wusste plötzlich, dass dieser oder jener Satz an mich persönlich adressiert war – ja, von Gott selbst kam.

Wenn ich manchmal die Bibel las, kam es vor, dass ich plötzlich innehielt. Ein Satz, ein Vers oder ein paar Wörter sprangen aus dem Text heraus, waren plötzlich wie in Grossbuchstaben geschrieben, um sich unmittelbar, wie eine persönliche Anrede Gottes, an mich zu richten. Es war, als ob Gott mit dem Finger auf mich zeigte und mir sagte:

«Ich spreche zu dir. Diese Worte sind für dich!»

Es handelt sich manchmal um Sätze, Bibelverse, Wörter, die ich bereits dreissigmal gelesen habe, ohne ihnen besondere Aufmerksamkeit geschenkt zu haben. Plötzlich höre ich, wie Gott sich mit diesen Versen an mich wendet, an mich, heute, in genau diesem Augenblick. Ich höre, wie er zu mir spricht. Es handelt sich nicht um eine besondere, neue, intellektuelle Erkenntnis, eine neue Form des Verstehens dessen, was jene bislang vielleicht missverstandenen Verse möglicherweise aussagen wollen. Nein, es handelt sich um ein Wort, das an mich gerichtet ist, und ich bin aufgefordert, es in mir Form annehmen zu lassen. Es ist wie ein neues Leben in meinem Leben.

Gott spricht ebenso durch Zeichen

Als Gott Mose durch einen brennenden Dornbusch den Befehl erteilte, das jüdische Volk aus Ägypten zu führen, protestierte Mose, der sich gerne aus dem Staub gemachte hätte (es war einer von vielen Protesten): «Sie werden mir nicht glauben, sie werden meine Stimme nicht hören.»

Also gab Jahwe ihm nicht eins, sondern zwei Zeichen (den

Stab, den Mose in eine Schlange verwandeln konnte, und die Macht, seine eigene Hand aussätzig zu machen): «Wenn sie dir nun nicht glauben und nicht hören werden bei dem einen Zeichen, so werden sie dir doch glauben bei dem andern Zeichen.» (2. Mose 4, 8)

Die Zeichen, mittels derer der Herr mich seine Stimme vernehmen liess, waren weniger spektakulär (und, seien Sie versichert, ich halte mich nicht für Mose, aber der Herr interessiert sich für uns in unserer Kleinheit). Aber an jenem Tag nach meiner Rückkehr aus dem Südosten Frankreichs, als ich die Absicht hatte, ins Büro meines Mannes zu fahren, um zu sehen, ob er dort war, und als ich dem Herrn alle jene Fragen gestellt habe: «Soll ich hinfahren? Kann ich hinfahren? Ist es damit zu vereinbaren, dass ich mein Problem in deine Hände gelegt habe? ...», hatte ich gleichzeitig unbewusst die Antwort abgelehnt, die er mir bereits gegeben hatte (wie meine Fragen selbst es am besten bewiesen), und da ich fortfuhr, ihn anzurufen, hatte er, um mich dennoch seine Stimme hören zu lassen, mittels eines Zeichens zu mir gesprochen: mittels der Autopanne.

Als achtzehn Monate vor meiner Taufe in den Heiligen Geist der Priester in der Messe auf mich zugekommen war, um mir zu sagen: «Ich lade Sie ein, mit mir zusammen Ihren Brüdern und Schwestern Christus zu geben», hatte der Herr sich zugleich mittels eines Zeichens und seiner Stimme an mich gewandt.

Gott spricht auch durch ... seinen Frieden

Als Jesus seine Jünger als Missionare aussandte, sagte er zu ihnen:
«Wenn ihr in ein Haus kommt, sprecht zuerst: Friede sei diesem Haus.» (Lk. 10, 5).

Bitte ich um die Taufe in den Heiligen Geist, so lade ich den Herrn ein, in mein Haus einzutreten, in mir seinen Wohnsitz einzurichten (Joh. 14, 23). Desgleichen bringt er den Frieden, wenn er mein Haus betritt (Joh. 14, 27). Einen ganz besonderen und wunderbaren Frieden. Dieser Friede bedeutet nicht bloss innere Ruhe und Freude, sondern er ist wie ein Steuer. Solange ich entsprechend dem Willen meines Herrn lebe, erfüllt mich sein Friede. Sobald ich mich von ihm entferne, verlässt mich der Friede. Sobald er mich verlässt, weiss ich, irgend etwas stimmt nicht und ich muss so schnell wie möglich meine Ohren öffnen und zu ihm rufen, dass er mich wissen lässt, was ihm missfallen hat, dass ich hören kann, was er mir zu sagen hat.

Schliesslich spricht er natürlich im Gebet und in allen Lebenslagen zu uns. Ich werde noch viel Gelegenheit haben, darauf zurückzukommen.

Das Gebet

Ich habe davon berichtet, wie Gott mich aufgefordert hat, aufs neue regelmässig die Bibel zu lesen und zu beten.

Ohne Gebet und regelmässige Bibellektüre gibt es kein Leben mit Gott. Ohne Gebet sind das durch unsere Begegnung mit Gott in uns gelegte Leben und der durch die Lektüre seines Wortes in uns gesäte Samen dazu verurteilt zu vergehen und ohne Frucht zu bleiben: Es ist das Gebet, das den Satan daran hindert, «... das Wort weg(zunehmen), das in sie gesät war» (Mk. 4, 15), es ist das Gebet, das jene «Menschen des Augenblicks», die wir sind, Wurzeln schlagen lässt, das uns davon abhält, dass «die Sorgen dieser Welt, der Betrug des Reichtums und Begierden nach anderen Dingen eindringen und das Wort ersticken ...», es ist das Gebet, das die Erde, die wir sind, und die das Gebet Frucht bringen lässt, verbessert und «gut» macht.

Die Sünde trennt uns von Gott.

Das Gebet lässt uns «mit Gott zusammensein». Beten bedeutet, so nah wie möglich bei Gott zu sein, sich ihm zuzuwenden, sich in ihm, in seiner Nähe, im Sich-Hingeben bis in die Tiefe unseres Seins (diesem Tempel Gottes) aufzuhalten.

Sündigen heisst, sich auf sich selbst zu konzentrieren.

Beten heisst, sich auf Gott zu konzentrieren.

Ich kann bis zum Jüngsten Gericht versuchen, mich nicht auf mich selbst zu konzentrieren. Vergeblich: Je mehr ich das versuche, um so mehr kümmere ich mich nur um mich selbst. Einzig das Gebet kann, indem ich meine ganze Aufmerksamkeit Gott und der Liebe schenke, und indem ich meine ganze Aufmerksamkeit Gott und den anderen schenke, das Wunder dieser Dekonzentrierung herbeiführen.

Das Gebet ist auch der Ort neuer Energiequellen, der Ort, an dem ich die Kraft, die Gott mir geben will, auftanke.

Im allgemeinen bete ich früh am Morgen, unmittelbar nach unserem Frühstück, bevor ich irgend etwas anfange.

Das ist relativ leicht für mich, weil wir jetzt keine Kinder mehr im Hause haben. In den Schulferien jedoch sind wir in unserem Haus auf dem Lande, und dort kommt es nicht selten vor, dass eine Menge von Kindern, Enkelkindern und häufig auch Freunde, die auf der Durchreise sind, das Haus bevölkern. Dann geschieht es öfter, dass ich erst später am Morgen zum Beten komme und schon ein wenig müde bin, oder es kommt sogar vor, dass ich nervös zu meinem Rendezvous mit dem Herrn erscheine, weil ich mich – leider – dazu habe verleiten lassen, viele Dinge, wie Frühstück machen, mich um die Kinder kümmern, «unerlässliche» Telefonanrufe, das Mittagessen, Anweisungen ... im Laufschritt zu erledigen. Dann bin ich in einem Zustand innerer Unruhe und (das Schlimmste!) äusserer Beherrschtheit. Ich fühle mich abgespannt. Ich habe Rücken- und Kopfschmerzen.

Also, ich knie nieder ... Ich finde meinen Herrn wieder (den ich gar nicht hätte verlieren dürfen!), seine Gegenwart, seine Freude, seinen Frieden. Ich bitte ihn um Verzeihung, all die Verpflichtungen in Eile erledigt zu haben, auch wenn ich, hätte ich mir mehr Zeit genommen, etwas später zu unserem Rendezvous gekommen wäre. Ich unterbreite ihm meinen Tagesablauf. Ich suche seinen Willen. Der Friede kehrt zurück. Nichts tut mehr weh. Er baut meine Kräfte wieder auf, erneuert seine Quelle in mir (selbst wenn ich nicht müde und nervös vor ihn trete).

Es gibt verschiedene Arten zu beten: Das persönliche Gebet, das Gruppengebet, das Gebet in der Kirche , das kontemplative Gebet und viele andere Formen des Gebets: Betrachtung, Anbetung, Lobpreis, Danksagen, Bitten, Fürbitten, Meditation, stilles Gebet ... Wir brauchen alle diese Formen, in all ihren Arten, in all ihren Vorgehensweisen. Sie alle erlauben uns, in ein Leben mit Gott einzutreten, sie lehren uns, jedes auf seine Art, mit ihm zusammenzusein.

Mein Anliegen ist es weder, hier sämtliche Aspekte des Gebets darzulegen noch eine Abhandlung oder eine Sammlung praktischer Ratschläge für Anfänger zu schreiben; ich möchte lediglich in den folgenden Kapiteln einige der Erlebnisse berichten, die ich im Gebet oder durch das Gebet hatte.

«Die auf ihn sehen, werden strahlen vor Freude» (Ps 34, 6)

«Und da er betete, wurde das Aussehen seines Angesichts anders»
(Lk. 9, 29)

Schliess die Tür hinter dir

«... und bete zu deinem Vater, der im Verborgenen ist!» (Mt. 6, 6), sagt Jesus zu mir, «der Vater sieht dich».

Er ist da, er, den das Weltall nicht fassen kann, er, der den Himmel und die Erde geschaffen hat: Mein Vater. Er sieht mich, er schaut mich an, er hört mich, mich, Paulette, dieses winzig kleine Sandkorn, die ich, angesichts seiner Grösse, weniger als nichts bin.

Es ist kaum fassbar, dass jene hinter der Schöpfung stehende «wunderbar denkende Kraft» – wie ein jüdischer Astrophysiker es ausdrückte – sich darüber freut, dass es mich gibt, dass ich die Tür hinter mir geschlossen habe, dass ich gekommen bin, um seine Gegenwart zu suchen, ihm zuzuhören, zu ihm zu sprechen. Ich bin in seinen Augen etwas wert. Er liebt mich.

Und dennoch ist es für uns am Anfang gar nicht leicht, regelmässig, Tag für Tag, für eine kurze Zeit zu diesem wunderbaren Rendezvous hinter verschlossener Tür zu kommen. Es bedeutet nämlich einen Umweg zu machen (den des Mose zum brennenden Dornbusch, 2. Mose 3), weil wir unser Leben und uns selbst verlassen müssen, die äusseren und inneren Geräusche zum Schweigen bringen müssen (wobei es nicht die äusseren Geräusche sind, die wir am schwierigsten abstellen können), weil wir Zeit brauchen, um festzustellen, dass nicht wir das Gebet machen, sondern dass Gott es uns gibt und dass unsere Rolle lediglich darin besteht, da zu sein (ganz da zu sein, nicht passiv, sondern aktiv da zu sein mit allen unseren Fähigkeiten), und ihn zu empfangen.

Ebenso ist es nicht leicht, regelmässig, jeden Tag zur selben Stunde zu beten, und es gelingt nicht mit einem Mal. Am Anfang fand ich oft Vorwände, es gab Wichtigeres zu tun, ich verschob das Beten auf später. Schliesslich, habe ich nicht recht?, kommt es nicht auf den Zeitpunkt an! Man sollte nicht Sklave eines bestimmten Zeitplans sein. Wo bleibt denn da die Freiheit der Kinder Gottes? So gab eins das andere, und der Tag verging, ohne dass ich gebetet hatte. Langsam aber, nach und nach, lernte ich, diesen Frieden und diese Kraft zu entdecken, mit der das Gebet mich für den ganzen Tag erfüllte (Gott schenkt den Anfängern viel von seiner Gnade, weil sie sie besonders brauchen) und ich habe es geschafft, ganz regelmässig zu beten ... die Woche über. An Samstagen und Sonntagen jedoch war es einfach zu schwierig; da war mein Mann (wenn er da war), da waren meine Beschäftigungen, die Familie, die Messe ...

Und dann kam der Tag, an dem das Gebet seinen ihm zustehenden Platz einnehmen konnte. Samstags und sonntags war ich bereit, wenn nötig, um sechs Uhr morgens aufzustehen, um sicher sein zu können, meine Zeit hinter verschlossener Tür zu haben.

Das Gebet ist wunderbar und wesentlich. Es stimmt indessen, dass es am Anfang vieler Willenskraft bedarf – nicht für das Gebet selbst, sondern für das Rendezvous. Also, gehen wir einmal davon aus, wir verfügen über die erforderliche Willenskraft. Wir kommen zum Rendezvous. Wir schliessen die Tür. Wir sprechen in vertrauter Weise zu unserem Gott. Wir loben ihn, wir preisen ihn, wir sagen ihm ganz konkret Dank für alles, was er uns gibt, für alles, mit dem er uns erfüllt, für unser Leben mit seinen Freuden, Leiden und Schwierigkeiten, wir bringen ihm unsere Bitten und die der anderen dar, wir bitten für die anderen.

Es gibt zahlreiche Arten zu beten und zu Gott zu sprechen, und wir haben viel mit ihm zu besprechen. Sind wir einmal sehr in Eile, so hat Jesus uns mit dem «Vaterunser» ein Schema geliefert, das das perfekte Schema eines Gebets ist. Aber wenn wir Jesus in den Texten der Evangelien beten hören, können wir noch andere Gebetsformen entdecken.

Beten bedeutet, zu Gott zu sprechen. Beten bedeutet ebenso, ihm mittels eines Bibelverses oder einer Textstelle der Heiligen Schrift zuzuhören oder einfach zu seinen Füssen zu sitzen und ihn anzuhören: «Ich will sie locken und will sie in die Wüste führen und freundlich mit ihr reden.» (Hos. 2, 16)

Von dieser Dimension des Zuhörens im Gebet, bei geschlossener Tür, möchte ich jetzt sprechen.

Legen wir alle unsere Probleme, alle unsere Beschäftigungen und Sorgen, alle unsere Ablenkungen sozusagen an der Garderobe ab, und wenden wir uns, mit Hilfe des Heiligen Geistes, so gut wie möglich, seiner Gegenwart zu, mit der wir immer rechnen können, so kann seine Stimme klar vernehmbar werden.

Gott spricht zu uns mittels eines Gebets, eines Lobgesangs, eines Bibelverses ...

Ich habe bereits davon berichtet, wie ich Worte aus dem Buch Micha eines Tages an mich gerichtet sah: «Es ist dir gesagt, Mensch,...» (Micha 6, 8). Zu Anfang habe ich nur verstanden, dass diese Worte sich an mich richteten. Dann erläuterte das Licht Gottes mir nach und nach diesen Bibelvers. Die Bibelstelle entwickelt sich, öffnet sich, nimmt immer mehr Raum ein, erschliesst einen sich stets vergrössernden oder stets konkreter werdenden, spezifischeren Bereich. Diesem Menschen wirst du heute von 3 Uhr bis 3 Uhr 30 mit Liebe begegnen, mit einem anderen Menschen wirst du morgen früh in Demut und begleitet von deinem Gott zusammensein. Indem du in dieser Weise handelst, folgst du nach.

Es ist vorgekommen, dass ich zwanzigmal diesen oder jenen Bibelvers gelesen habe, ohne dass Gott ihn benutzte, um mit mir zu sprechen (oder ohne dass ich ihn wahrnahm!). Dann erkannte ich eines Tages im Gebet das Wort Gottes, das direkt und unmittelbar und mit Sicherheit an mich persönlich gerichtet war. Jedes Mal, wenn das vorkommt, ist es, wie wenn Gott Samuel ruft, der schläft. Er ruft ihn bei seinem Namen: «Samuel! «(1.Sam. 3, 4-10), und sagt: «Ich spreche zu dir. Du wartest jetzt, bis ich dir alles gesagt habe.»

Und Gott zuzuhören, das bedeutet auch, durch sein Wort «unser Herz verändern» zu lassen, uns verändern zu lassen: «Du hast gehört, was ich geredet habe. Weil (aber) dein Herz weich geworden ist ...» (2.Kön. 22, 18 f).

Aber das ist nicht die einzige Art Gottes, uns seine Stimme im Gebet hören zu lassen. Sie äussert sich manchmal in einer Form, die «Lautes Denken» genannt wird. Es handelt sich um einen Gedanken, der sich uns in «lauter» und insistierender Weise aufdrängt. Ein Gedanke, den wir innerlich hören, und der den ganzen Raum in uns einnimmt. Pater Tardif definiert solche Gedanken folgendermassen: «Es ist wie eine Vorstellung, die in intensiver Weise Besitz ergreift von unserem gesamten Denken. Sie belegt uns mit Beschlag wie ein Wort ohne Ton, es ist ein Wort, das aus der Tiefe unseres Wesen kommt, und das unserem Denken lange Zeit verhaftet bleibt.»

Nennen Sie es, wenn Sie wollen, innere Stimme.

Ein anderes Mal ist es eine Textstelle aus der Bibel, die wir vergessen haben, die sich uns in Form dieser «inneren Stimme» mitteilen kann. Dieses Mal sticht der Bibelvers nicht aus der Textstelle hervor, die ich gerade lese oder meditiere, sondern sie drängt sich mir wie ganz von selbst, textgetreu und nicht hörbar, durch den Heiligen Geist auf.

In sehr seltenen und privilegierten Augenblicken kommt es vor, dass er, der alles geschaffen hat, den Himmel und die Erde und Sie und mich, uns seine Stimme hörbar vernehmen lässt.

Ebenso geschieht es, dass er in Form von Bildern zu uns spricht. Erheben Sie jetzt nicht den Einwand, dass ein Bild keine Stimme hat, die sprechen kann. Ein Bild kann in sehr klarer Weise sprechen, manchmal sogar deutlicher als eine Stimme.

So zeigte er mir eines Tages die Flügeltür eines Hauses, die sich nach innen öffnete und ein wenig offenstand. Er stand draussen vor der Tür und versuchte, sie ganz zu öffnen, indem er gegen die beiden Türflügel stiess. Es gelang Ihm jedoch, trotz seiner Kraft, nicht, die Tür zu öffnen, weil die Türflügel durch einen Haufen Unrat blockiert waren.

Ein anderes Mal war es das Bild eines grossen Gewächshauses, das sich mir aufdrängte. Die Glasscheiben waren mehr oder weniger sauber. Ich war das Gewächshaus. Jesus war das Licht innen drin. Wenn mir daran gelegen war, dass man ihn von aussen sehen konnte, mussten die Fensterscheiben sauber sein ...

Wieder ein anderes Mal stand ich vor einem grossen Tor. Es war das Tor zum Himmelreich. Es war gross und schwer. Das Torschloss konnte mit verschiedenen Schlüsseln geöffnet werden. Einer von ihnen war die Einverständniserklärung, sich von Jesus Christus verändern zu lassen. Ich konnte es jedoch auch (von aussen) durch einen Riegel verbarrikadieren, den Riegel meines Hochmuts, der Verweigerung zu verzeihen, fehlende Liebe usw.

Die Stimme Gottes hat sich mir noch häufiger wie Licht offenbart. Etwas, das einem Strahlenbündel gleicht, das in meinem tiefsten Innern eine finstere Zone beleuchtet und inmitten dieser Zone einen Punkt, von dem er möchte, dass ich ihn ändere. Für diese Veränderung bittet er mich um meine Zustimmung.

Das Strahlenbündel strahlt einen Winkel meines Wesens, meines Geistes oder meines Herzens an. Einen tief verborgenen Beweggrund. Und sein Licht legt die Scheusslichkeit dessen offen, das es anstrahlt.

Es beleuchtet zugleich meinen Blick und einen bestimmten Aspekt von mir: eine Reaktion einem Menschen gegenüber, fehlende Liebe, eine innere Einstellung, Selbstbefriedigung, Egoismus (diese Liste ist natürlich nicht umfassend) oder ein

Verhalten, das ich bislang als harmlos oder sogar positiv einge-schätzt hatte; nun sehe ich, dass es weder harmlos noch positiv war, vielmehr war es undurchsichtig, es hinderte das Licht dar-an, durchzudringen. Und was von diesem Licht beleuchtet wird, ist nur das, was Gott in mir verändern will. Oder besser ausgedrückt, für dessen Veränderung er mein volles Einver-ständnis möchte.

Nur das. Stets eins nach dem anderen. Das Licht Gottes ver-fährt nämlich mit mir, als wäre ich eine Zwiebel oder eine Artischocke. Es nimmt sich Blatt für Blatt vor, indem es meine «verborgenen Fehler» (Ps. 19, 13) aufdeckt (verborgen, weil die anderen nichts davon wissen; häufig kenne ich sie selbst nicht, oder ich habe sie vor langer Zeit so sorgfältig tief unten ver-steckt, dass ich mich nicht mehr daran erinnere – wie ein Knochen, den ein Hund vor mehreren Sommern im Garten versteckt hat), mein mir selbst unbewusstes Nicht-Verziehen-Haben (wie ist es doch leicht zu glauben, man habe tatsächlich alles, was es zu verzeihen gab, verziehen!), meine Begehren (ich und Begehren? Sicher nicht, das ist wirklich etwas, das ich nicht kenne!), meine Eifersüchteleien, meinen Neid, meine Eitelkeit, meinen übermässigen Eifer, mein hochmütiges Vertrauen in «alles, was in der Welt ist» (1.Joh. 2, 16). Dieses Licht deckt die verborgenen Fehler gerade an der Stelle auf, an der ich sicher war, auf tiefgehende und vollkommene Vergebung, Liebe, Reinheit, Schlichtheit des Herzens und des Geistes zu stossen.

Und ich weiss, ich gehe keinen Schritt weiter in der Liebe Gottes, solange ich nicht dieses oder jenes Blatt zur Umwand-lung freigegeben habe. Ich bin mir dessen bewusst, dass das, was Gottes Licht anstrahlt (das manchmal die Bewunderung einiger Menschen meiner Umgebung ausgelöst hat), einfach nicht vor ihm bestehen kann.

Gottes Licht macht dieses Verhalten inakzeptabel, und ich weiss, verändere ich mich nicht, so kann ich selbst mich nicht mehr vor Gott ertragen.

Als ich diese seltsame Erfahrung zum ersten Mal gemacht habe, habe ich verstanden, was die Mütter und Väter der Christenheit sagen wollten. Wiederholte Male habe ich in ihren Schriften gelesen, wie sehr sie sich selbst als Sünder sahen. Ich hatte das nicht sehr ernst genommen! Und je grösser diese Vorbilder im Glauben waren, um so mehr verkündeten sie, Sünder zu sein! Heute weiss ich, dass es keine geheuchelte Demut war, die aus ihnen sprach: Sie erkannten mit klarem Blick – da, wo ich nur Bruchstücke erkennen kann – was das Licht Gottes ihnen zeigte, wie sie in Wirklichkeit waren, was durch dieses Licht enthüllt wurde.

Und dann dachte ich bei mir: Das ist es, was mich erwartet, wenn ich tot bin, und in das ewige Leben, in die Herrlichkeit Gottes eingehen und ihm von Angesicht zu Angesicht gegenüberstehen werde, nur in noch viel stärkerem Masse. In diesem Moment werde ich in seinem blendenden Licht stehen. Und in diesem Moment werden so viele Dinge meines Lebens, die mir verzeihlich, gar nicht so schlecht oder sogar grossartig vorgekommen waren, in ihrem wahren Licht erscheinen: erschreckend, niederschmetternd, unannehmbar. Ich werde mich sehen wie Gott mich sieht, in dieser absoluten Wirklichkeit, die ich noch nicht kenne. Ich werde mein Leben, meine Handlungen, meine Beweggründe in seinem vollkommenen Licht sehen! Sei es willentlich oder nicht, ich weiss sehr gut, dass ich das, was ich bin, was ich tue, was ich denke, vor mir selbst verberge, dass ich mich vor mir selbst rechtfertige. Wenn ich in diesem vollkommenen Licht, das Gott ist, stehen werde, werde ich mich selbst verurteilen, weil ich den Anblick dessen, was ich wirklich bin, nicht mehr ertragen kann.

Aber gleichzeitig sagte ich mir: «Glücklicherweise, glücklicherweise ist ‹Gott ... grösser als unser Herz› (1.Joh. 3, 20). Glücklicherweise ist er Liebe und Zärtlichkeit. Glücklicherweise ist er nicht gekommen, zu richten, sondern zu retten und zu heilen: ‹... denn ich bin nicht gekommen, dass ich die Welt richte, sondern dass ich die Welt rette.› (Joh. 12, 47). Glücklicherweise empfängt er mich in siner Liebe und Vergebung: ‹Aber bei dir ist Vergebung ...› (Ps. 130, 4).»

Hätte ich, wie es vielen geht, ein Gesicht von mir selbst entdeckt, das ich nicht kannte (mittels einer Psychoanalyse, des Psychodramas oder ähnlichem), ja, hätte ich mein Sündenregister, das Böse, das ich tue und das ich bin, ohne darauf vorbereitet zu sein, mit einem Schlag vor Augen gehabt, so hätte mich diese Wahrheit, wie es vielen widerfährt, zerstört.

Aber mit dem Herrn sind wir niemals angeklagt und wissen, dass er, sieht er uns, so wie wir sind, uns gleichzeitig sieht, wie er uns begehrt. Durch den Simon, der ich immer wieder bin, sieht Jesus auch schon den Petrus. Das wissen wir, denn wie das Licht Gottes dunkle Stellen in mir anstrahlt, offenbart es mir seine Liebe, meine Rechtfertigung und meine Befreiung durch Leben und Tod Jesu. Anstatt zerstört zu werden, trete ich in einen Zustand der Reue ein, die bereits Vergebung erfahren hat und gelange, im Einklang mit meinem ganzen Wesen, in ein Leben, das ständig Erneuerung erfährt. In Gott werde ich unaufhörlich wiederhergestellt. Wiederaufgebaut. «Gedeckt von seiner Gerechtigkeit», wie es in einem Lied heisst, kann ich mich in das Meer der Liebe und Gerechtigkeit Gottes versenken, es trägt mich, wäscht mich rein und lässt mich von neuem geboren werden. Gott will mich nicht zerstören, sondern meine Grenzen, die zu engen Formen, die mich gefangen halten, sprengen. Er will sie sprengen, um ein erstaunliches Wachstum herbeizuführen. Und dafür will er mein vollkommenes Einverständnis.

Dieses vollkommene Einverständnis kann manchmal, dank seiner Gnade, unmittelbar gegeben werden, aber nicht immer! Paradoxerweise geschieht es manchmal, dass ich das Grauenerregende, das sein Licht in mir beleuchtet, sehe, es mir aber gleichzeitig sehr schwerfällt, es völlig, mit den tiefsten Wurzeln, durch die es da unten, tief in meinem Wesen, noch festgehalten wird, in Gottes Hände zu legen!

Zuweilen genügen einige Stunden oder sogar bloss ein Augenblick, bis ich befreit bin, bis die offengelegte Finsternis oder die Schattenseiten hell erstrahlen. Ein anderes Mal muss ich kämpfen und immer wieder meine Zustimmung zu Gottes Handeln in mir erneuern, bevor diese Zone beginnt, reingewaschen zu werden.

Diese Momente bringen uns zum sprechenden Gebet zurück, dem Willensgebet: Gib mir, oh Herr, die vollkommene, tiefgehende und reelle Willenskraft, dir zu gehorchen, und schaffe du diesen Gehorsam in mir! Hilf mir zu akzeptieren, in deinem Licht zu wandeln, diese so bequemen dunklen Seiten völlig abzuwerfen, mich von deinem Licht umwandeln und von dem, was mich von dir trennt, befreien zu lassen.

Von Zeit zu Zeit muss ich sogar auf das Gebet zurückgreifen, «um wollen zu wollen»: Herr, ich sehe sehr gut, was du mir zeigst, ich höre sehr gut, was du mir sagst. Und du siehst sehr gut, dass ich in meinem tiefsten Innern nicht wirklich will, was du willst. Bitte, gib mir das Wollen, das du begehrst. Hilf mir, dir wirklich mein Einverständnis zu geben.

So lehrt Gott mich, seinen Willen für mich, sein Handeln in mir zu entdecken. Das Gebet ist der privilegierte Ort des Handelns Gottes in mir, mit meiner vollkommenen Zustimmung und der Zusammenarbeit meines Willens. Das Gebet ist die stärkste Umwandlungskraft, die es gibt.

Diese Umwandlung ist nicht das Ziel des Gebets (das Ziel ist das Zusammenkommen mit Gott), aber sie ist die Folge – das Siegel der Authentizität. Wenn Gott uns nicht umzuwandeln, zu verändern vermag, stimmt irgend etwas mit unserem Gebet nicht.

In der Wüste

Wenn wir die verschiedenen Weisen, in denen Gott zu uns spricht, vernehmen, wenn wir die innere Stimme hören, wenn sein Licht in uns hineinleuchtet, dann sind wir für kurze Augenblicke vom Licht seiner Gegenwart erfüllt, dann wird das, was er von uns begehrt, durch seine Gnade Wirklichkeit, und dann heisst es: Vorsicht vor der heimtückischen Stimme der Eitelkeit: Ich bin gar nicht so übel! – Im allgemeinen schützen mich die Fälle und Rückfälle, mit denen mein Leben im Alltag zu tun hat, ziemlich gut vor dieser Gefahr, aber nicht immer. –

Dann rufe ich: «Hilfe, Herr, Hilfe!» Denn ich weiss, dass es ein gefährlicher Augenblick ist.

Und dann, ab und zu, gesteht Gott mir die Gnade eines «Wüstenaufenthalts» zu.

Ich erinnere mich, wie ich zum ersten Mal einen langen «Wüstenaufenthalt» durchlebte. Ich brachte nur mit grosser Willensanstrengung mein Gebet zustande. Ich benötigte viele «fertige» Bibelverse oder Gebete, um ein halbes Stündchen Beten auf die Beine zu bringen. Ich hörte nichts mehr. Ich nahm nichts mehr wahr.

Es ist manchmal schon vorgekommen, dass ich einen Tag in der «Wüste» verbracht habe (einmal hat es sogar drei Wochen gedauert). Aber diese «Wüstenzeit» hat ausgereicht, dass ich akzeptieren konnte zu sehen, was mich von Jesus trennte, und ich konnte ihn danach im Gebet wiederfinden. Dieses Mal wurde mein «Wüstenaufenthalt» länger und länger: einen Monat, mehrere Monate ...

Es endete damit, dass ich viel Zeit damit verbrachte, den Herrn zu fragen: «Warum? Wenn du mir etwas zu sagen hast, wenn ich mich ohne mein Wissen von dir getrennt habe, sag es mir, zeig es mir!»

Aber er sagte mir immer noch nichts. Er zeigte mir immer noch nichts. Und ich marschierte weiter durch die schlimmste Dürre und Trockenheit ... bis ich eines Morgens seine Stimme hörte (in Form eines «Lauten Denkens», von dem ich bereits gesprochen habe). Sie sagte zu mir: «Damit du genau verstehst, dass du nichts zu tun hast mit dem, was du im Gebet erhältst. Damit du verstehst, dass alles von mir kommt.»

Am nächsten Tag war mein «Wüstenaufenthalt» beendet.

Ist es wirklich Gott, der da zu uns spricht?

Es hat vielleicht den Anschein, dass ich zu sehr auf der Tatsache, dass Gott zu uns spricht, beharre, und ich gehe das Risiko ein, eine verrückte Schwärmerin genannt zu werden.
Und dennoch, er spricht zu uns!
Von dem Moment an, wo wir den Willen bekunden, mit dem Herrn als unserem Meister zu marschieren, wird offenkundig, dass er selbst derjenige ist, der uns lenkt und leitet, indem er in den verschiedenen, bereits mehrere Male angeführten Formen – und vielleicht noch anderen, die ich nicht kenne – zu uns spricht.
Aber die Tatsache, dass wir uns täuschen können und unsere eigene Stimme – oder schlimmer noch, die des Satans – für die Stimme Gottes halten, ist ebenfalls zu berücksichtigen.
Es ist also von Wichtigkeit, auf folgende Fragen zu antworten: Wie kann ich es erreichen, mich nicht zu täuschen? Wie kann ich es vermeiden, meine eigene Stimme für die des Herrn zu halten? Was gibt mir die Sicherheit, dass ich nicht im Begriff bin, meinen natürlichen Weg (oder das Gegenteil dessen) für den Willen Gottes zu halten? Oder meinen Willen (oder den eines anderen)? Was gibt mir die Gewissheit, dass ich nicht dabei bin, in die Falle des Satans zu gehen?

Von äusserster Wichtigkeit ist es zunächst zu lernen, die Stimme des Herrn zu hören und ihr zu gehorchen. Gleichzeitig ist es jedoch sehr wichtig, die Authentizität dieser Stimme zu erkennen. Das heisst, sie zu vernehmen, wenn sie sich in Form tröstender Worte («Ich bin bei dir» oder «du bist mein Kind») oder in Form von Ermahnungen an uns richtet («fürchte dich nicht», «gib mir deine Wut», «hör zu» oder «marschiere in Demut»), oder wenn sie zu uns spricht, um unser geistliches oder unser Leben schlechthin neu auszurichten. Es gibt noch eine andere Möglichkeit, sie zu hören, wenn wir in dieser oder jener Lage eine Entscheidung – eine wichtige oder unwichtige – zu treffen haben und den Willen Gottes herausfinden wollen.

Als erstes gilt es, demütig zu sein und anderen Menschen offen entgegenzutreten. Es gibt drei sichere Kriterien:
– Erstens: Die Übereinstimmung mit dem Wort Gottes, wie die Bibel es uns lehrt. Jedes Wort (in welcher Form es auch sein mag und an wen auch immer es gerichtet ist), das ich für ein vom Herrn ausgesprochenes halte, darf nicht im geringsten im Widerspruch stehen zur Heiligen Schrift im allgemeinen oder zu den Lehren, zum Leben und zur Liebe Jesu im einzelnen (die ich also gut kennen muss). Als ich das an mich gerichtete Wort: «... geht er vor ihnen her, und die Schafe folgen ihm nach ...» (Joh. 10, 4) oder «... denn der Kampf ist nicht eure Sache ...» (2.Chr. 20, 15) hörte, hatte ich keinen Zweifel, zum einen, weil diese Worte so in der Bibel stehen, und zum anderen, weil sie den Lehren Jesu nicht widersprechen.
– Zweitens: Die Umstände, in denen ich mich befinde. Der Herr spricht zu mir in Bezug auf die Situation, die ich erlebe und durch sie. Beziehe ich mich auf die beiden oben angeführten, an mich gerichteten Worte, so standen sie in unmittelbarem Zusammenhang mit dem, was ich gerade erlebte, befreiten mich in beiden Fällen von einer Last und erfüllten mich mit einem unbeschreiblichen und dauerhaften Frieden.
Als mir am Anfang der Krankheit meiner Mutter die Pflege an ihr so schwergefallen war, passte das erhaltene Wort: «Nimm mich mit!» genau zu der Situation, in der ich mich gerade befand (und zu den Lehren des Herrn).
Ein anderes Mal hatten wir anlässlich eines Exerzitien-Wochenendes über folgende Worte zu meditieren: «Was sucht ihr?» (Joh. 1, 38). Ich selbst war vor allem mit dem Wunsch zu diesem Wochenende gekommen, Fortschritte im Beten zu machen. Beim Meditieren über diese Bibelstelle wurde mir klar, dass ich auch demütiger werden wollte, dass ich von meinen Vorurteilen anderen Menschen gegenüber geheilt werden wollte, und dass ich sie mit dem Blick Jesu sehen wollte ... Am vierten Tag kam die Stimme des Herrn in klarer Form und begleitet von seinem Frieden.
Sie hat nicht zu mir gesagt: «Ich werde dir ein erweitertes und tieferes Gebetsleben schenken.»

Sie hat nicht zu mir gesagt: «Ich gebe dir Demut».

Oder: «Ich gebe dir meinen Blick für alle diejenigen, denen du begegnen wirst oder mit denen du zusammenleben wirst».

Nein, nichts von alledem.

Sie hat zu mir gesagt: «Du sollst überfliessen vor Liebe. Glaube nicht, dass dieses Überfliessen vor Liebe von dir kommt. Ich bin es, der es dir gibt.»

Worum ich gebeten hatte, stimmte vollkommen mit der Schrift des Herrn überein. Aber unter Berücksichtigung der Situation, in der ich mich zu diesem Zeitpunkt befand, entsprach das, was er mir versprach, der grössten Dringlichkeit. Drei Jahre später erst begriff ich, dass das Übermass an Liebe, das er mir gegeben hat, auch dazu geführt hat, intensiver zu beten. (Je länger ich mit Jesus lebe, um so mehr entdecke ich, dass er viel besser weiss, was ich jetzt brauche als ich selbst!)

– Drittens: In den beiden vorangehenden Punkten habe ich zweimal von dem inneren Frieden gesprochen, der das Wort Gottes begleitet. Das dritte Kriterium für die Authentizität der Stimme des Herrn ist dieser Friede. Der Friede Jesu. Befinde ich mich im Wort Gottes, empfange ich tatsächlich sein Wort, so bin ich erfüllt von diesem besonderen, dauerhaften, vollkommenen Frieden, von diesem Frieden, der anders ist als der, «den die Welt uns gibt»; es ist der Friede, den Jesus uns versprochen hat, den er uns schenkt.

Sind diese drei Kriterien: Übereinstimmung des vernommenen Wortes mit der Heiligen Schrift, Übereinstimmung des an uns gerichteten Wortes mit der jeweiligen Situation und innerer Friede erfüllt, so können wir davon ausgehen, dass es sich um Gottes Reden handelt.

Bleibt dennoch ein leiser Zweifel, der mich quält, so kann ich auf die Erkenntnis zurückgreifen, die christlichen Brüdern oder Schwestern im Gebet gegeben wird, nachdem ich den Herrn um Bestätigung – oder Entkräftigung – seines Wortes gebeten habe. (In jenen Stunden kommen Demut und Offenheit zum Tragen)

Bitten im Gebet

Man könnte glauben, dass einzig die Gebete der Anbetung, des Zuhörens, des Meditierens oder bestimmte Bittgebete, die unsere geistlichen Bedürfnisse betreffen (Glaube, Vergebung, Gehorsam usw.), uns zu erneuern und umzuwandeln vermögen.

Indessen habe ich die Erfahrung gemacht, dass Bittgebete und Gebete der Fürsprache ebenfalls umwandelnde Kraft besitzen. Durch diese Gebete spricht Gott zu uns und handelt machtvoll, nicht nur, indem er sie erhört, sondern auch indem er uns verändert.

Die urtümlichste Form des Gebets ist die Bitte; und für viele Menschen bedeuten die Worte «Beten» und «Bitten» das gleiche. Das Bitten – worum es sich auch handeln mag, Schutz, Vermögen, Ernährung, Gesundheit, Glück, Sicherheit – ist eine instinktive und natürliche Reaktion. Es bildet die Basis des Bittens um Sicherheit und wird als solche häufig als «Suche nach Sicherheit», «Aberglaube» oder «magisches Handeln» bezeichnet und abgelehnt.

Manchmal wird es auch angesichts einer Prädestinationstheorie verworfen. Ich hatte einen Freund, ein protestantischer Zahnarzt, auf den dieser Fall zutraf. Er erklärte mir eines Tages, dass er im Alter von fünfzehn Jahren über Prädestination und Gebet nachgedacht habe – in seinen Augen bedeutete beten nur bitten – und aufgrund der Prädestinationstheorie den Schluss gezogen habe, dass das alles keinen Sinn ergebe. Und er ist den Rest seines Lebens dieser Theorie treu geblieben! Ist es nicht seltsam, dass er sich, anstatt sich an das Wort Jesu zu halten, an einer Theorie, die man ihn gelehrt hatte, orientiert hat?

Da Gebet und Bitten so häufig als Synonyme betrachtet werden, gibt es die einen, die nur das bittende Gebet kennen, und die anderen, die es gerade auf Grund dieses Aspekts ablehnen. Wie oft habe ich Menschen sagen hören: «Oh, ich will nicht beten (oder ich bete nicht), weil ich nicht bitten will. Das ist zu egoistisch!»

Oder: «Ich will Gott um nichts bitten, er kann sich wirklich nicht um jeden von uns kümmern!»

Anders ausgedrückt: «Ich glaube an Gott, ja, aber Gott ist eine Art Übermensch, ein Mensch, der z.B. ein wenig über Einstein anzusiedeln ist, und für den es praktisch unmöglich ist, sich um jeden Menschen persönlich zu kümmern.»

Was mich betrifft, so muss ich zugeben, dass ich, obgleich ich Bittgebete in überzeugtem Glauben zum Himmel geschickt habe, lange Zeit diese Form des Betens als eher minderwertig, ein wenig egoistisch angesehen habe. Dazu zählten Bittgebete, Flehen und Gebete der Fürsprache. Und dann gab es die andere Art zu beten: Mit Gott in Gemeinschaft treten, Meditieren, Lobpreisen, Anbetung, Danksagen ...

Das war zu der Zeit, als meine Lektüre des Evangeliums noch recht selektiv ausfiel. Sobald wir jedoch nicht mehr in selektiver Weise die Bibel lesen, müssen wir feststellen, wie sehr Jesus uns auffordert zu bitten. Mehr noch, er appelliert an uns in eindeutiger Sprache!

Den meisten Menschen, die er geheilt hat, hat er, bevor er sie geheilt hat, die Frage gestellt: «Was willst du?»

«Was willst du?», fragte er den Blinden. Als ob das nicht offenkundig gewesen wäre!

Wenn ihm so sehr daran gelegen ist, dass wir ihn bitten (obgleich er unsere Bedürfnisse kennt), muss er seine Gründe dafür haben!

Wenn Jesus über das Beten spricht, lehrt er uns gleichzeitig zu bitten. Und nicht bloss um geistliche Dinge oder darum, dass Gott in der Welt herrschen möge. Nein, er fordert uns ebenso auf, für materielle Dinge zu beten, für Brot oder alles, was wir brauchen. Er ermutigt uns, mehr noch, er ermahnt uns, zu bitten, ihn, seinen Vater im Himmel, unseren Vater, um das zu bitten, was wir brauchen.

«Und was ihr bitten werdet in meinem Namen, das will ich tun ...» (Joh. 14, 13), «... und euch wird nichts unmöglich sein» (Mt. 17, 20), «Bittet, so wird euch gegeben; suchet, so werdet ihr finden; klopfet an, so wird euch aufgetan. Denn wer da bittet, der empfängt; und wer da sucht, der findet; und wer da anklopft, dem wird aufgetan.» (Luk. 11, 9-10). Weitere Ermahnungen finden sich Mt. 7, 7; 9, 38; 18, 19; Lk 11, 13; 22, 40; Joh. 14, 13; 16, 24; 17, 9; 1.Joh 3, 22; 5, 14.

Betrachten wir jedoch alle diese Ermahnungen und die Versprechungen, die sie begleiten, etwas näher, so stellen wir fest, dass sie einen bestimmten Lebenswandel mit dem Herrn voraussetzen. Ja, alles, worum wir bitten, wird er erfüllen; er wird es tun. Aber wir müssen ihn handeln lassen. Er ist derjenige, der handeln wird. Nicht wir. Nichts wird uns unmöglich sein. Absolut nichts. Allerdings unter der Bedingung, dass unser Glaube so gross ist wie ein Senfkorn: «... Wenn ihr Glauben habt wie ein Senfkorn ...» (Mt. 17, 20). Ein Senfkorn. Das ist im Grunde sehr wenig. Aber damit Gott unseren Glauben zu diesem sehr Wenigen bringen kann, muss unser Glaube sehr viel wachsen und Vertrauen, Gehorsam und Liebe hinzubekommen.

Gott wird Türen öffnen, er wird geben und uns finden lassen, aber wir können uns ihm im Gebet nur nähern mit einem Herzen ohne Groll, mit einem Herzen, das alles schon vergeben hat oder vergeben will. «Und wenn ihr steht und betet, so vergebt, wenn ihr etwas gegen jemanden habt, auf dass auch euer Vater im Himmel euch vergebe eure Übertretungen.» (Mk. 11, 25). Mehr noch: Ich kann mich ihm nur dann im Gebet nähern, wenn ich alles, was in meiner Macht steht, getan habe, dass niemand Groll gegen mich hegt: «Darum: wenn du deine Gabe auf dem Altar opferst und dort kommt dir in den Sinn, dass dein Bruder etwas gegen dich hat ...» (Mt. 5, 23).

Im Johannes-Evangelium erfahren wir auch, dass wir, um zu empfangen, worum wir gebeten haben, im Namen Jesu bitten sollen (Joh. 14, 14; 16, 24).

«Im Namen Jesu bitten» ist keine Formel, die wir wie ein rotes Band an eine Eingabe oder wie eines jener geheimnisvollen Zeichen, mit dem die Reiseagenturen gern die Tickets der reisenden V.I.P.s versehen, an das Ende eines Gebets hängen können! Colin Urquart erklärt, dass «im Namen Jesu Christi» zu bitten bedeutet, Jesus selbst in unser Gebet einzubringen, als ob Jesus selbst mit uns gemeinsam unser Gebet vor Gott tragen würde. Das heisst, wir beten mit ihm, in seiner Liebe, in seinem Willen und stützen uns dabei auf seinen Glauben.

«Befinden Sie sich in einer Situation, die ein Gebet (eine Bitte) erforderlich macht», so sagt Urquart, «dann stellen Sie sich folgende Fragen:
1. Wie würde Jesus lieben? (So will auch ich lieben).
2. Was würde Jesus in dieser Situation tun? (So will auch ich handeln).
3. Was würde Jesus in dieser Situation glauben? (Das will auch ich glauben).»

Soll unser Gebet wirkungsvoll sein, so müssen wir auch gehorsam gegenüber dem Wort Gottes sein: «Wenn ihr in mir bleibt und meine Worte in euch bleiben» (anders ausgedrückt: wenn ihr gehorcht), «werdet ihr bitten, was ihr wollt, und es wird euch widerfahren.» (Joh. 15, 7)
Ebenso darf nichts an unserer Bitte zu dem Willen Gottes im Widerspruch stehen: «Und das ist die Zuversicht, die wir haben zu Gott: Wenn wir etwas bitten nach seinem Willen, so hört er uns.» (1.Joh. 5, 14). So sollte jedes Bittgebet von einem Gebet des Glaubens («Herr, erweitere unseren Glauben»), einer immer tiefer gehenden Vergebung und einem wachsenden Miteinbeziehen unserer Mitmenschen begleitet sein. Das Gebet verbindet uns immer stärker mit Jesus und trägt dazu bei, sein Wort in uns zu verankern, es festigt uns in dem Bestreben zu gehorchen. Es beginnt, uns im ganzen Sinnen und Denken zu erneuern (Eph. 4, 23), damit wir den Willen Gottes (dem unsere Bitte nicht widersprechen darf) eindeutig erkennen können. «... damit ihr prüfen könnt, was Gottes Wille ist, nämlich das Gute und Wohlgefällige und Vollkommene.» (Röm. 12, 2)
Fügen wir dem noch hinzu, dass es schwierig ist, wenn nicht sogar unmöglich, um etwas zu bitten, was immer es auch sein mag, ohne sich zuerst an den zu wenden, an den die Bitte gerichtet ist, ohne ihn anzuschauen, ohne ihm und seiner Allmacht zu vertrauen (und ihn anschauen, das bedeutet bereits, sich in ihn zu versenken, ihn anzubeten, ihn zu loben, sich

selbst in ihm zu erkennen, so wie wir sind, d.h. unendlich klein), wie können wir da noch meinen, dass das schlichte Bittgebet weniger wert sei als Lobpreis, Anbetung und Dank?

Aber, so werden Sie vielleicht, entmutigt durch all diese Erwartungen, fragen, wer kann in diesem Fall um irgend etwas bitten?

Lassen wir uns nicht entmutigen! Der Herr erwartet von uns nur einen Schritt, diesen ersten, die blosse Bitte, um selbst tausend Schritte auf uns zu zu machen. Ich wollte lediglich aufzeigen, dass auch das Bittgebet einer der Königswege ist, die uns zu unserem Gott und seiner Liebe führen.

Ja, so sagen Sie vielleicht, das ist ja alles gut und schön, aber was mich interessiert, ist nicht die Frage, ob ein Gebet höher oder niedriger einzustufen ist – was mich interessiert, ist, ob Gott wirklich auf unsere Bitten antwortet. Wenn wir um etwas bitten, antwortet er uns dann?

Ja, er antwortet, ja, er hört die Bitte.

Alle Seiten dieses Buches berichten darüber, wie er meine Beziehung zu meinem Mann wiederhergestellt hat, wie er die Liebe zwischen uns über all das hinaus, was ich je erhofft oder mir vorgestellt habe, erneuert hat. Viele Seiten erzählen davon, wie er die Schranken zwischen meinen Töchtern und mir hat fallen lassen – ein anderes meiner langjährigen Gebete. Jedes Kapitel spricht von erhörten Gebeten, schildert, wie der Herr erhört, Türen geöffnet, gegeben, geantwortet, gehandelt hat.

Nicht immer, wie ich es erwartet habe.

Nicht immer so schnell, wie ich es mir gewünscht habe, manchmal Monate oder sogar Jahre später ...

Nicht immer auf die Art und Weise, die ich erhofft habe. Aber wir drücken uns häufig so schlecht aus, dass es nicht verwunderlich ist, wenn er uns «missversteht»! Er hat versprochen, uns zu geben, worum wir bitten – und nicht, was wir denken, dass wir erbitten.

Manchmal hat er in grosszügigerer Weise geantwortet als ich es je zu hoffen gewagt hätte (das ist zweimal vorgekommen).

Ja, Gott antwortet. Ich stelle es täglich fest. Und ich bin nicht die einzige.

«Bittet und es wird euch gegeben werden».

Aber bitten Sie nicht um irgend etwas. Überlegen Sie gut, bevor Sie die Bitte aussprechen, denn ... Sie werden es bekommen.

... und nicht unbedingt auf die Art und Weise, die Sie sich vorstellen!

Das Gebet der Fürbitte

Wie das Bittgebet, so arbeitet auch das Gebet der Fürbitte in zwei Richtungen. Zum einen in die Richtung dessen, für den gebetet wird, und zum anderen in die Richtung dessen, der betet.

Es ist unmöglich, täglich für jemanden zu beten, ohne dass sich nicht irgend etwas an der Beziehung ändert, die wir zu diesem Menschen haben. Mein Blick für ihn ändert sich. Je mehr ich für ihn bete, um so mehr sehe ich ihn mit anderen Augen, verstehe ich ihn besser, lerne ich ihn zu lieben. Ich nehme einfach mehr Anteil an ihm.

Aber es geht noch weiter.

Vor einigen Jahren betete ich für eine Freundin, deren Mann infolge eines Unfalls gesundheitlich sehr geschwächt war. Sie hatte mir anvertraut, dass sie durch die Anforderungen der Pflege die Liebe zu ihm verloren hätte. Mein Gebet bestand darin, darum zu bitten, der Herr möge sie wieder mit Liebe zu ihrem Mann erfüllen. Nun trug es sich zu, dass der Herr, je mehr ich für diese Freundin betete, mir klarmachte, dass ich selbst nicht genügend Liebe für einen bestimmten Menschen aus meiner näheren Umgebung hatte, und er erfüllte auch mich mit Liebe für diesen Menschen.

In einem anderen Jahr betete ich täglich für eine junge Freundin, die ich hier Monique nennen möchte. Sie hegte starke Rachegefühle ihrem Vater gegenüber. Immer, wenn wir zusammen waren, liess sie nicht davon ab, dem im Laufe der Jahre angestauten Ärger Luft zu machen und über die Gemeinheiten zu berichten, die ihr Vater ihr zugefügt hatte.

Nun, während ich den Herrn bat, sie von ihren Hassgefühlen zu befreien, zeigte er mir deutlich, dass in mir selbst auch noch ganz alte Hassgefühle verborgen waren, die ich im Zuge der Vergebung weggewischt zu haben glaubte, die aber bei dem geringsten Anlass wieder auftauchten. Durch das Gebet für Monique hat er mich vollkommen von diesem Groll befreit.

Ein anderes Mal, als ich für jemanden betete, der Neidprobleme hatte, zeigte Gott mir meine eigenen Neidgefühle.

Wieder ein anderes Mal betete ich für eine Frau, die Gott den frühzeitigen Tod ihres Mannes nicht verzeihen konnte. Während ich Gott darum bat, ihr die Kraft zu schenken, diesen Tod anzunehmen und ihm nicht mehr zu grollen, wies er mich darauf hin, dass es nicht genügte, ihm meinen Sohn vollkommen anvertraut zu haben und nie böse auf ihn gewesen zu sein. Er wollte, dass ich ihm dafür dankte, dass mein Sohn in seinem Himmelreich war. Das war die Bedingung für die Erfüllung des Gebets für meine Freundin.

Dieses Danken liess lange auf sich warten!

Bete ich für die Heilung einer Person, so entdecke ich manchmal – wie durch Zufall! – dass ich selbst auch Heilung benötige. Alles läuft so ab, als ob der Herr mir aufgäbe, mit doppeltem Ziel für die Heilung eines Mitmenschen zu beten. Da ist einmal die Heilung dessen, für den ich bete und gleichzeitig meine eigene. Oder vielleicht sogar zuerst meine eigene und dann erst die des anderen!

Das ist, als ob jedesmal, wenn jemand mich bittet, für den Splitter in seinem Auge zu beten, Gott die Gelegenheit wahrnimmt, mir den Balken in meinem eigenen Auge zu zeigen. Oder als ob wir aufgerufen wären, uns im Hinblick auf die Umwandlung des Menschen, für den wir beten, selbst zu verändern ... oder beides.

«Was und wem gegenüber auch immer es sei»

Eines Tages entdeckte ich, dass eine für mich sehr wichtige Person, die ich hier Marianne nennen möchte, in unehrlicher Weise gegen mich gehandelt hatte.

Das Ausmass meiner Enttäuschung entsprach dem Mass an Zuneigung und Vertrauen, das ich in sie gesetzt hatte. In der ersten Zeit beschloss ich, nicht mit ihr darüber zu sprechen und sie so weit wie möglich zu meiden, was nicht immer leicht war, weil es sich zu dieser Zeit häufig ergab, dass wir uns trafen.

Von Natur aus wäre ich sofort zu ihr gestürzt, um «reinen Tisch zu machen». Steht nicht im Matthäus-Evangelium (Mt. 18, 15) geschrieben, dass wir unseren Bruder zurechtweisen sollen, wenn er an uns gesündigt hat? Aber diese Entdeckung hat mich sehr erschüttert, und ich verstand im Gebet sofort, dass ich ihr so lange nichts über den Vorfall sagen konnte, wie ich ihr nicht von ganzem Herzen vergeben hatte, und dass ich sie keinesfalls «zurechtweisen» konnte.

Aber wie gelangt man zu dieser Vergebung von ganzem Herzen? Da ist zunächst einmal der Entschluss zu vergeben. Dann gilt es, in sich die Wurzeln und die bis in die Tiefe reichenden (hartnäckigsten) Wurzelkeime des Grolls auszureissen! Aber selbst (und vor allem!) bei stärkstem Zupacken kommt man allein nicht weit. Und dennoch, diese nicht dargebotene

114

Vergebung trennt mich von meinem Gott. Radikal. Gibt es keine Vergebung, so setzt sich seine Abwesenheit in mir wie eine eiternde Wunde fest.

Nichts gleicht mehr dem Krebsgeschwür als Rachegefühle. Sie fressen mich auf, zerstören mich, wuchern in mir, breiten sich langsam in meinem ganzen Wesen aus – physisch, psychisch und geistlich.

Aber gegen diese notwendige Vergebung anzurennen, während ein wahrhaftiger Kampf ums Vergeben angesagt ist, bringt mich auch nicht sehr weit. Höflichkeit? Ja. Nicht im Gegenzug auch verletzen? Ja. Die Kränkung so tief wie möglich in mein Unterbewusstsein vergraben, dahin, wo sie mich dann langsam aber stetig vergiften kann? Ja – aber vergeben?

Und nun? Der Weg zur Vergebung ist kein Weg eines halsstarrigen, sterilen Kampfes. «Es soll nicht durch Heer oder Kraft, sondern durch meinen Geist geschehen, spricht der Herr der Heerscharen.» (Sach. 4, 6). Ein wunderbarer und machtvoller Weg zur Vergebung ist das Gebet.

Ich begann also zu beten, Tag für Tag, dass der Herr in mir diese tiefe Vergebung schaffen möge, und er zeigte mir, dass der machtvollste Weg zu einer reellen Vergebung der ist, das Unrecht Mariannes im Licht seines Blickes zu sehen (unter dieser «Beleuchtung» erhalten alle Dinge neue Proportionen – Kränkungen eingeschlossen) und täglich darum zu bitten, dass Marianne gesegnet werde, in allen Bereichen ihres Lebens: in ihren mitmenschlichen Beziehungen, in ihrem persönlichen Wohlergehen und in ihrem geistlichen Leben.

Ich begann also damit. Zunächst waren es reine Lippenbekenntnisse, die einzig durch den Willen, gehorchen zu wollen, zustande kamen. Und dann begann mein Gebet nach und nach – wie für das «Danken zu jeder Zeit» – von den Lippen herab in die Tiefe meines Herzens zu gleiten. Schritt für Schritt wuchs in mir eine neue Beziehung zu Marianne heran, eine Beziehung, die aus Sorge um sie bestand, aus dem echten Wunsch, dass sie in allem gesegnet und von ihren Problemen, Sorgen und Gewissensbissen befreit sein möge. Und eines Tages wusste ich, dass die Vergebung von ganzem Herzen da war.

Das kam nicht von heute auf morgen. Bis der Segen und die Vergebung von meinen Lippen ins Herz hinabgleiten konnten, waren gut drei Monate täglichen Betens erforderlich. (Das ist ein Weg, der sehr lang sein kann, manchmal viel länger als es dieses Mal der Fall war). Aber eines Tages, ich war gerade wieder dabei, für Marianne zu beten, da wusste ich auf einmal, dass ich ihr wirklich vergeben hatte, nicht nur, dass ich ihr nicht mehr böse war und sie nicht mehr verurteilte, vielmehr verstand ich plötzlich, welche ihre Beweggründe gewesen waren, ich hatte eine Vorstellung davon, wie sie sich vermutlich vor sich selbst rechtfertigte. Ich konnte diese Rechtfertigungen annehmen.

So war ich eines Tages imstande, ihr in wenigen einfachen Worten zu sagen, dass ich von ihrem Handeln unterrichtet war, dass ich ihr nicht grollte und dass ich keine Wiedergutmachung von ihr erwartete. Und ich konnte gleichsam ihre ersten Rechtfertigungsversuche, die natürlich recht aggressiver Art waren, hinnehmen ohne zu antworten. Wer sich rechtfertigt, klagt auch an. Als ich sie jedoch verliess und schon auf der Türschwelle war, sagte sie mir ein kaum hörbares «Danke».

Gott antwortet

Meine Geschichte mit Marianne hätte eigentlich zu den Akten gehört. Ich hatte ihr vergeben. Ich war ihr nicht mehr böse. Ich verstand und akzeptierte sogar ihr Verhalten sowie die Begründungen, mit denen sie sich vor sich selbst rechtfertigte. Ich sah sogar die Dinge wie sie. Ich habe ihr gesagt, dass ich alles wusste. Die Mauer, die sich zwischen uns gebildet hatte, war gefallen. Trotzdem stellte ich im Laufe des folgenden Jahres fest, dass unsere Beziehung nicht mehr dieselbe war wie vorher. Ich sorgte mich um sie und hatte den ehrlichen Wunsch, dass sie wirklich gesegnet sei in allen Dingen, aber ... ich liebte sie nicht mehr. Und ich verstand sehr gut, dass meine Vergebung so lange nicht vollständig sein würde, wie ich nicht dieselbe Liebe für sie empfand wie vorher. Und vielleicht noch ein wenig mehr ... Ich begann also, Gott darum zu bitten, mich mit Liebe zu ihr zu erfüllen. Wir hatten häufig Gelegenheit, uns zu sehen, und es kam sogar vor, dass wir miteinander zu Mittag assen.

So geschah es eines Tages, als wir wieder einmal gemeinsam beim Essen sassen, dass dieser Strom von Liebe, um den ich den Herrn gebeten hatte, fliessen konnte. Ich konnte ganz frei zu ihr sprechen, wie früher, und zwar von Dingen, die mir am Herzen lagen, ich konnte ganz für sie da sein, ihr konzentriert zuhören, alles mit ihr teilen. Eine höfliche Unterhaltung kann unpersönlich und kalt sein, versehen mit Schildern, auf denen geschrieben steht: «Durchgang verboten». An diesem Tag waren alle Verbotsschilder verschwunden!

Aber in dem Moment, in dem mir bewusst wurde, dass dieser Strom von Liebe aus mir herausfloss, bäumte sich etwas in meinem Inneren dagegen auf: Also nein, das ging wirklich zu weit! Das war übertrieben! (Ich weise Sie darauf hin, dass ich glaubte, ich wäre diejenige, die übertrieb!). Ich war viel zu nett zu ihr, viel zu warmherzig! Schliesslich hat sie mich nie um Verzeihung gebeten! Sie hat noch nie den Wunsch geäussert, die Kränkung, die sie mir zugefügt hat, wiedergutzumachen! Sie hat wirklich ein bisschen zu leicht die Tatsache akzeptiert, dass ich keine Wiedergutmachung erwartete! Sie hätte doch eigentlich ein wenig Reue zeigen können, irgend etwas wenigstens, bevor ein solcher Strom von Liebe von mir zu ihr fliessen konnte.

So war ein neuer Groll in mir aufgekommen, weil sie mich nie um Verzeihung gebeten hatte. Er war so hartnäckig, dass ich ihn nicht als solchen wahrnahm, dass ich ihn noch nicht einmal erkannte, als ich ihn in meinen Gedanken klar aussprach ...

Ein bisschen weniger Hitze wäre angebracht gewesen. Der Heizkörper war auf 10 eingestellt. Es war an der Zeit, ihn richtig einzustellen ... lassen Sie mich mal sehen ... auf 4.

Als Marianne jedoch gegangen war, sagte der Herr zu mir: «Worum hattest du gebetet?»

117

Ja, ich hatte um Ströme von Liebe gebetet, das war zutreffend. Aber unbewusst hatte ich diesem Strom Grenzen gesetzt – Grenzen, über die hinaus Gott mich nicht mitreissen sollte. Als Strom hatte ich mir ein Bächlein vorgestellt ... mit möglichst niedrigem Wasserstand! Das hätte er verstehen müssen. Ich habe niemals an einen Fluss gedacht, der Hochwasser führt! Ich lehnte die Vorstellung ab, die Gott von einem Strom hatte. Aber indem ich mich so verhielt, trennte ich mich von ihm, von seiner Liebe.

Ich hatte den Herrn um Ströme von Liebe gebeten. Er hat sie mir gegeben. Und sogleich habe ich einen Damm gebaut, um die Wassermenge einzudämmen!

Ich senkte den Kopf, um dem Herrn kleinlaut zu antworten: «Ja, ich habe dich um Ströme von Liebe gebeten, oh Herr. Vergib mir. Gib sie mir zurück. Ich verspreche dir, nicht mehr den kleinsten Damm zu errichten und die Wassermenge, die du bestimmst, zu akzeptieren.»

Wenn Sie Gott um etwas bitten, wird er Ihnen weit über Ihre Erwartungen hinaus geben. Es kann sein, dass Sie viel mehr bekommen als Sie sich gewünscht haben.

Vergebung

Der Herr macht keine langen Pausen, wenn es darum geht, die Artischocke, die ich bin, zu schälen. Auch eine Vergebung, zu der wir uns nur schweren Herzens durchringen können, gleicht einer Artischocke. Wir glauben, längst verziehen zu haben und entdecken dann, fünf-, zehn-, zwanzigmal aufs neue, dass wir immer noch nicht im Herzen der Artischocke angelangt sind.

Seit meiner Taufe in den Heiligen Geist rang ich mit einem anderen Vergebungsprozess. Wie könnte ich es anders nennen als einen Prozess? Würde ich ein anderes Wort kennen, das die

Rangstufe dessen, was ich mit all seinen Implikationen erklären möchte, besser beschreiben kann, so würde ich es benutzen.

Es handelt sich um jene Frau, die die Geliebte meines Mannes geworden war. Seltsamerweise hatte sich das Problem des Vergebens gar nicht in Bezug auf meinen Mann gestellt. Was Nadia betraf (Nadia ist selbstverständlich nicht ihr richtiger Name), war das anders. Wie oft hatte ich geglaubt, ihr wirklich vergeben zu haben, um schnell danach festzustellen, dass es nur eine oberflächliche Vergebung gewesen war ... Monat um Monat entdeckte ich immer wieder aufs Neue, dass, um ehrlich zu sein, meine Vergebung tiefer in mir stattfinden musste. Die Sache wurde noch erschwert durch die Tatsache, dass Nadia in derselben Stadt wie wir lebte, sogar im selben Viertel, und dass ich wusste, dass mein Mann sich nach wie vor mit ihr traf.

Mit Marianne führte der Herr mich durch die ganze Tonleiter der Vergebung. Er hat mich gelehrt, einen Weg mit vielen Erprobungen zu gehen. Als mir klar wurde, dass ich Nadia immer noch nicht ganz verziehen hatte, verstand ich endlich, dass das tägliche Segensgebet für sie unausweichlich beginnen musste.

Der Weg war weit. Mein Gebet konnte schliesslich von den Lippen hinab bis in mein Herz gleiten. Mein Blick für Nadia wandelte sich. Ich wünschte mir von ganzem Herzen, dass Gott sie in allen Dingen, materiell und spirituell, segnen möge. Der Weg war lang. Ich brauchte genau neun Monate.

Und im neunten Monat, an einem Tag im Juni des Jahres 1983, erfuhr ich, dass Nadia nicht nur unser Viertel, nicht nur unsere Stadt, sondern sogar unser Land verlassen hatte.

«Als das Volk das sah, fürchtete es sich und pries Gott, der solche Macht den Menschen gegeben hat.» (Mt. 9, 8)

Alles, was ihr löst

Wir haben alle eine besondere Vorliebe für das Lukas-Evangelium (17, 4), ob wir es zugeben wollen oder nicht, weil in ihm unsere Vergebung an die Bussfertigkeit unseres Bruders geknüpft ist, und die Grenze der zu erteilenden Vergebungen bei sieben pro Tag liegt. Bei Matthäus jedoch (18, 21-22) ist nicht mehr die Rede von der Bussfertigkeit unseres Bruders, und die Anzahl der Vergebungen, um die er bitten kann, liegt bei siebenundsiebzigmal siebenmal am Tag. Und bei Markus (11, 25) sieht Jesus die Pflicht zu vergeben, «was auch immer es sei, wem gegenüber auch immer es sei», als Voraussetzung für jegliches Gebet an.

Im idealen Fall kümmern wir uns, nachdem wir eingewilligt haben, diese Vegebungspflicht in ihrem ganzen Ausmass anzuerkennen, nur noch darum, wie wir zur vollen Vergebung gelangen können und suchen nur noch jene wunderbare Freiheit, die Liebe und den Frieden im Herrn, die die Vergebung in uns schafft, in und mit den anderen. Und dennoch stellt das unbewusste Verlangen, uns dieser Vergebungspflicht zu entziehen – oder vielleicht sogar unbegründete Zweifel – uns manchmal vor einige Fragen:

Gehen wir nicht das Risiko ein, dass eine von meinem Bruder gar nicht gewollte Vergebung von ihm wie eine Beleidigung zurückgewiesen wird, oder dass sie wie eine Verurteilung empfunden wird, oder dass sie wie eine Schwäche ausgelegt wird?

Und wenn ich beschliesse, dass meine Vergebung nicht verbal ausgesprochen wird, sondern dass sie ausschliesslich durch mein Verhalten erkennbar wird, damit sie nicht wie eine Beleidigung oder wie eine Verurteilung erlebt wird, bleibt sie dann nicht ganz unbemerkt?

In diesem Fall, und wenn das Gebot und das, was meine Vergebung dem Bruder geben könnte, für mich ganz klar erkennbar sind, ist es erlaubt, sich zu fragen, wie die Vergebung von meinem Bruder aufgenommen werden könnte, was sie ihm über das stumme Freundschaftsangebot und eine Beziehung «wie vorher» hinaus, die er vielleicht gar nicht will, bringen kann. In diesem Fall freilich vergessen wir wieder die Aufforderung Jesu an Petrus, der Jesus über seinen Bruder Johannes befragt und zur Antwort erhält: «... was geht es dich an? Folge du mir nach!» (Joh. 21, 22).

Es gibt eine andere Textstelle in der Bibel, die auf diese Frage antwortet. Wir finden sie im Johannes-Evangelium, Kapitel 20, Vers 23 und in einer ein wenig veränderten Form bei Matthäus (18, 18), da heisst es: « ... und was ihr auf Erden lösen werdet, soll auch im Himmel gelöst sein.»

Zwei christliche Konfessionen bieten bereits zwei unterschiedliche Interpretationen dieses Bibelwortes an. Ich habe in einem Brief (mit königsblauer Tinte auf weisses Papier geschrieben) eine dritte gelesen, die uns hier am meisten interessieren dürfte, und die lautet: Vergeben wir jemandem, so geschehen zwei Dinge gleichzeitig. Wir erlangen für ihn die Vergebung Gottes und wir bieten ihm die Möglichkeit an, diese Vergebung zu akzeptieren.

Als Andriene mir jenen Brief zu lesen gab, von dem noch die Rede sein wird, war sie nicht mehr die ein wenig zu selbstsichere und tugendhafte Frau, die ich achtzehn Monate zuvor kennengelernt hatte ... aber ohne Zweifel war mein Blick auch nicht mehr der gleiche!

Eine gemeinsame Freundin hatte mich gebeten, anlässlich eines Einkehrtages für eine katholische Frauengruppe in englischer Sprache Zeugnis über mein Leben mit Jesus abzulegen. Andriene war die Vorsitzende der Frauengruppe, und unser erstes Treffen fand in ihrer Küche bei drei Tassen amerikanischen Kaffees statt. Sie sah gut aus und vermittelte den Eindruck einer ausgeglichenen Frau. Sie schien alles zu meistern und keine Probleme zu haben. Sie liebte ihren Beruf und hatte eine Familie mit zwei hübschen Kindern. Dennoch konnte ich mich vom ersten Moment an des Eindrucks nicht erwehren, dass unsere gemeinsame Freundin sie ein wenig zu diesem Treffen gedrängt hatte, und dass Andriene mir gegenüber etwas misstrauisch war.

Sie berichtete mir, wie sie die Vorsitzende der Frauengruppe geworden war, und wie es dazu kam, dass sie mit der Organisation dieses Einkehrtages beauftragt worden war.

Ihre Stimme klang bestimmt, und ich hatte ein wenig das Gefühl, dass sie keinen Widerspruch duldete. Sie dachte in «Werkkategorien», was es «für den Herrn (zu) machen» gab. Sie erinnerte mich an mich selbst, wie ich vor ein paar Jahren gewesen war. Die Ähnlichkeit war verblüffend. Sie hatte eine bedeutende «Theologie-Psychologin» eingeladen, die die beiden Hauptvorträge halten sollte. Ich stellte fest, und das machte die Ähnlichkeit noch perfekter, dass sie im religiösen Bereich in der gleichen intellektuellen Weise an die Dinge heranging, wie ich es getan hatte, und heute misstraute ich dieser Vorgehensweise so sehr!

Unsere gemeinsame Freundin hatte Andriene gesagt, dass ich «Zeugnis» geben würde. Was hatte ich denn vor zu sagen? Ich durfte nicht vergessen, dass es sich um eine katholische Frauengruppe handelte.

Ich antwortete ihr, dass ich über die persönliche Beziehung sprechen wollte, die wir mit dem Herrn eingehen können, und ich fasste in kurzen Worten meine Erlebnisse mit ihm zusammen, indem ich ihr von meiner Taufe in den Heiligen Geist berichtete und von den Veränderungen, die mein Leben durch die Begegnung mit Gott erfahren hat.

Andriene interessierte sich für die Thematik «Zum-Glauben-Kommen». Sie selbst war am Tag ihrer Hochzeit zur katholischen Kirche übergetreten, weil ihr Mann überzeugter Katholik war. Mit einer persönlichen Begegnung mit dem Herrn hatte ihr Beitritt zur katholischen Kirche nichts zu tun.

Es ist unnötig, weitere Einzelheiten über diese erste Begegnung mit Andriene zu berichten. Als wir uns voneinander verabschiedeten, sagte sie zu mir, dass sie am Einkehrtag mit meinem Zeugnis rechnete.

Die «Theologie-Psychologin», die am Einkehrtag zwei Verträ-

122

ge halten sollte, sagte acht Tage vorher ihr Kommen ab, so dass Andriene sich gezwungen sah, mich vier Tage vor dem geplanten Termin zu fragen, ob ich bereit wäre, die Vorträge für den ganzen Tag zu übernehmen.

Da mir nicht viel Vorbereitungszeit zur Verfügung stand, konnte ich, selbst mit Hilfe des Heiligen Geistes (auf den ich mich fest verliess), nicht umhin, einen Themenbereich auszuwählen, in dem ich mich einigermassen sicher fühlte. Ich schlug als Thema das Gebet vor. Zwischen zwei Gebeten und Liedern sollte jeweils eine Frau ein kurzes Zeugnis über ihre persönliche Begegnung mit dem Herrn ablegen, und danach würde ich selbst ein längeres Zeugnis geben (und zwar das, das ich ursprünglich die Absicht hatte, vorzutragen). Anschliessend würde ich einen Vortrag über das Gebet halten. Ich fügte hinzu, dass ich selbst die Lieder auswählen wollte, und dass eine meiner Freundinnen, die diese Lieder gut kannte, und die eine sehr schöne Stimme hatte, die Gesangsleitung übernehmen würde. Ich wollte wirklich fröhliche, mitreissende Lieder, Lieder, in denen die Freude und das Vertrauen so richtig zum Ausdruck kommen konnten – keine einschläfernden Gesänge.

Andriene war begeistert über das Thema des Gebets. Was den Rest und vor allem die Liedauswahl anbelangte, zeigte sie sich jedoch weniger enthusiastisch, weil sie selbst schon ein ganz anderes Programm vorgesehen hatte. Trotzdem akzeptierte sie alle meine Vorschläge, weil sie mir ja die Verantwortung für den Einkehrtag angetragen hatte.

Wir vereinbarten, dass sie eine der drei Frauen sein sollte, die kurz über ihre Begegnung mit dem Herrn und darüber, wie er ihr Leben verändert hatte, berichten.

Zum Einkehrtag kam Andriene mit einem Stapel Fotokopien unter dem Arm. «Könnten Sie dieses Lied in ihr Programm aufnehmen?» fragte sie mich. «Es liegt mir sehr am Herzen, denn mein Vater hat es uns in meiner Jugend jeden Abend vorgesungen und dazu auf seiner Gitarre gespielt.»

Natürlich hatte ich nichts dagegen.

Ich hatte ein ausgewogenes Zeugnis vorbereitet und mir vorgenommen, einen sehr strukturierten Vortrag über das Gebet zu halten. Dennoch ergab es sich, dass, sowohl aufgrund meiner Darbietungsweise als auch ausgelöst durch Reaktionen und Fragen seitens der Zuhörerinnen, Zeugnis und Vortrag verzerrt wurden.

Unter dem Einfluss des Heiligen Geistes, davon bin ich überzeugt, bekam das Thema Vergebung immer mehr Gewicht. In meinem Zeugnis hatte dieses Thema bereits eine wesentliche Rolle gespielt. Nun nahm es immer mehr Raum ein. Und als ich über das Gebet sprach, drehte sich alles nur noch darum: Man kann nicht beten, wenn man nicht verziehen hat, nicht nur, weil es Teil des Vaterunsers ist, nicht nur, weil Jesus es zur Bedingung für echtes Beten gemacht hat, noch nicht einmal, weil die Gebote Gottes es sagen, sondern weil uns nichts so sehr von Gott trennt, wie die Verweigerung oder sogar die Unfähigkeit zu vergeben.

Und wie können wir uns im Gebet dem Herrn nahe fühlen und ihn hören oder uns Gehör bei ihm verschaffen, wenn wir durch diese «Mauer» der Verweigerung zu vergeben von ihm getrennt sind? Die tiefsten Wurzeln unseres Grolls müssen verschwinden. Jesus hat nicht gesagt, dass wir mit den Lippen vergeben sollen, sondern er will, dass die Vergebung «von ganzem Herzen» kommt. Vergeben, das bedeutet nicht, Vergebung zu deklarieren, sondern es bedeutet Versöhnung, die eine echte innere Heilung voraussetzt. Das hat weder etwas mit Vergessen zu tun noch mit einem Nicht-Erfolgen von Vergeltungsmassnahmen oder feindlichen Reaktionen.

«Aber es gibt Dinge, die man wirklich nicht verzeihen kann», warf eine Zuhörerin ein.

«Und kommen Sie jetzt nicht mit dem Beispiel Jesus Christus!», rief eine andere mir zu.» Wenn es sich um Gott handelt, ist das nicht dasselbe!»

Ich gab das Beispiel Marias: «Maria war nicht Gott. Maria war eine einfache Frau. Wie wir. Und sie musste den zwölf von Jesus auserwählten Männern vergeben, die ihrem Sohn so nahestanden: denen, die ihn alleingelassen haben, dem, der ihn verraten hat. Sie musste denen verzeihen, die ihn verurteilt haben. Denen, die ihn verspottet haben, die ihn bespuckt haben, die ihn gedemütigt, verhöhnt, geschlagen, gegeisselt haben, die ihm eine Dornenkrone aufgesetzt haben. Denen, die ihn ans Kreuz genagelt haben.

Und das Allerschlimmste: Sie stand am Fuss dieses Kreuzes. In der ersten Reihe.»

Wer bot mehr an Unverzeihlichem?

Da stellte sich natürlich gleich die Frage: «Wie kann man aber schwerwiegende Dinge ganz vergeben?» (Es war nun schon nicht mehr die Rede von Dingen, die man nie vergeben kann.) Damit waren wir mitten in meinem Thema Gebet und in meinen persönlichen Erfahrungen. Zweimal hatte ich mich ja in der Situation befunden, wo ich Gott täglich darum bat, die Menschen, denen ich vergeben wollte, in allen Dingen und allen Bereichen zu segnen. Wir beginnen mit einem blossen Lippenbekenntnis, aber die Vergebung wird langsam in die Tiefe unseres Herzens hinabgleiten, uns heilen und mich und den Blick für den anderen umwandeln. Ich garantierte meinen Zuhörerinnen, dass sie Erfolg haben würden. Es konnte lange Zeit dauern, aber das Ergebnis war sicher.

Es war einige Wochen später, dass Andriene mir von ihrer Mutter und ihrem Problem zu vergeben berichtete. Wir hatten sie nach dem Einkehrtag in unsere interkonfessionelle Gebetsgruppe eingeladen, und sie war gekommen. Wenn ich mich recht erinnere, geschah das, worüber ich hier berichten möchte, als wir zum ersten Mal bei ihr zu Hause versammelt waren.

Das Thema Vergebung war wieder einmal zur Sprache gekommen – es ist charakteristisch für dieses Thema, dass es sich uns immer wieder aufdrängt. Ich erinnere mich nicht mehr genau, wie, warum und durch wen es angesprochen wurde, noch ob es vor unserem Gebet war, als wir alle noch den Willkommenskaffee tranken (unumgänglich in einer Gruppe, die zum grössten Teil aus Amerikanerinnen bestand), oder anschliessend. Jedenfalls sprach eine von uns über ihre Schwierigkeiten zu vergeben in einem ganz bestimmten Fall.

Andriene meldete sich zu Wort, um von der Notwendigkeit und der Möglichkeit zu sprechen, dass selbst in sehr schwerwiegenden Fällen eine vollkommene Vergebung möglich ist. Ihre Mutter, so erzählte sie uns, hatte, als Andriene sechzehn war, ihre Familie wegen eines anderen Mannes verlassen, und sie, Andriene, hatte, als sie zur katholischen Kirche übergetreten war, verstanden, dass sie ihr vergeben musste, und sie hat es getan.

Das Problem war jedoch, wie sie mir später erklärte, dass sie in dem Moment, als sie in unserer Gebetsgruppe von ihrer Vergebung sprach, auf einmal wieder jene Abende vor dem Weggehen ihrer Mutter vor Augen hatte, an denen ihr Vater ihnen sein Lieblingslied (das sie zum Einkehrtag mitgebracht hatte) vorsang, und der ganze gewaltige Groll, den sie bei der Abreise ihrer Mutter und in den darauffolgenden Jahren gefühlt hatte, war wieder in ihr hochgekommen. (Diese Bewusstwerdung hatte vielleicht in ihr begonnen, als sie ihr Zeugnis für den Einkehrtag vorbereitete, und sie an die Zeit ihrer Heirat und ihren Übertritt zur katholischen Kirche zurückdenken musste, in der sie beschlossen hatte, ihrer Mutter zu verzeihen. Am Einkehrtag hatte sie nicht ein Wort darüber verlauten lassen. Aber das Lied ihres Vaters hatte sie mitgebracht).

In der Zeit nach ihrem Zeugnis am Einkehrtag, so erzählte sie mir achtzehn Monate später, war ihr klar geworden, dass diese Bitterkeit sie jedesmal erfüllte, wenn sie ihre Mutter sah, und sie hatte darin den Beweis gesehen, dass sie eigentlich nicht «von ganzem Herzen» vergeben hatte. «So wird auch mein himmlischer Vater an euch tun, wenn ihr einander nicht von Herzen vergebt ...» (Mt. 18, 35). Zu «wann auch immer, wem auch immer» müssen wir «von ganzem Herzen» hinzufügen.

Sie hatte also beschlossen, dass es an der Zeit wäre, mein Rezept auszuprobieren und begann, Segenswünsche für ihre Mutter auszusprechen, indem sie Jesus bat, diese in ihr Herz gleiten zu lassen. Und sie hatte an demselben Tag noch damit angefangen. In einem der Briefe, die sie allmonatlich an ihre Mutter schickte, hatte sie den Einkehrtag erwähnt und eine Fotokopie des Liedes ihres Vaters mit in den Brief gelegt, auf die sie geschrieben hatte: «Wir haben es zu Beginn des Einkehrtages gesungen.»

Während der folgenden siebzehn Monate bat sie täglich den Herrn in ehrlicher und unermüdlicher Weise, er möge ihre Mutter in allen Dingen segnen. In allen Dingen, das bedeutete auch in ihrem Eheleben mit dem Mann, wegen dem sie ihre Familie verlassen hatte. Und langsam machte sie dieselbe Erfahrung wie ich. Das Wunder geschah. Die Vergebung glitt von ihren Lippen in ihr Herz, heilte Wunden und Verletzungen und wandelte ihren Blick für ihre Mutter um, erfüllte ihn mit zärtlicher Liebe zu ihr.

Achtzehn Monate später, nachdem sie täglich für die Vergebung ihrer Mutter gebetet hatte und siebenundzwanzig Jahre nachdem ihre Mutter ihre Famile verlassen hatte, erhielt Andriene einen Brief von ihr. Andriene hatte sich ihrer Mutter gegenüber nicht einmal über ihren Vater oder darüber, was sie bei ihrem Fortgehen empfunden hatte, geäussert und hatte auch nichts über ihr Gebet und ihren Vergebungswunsch verlauten lassen. Sie zeigte mir diesen Brief. Er begann so: «Heute habe ich mich zum ersten Mal seit siebenundzwanzig Jahren ans Klavier gesetzt, und ich konnte das Lied deines Vaters singen, das du mir im letzten Jahr geschickt hast ...»

So sind Andriene und ich zu der festen Überzeugung gelangt, dass alles, was wir auf Erden lösen (durch unsere echte Vergebung), nicht nur im Himmel, sondern wirklich hier auf Erden gelöst ist, und dass unsere Vergebung «von ganzem Herzen» auf geheimnisvolle Weise und ohne Worte den freimacht, dem wir vergeben, indem wir es ihm ermöglichen, Gottes Vergebung zu erhalten.

«Wir haben aber diesen Schatz in irdenen Gefässen, damit die über-schwengliche Kraft von Gott sei und nicht von uns.» (2. Kor. 4, 7)

Rückfälle

Der Friede des Steuermanns

Es war an einem Tag in den Sommerferien, und ich wartete in unserem Haus auf dem Lande auf Luc, den ältesten meiner Enkelkinder, der damals fünfzehn war. Er hatte mit einem Freund ganz Frankreich mit seinem Mofa durchquert, und die zwei sollten nun bei uns Halt machen.

Da die beiden jungen Leute nicht eintrafen, ging ich ins Dorf, um einige Besorgungen zu machen. Als ich zurückkam, fand ich im Garten zwei Mofas, die dort auf dem Boden lagen und die Toreinfahrt versperrten. Ich musste, um in den Garten hin-einzukommen, mit grossen Schritten über die beiden Mofas steigen. Mir ist daran gelegen, dass die Dinge einigermassen an ihrem Platz sind. Mir ist auch daran gelegen, dass mit den Dingen ordentlich umgegangen wird. Ich lege Wert darauf, dass mein Haus kein Abstellplatz ist. Vor allem aber löst der blosse Anblick eines Motorrads starken Widerwillen in mir aus, seitdem unser Sohn mit einem Motorrad ums Leben gekom-men ist.

Bereits als ich dabei war, über die beiden Motorräder zu stei-gen, um in mein Haus zu gelangen, stieg Wut in mir auf. Diese Wut hatte mehrere Gründe. Zum einen fragte ich mich, wie die beiden Jungen ihre Mofas so nachlässig behandeln konnten. Zum anderen fragte ich mich, wie sie mich so behandeln konn-ten! Im Hauseingang stolperte ich über einen auf dem Boden herumliegenden Rucksack. Dann verfolgte ich buchstäblich die Spur der beiden Jungen vom Hauseingang durch die Garde-robe, die Treppe hinauf bis in ihr Zimmer: Am Treppenabsatz stiess ich auf zwei Windjacken, oberhalb der Treppe lag ein

Rucksack. Verschiedene Kleidungsstücke wie Schuhe, Strümpfe, Hemden, T-Shirts und Jacken lagen verstreut auf dem
Fussboden in Flur und Zimmer, und die Schranktüren standen
weit offen. Von Luc und seinem Freund war jedoch nichts zu
sehen.

Schliesslich fand ich sie auf dem Tennisplatz. Ich platze vor
Wut, und es verschaffte mir Erleichterung, meinem heftigen
Zorn Luft zu machen. Es war keine erzieherische Wut, sondern
eine «Ventil-Wut».

Im Handumdrehen waren die Mofas in den Schuppen gestellt,
die Rucksäcke aufgehoben, die Jacken aufgehängt, das Zimmer
aufgeräumt und ich ... mir war übel geworden von diesem
Wutausbruch, und ich hatte einen bitteren Geschmack im
Mund. Es gibt eine Wut, die gemässigt und angemessen ist.
Meine Wut war nicht gemässigt und hatte die Grenzen des
Angemessenen weit überschritten. Sie war ein Ausbruch von
«Bitterkeit und Grimm und Zorn und Geschrei ...» (Eph. 4,
31), von dem Paulus uns sagt, dass er «den Heiligen Geist Got-
tes betrübt» (Eph. 4, 30), und in der Tat war der Heilige Geist
in mir betrübt und erfüllte mich nicht mehr mit seinem
Frieden.

Ich begriff sehr schnell, dass mir nur eine Möglichkeit blieb:
Mich bei meinem Enkelsohn zu entschuldigen. Ich ging zu
ihm. Als er mich kommen sah, nahm er eine gespannte Haltung
ein, weil er befürchtete, dass ein zweiter Zornesausbruch auf
ihn niederprasseln würde. Aber das war nicht meine Absicht.
Ich sagte ihm, dass meine Wut wirklich übertrieben gewesen
wäre. Ich erklärte ihm, was der Anblick von Motorrädern oder
Mofas seit dem Tod Jean-Lucs in mir auslöst und forderte ihn
in freundlicher Weise auf, in Zukunft die Ordnung im Haus zu
respektieren und vielleicht sogar auf meine Rückkehr zu warten und mich erst zu begrüssen, bevor sie auf den Tennisplatz
stürmen würden. Dann bat ich ihn um Verzeihung.

Sobald ich diese fünf Worte: «Ich bitte dich um Verzeihung»
ausgesprochen hatte, war ich aufs neue von Gottes Frieden
erfüllt.

Es ergab sich noch zweimal, dass ich zwei meiner Enkelsöhne

um Verzeihung bitten musste – immer, leider! – infolge übertriebener Reaktionen auf kleine Vergehen. Aber nie wurde das Um-Verzeihung-Bitten als Schwäche ausgelegt – im Gegenteil. Und es hat mir immer meinen inneren Frieden zurückgebracht.

Verlässt der Friede Jesu mich, so ist das stets ein Zeichen dafür, dass etwas in meinem Leben oder meinem Verhalten mich von ihm trennt. Manchmal, so wie es in dem hier geschilderten Fall war, ist es klar und leicht, das, was mich von ihm trennt, zu erkennen und wiedergutzumachen. Manchmal ist es schwieriger. Aber es lohnt sich immer, die Vergebung zu suchen.

Weisst du es noch nicht?

Es war im zweiten Jahr der Krankheit meiner Mutter.

Die Beziehung zu meinem Mann wurde von Tag zu Tag harmonischer, und ich stand immer wieder aufs Neue freudig staunend vor dem Werk des Herrn, für den nichts unmöglich ist. Ich entdeckte ebenfalls, dass, jedesmal, wenn sich durch Gehorsam und mein Einwilligen in den Willen Gottes etwas in mir veränderte, sich auch etwas in meinem Mann veränderte.

Zu Anfang, wenn unser Vertrauen und unser Gehorsam zu Gott sowie unser Leben mit ihm zu wachsen beginnen, laufen wir stets Gefahr, dass unser Vertrauen nicht ein tiefes Vertrauen nur in Gott ist, und dass es sich in Selbstgenügsamkeit verwandelt. So schlich sich auf heimtückische Weise neben das mit jedem Tag wachsende Vertrauen in die Allmacht und die Liebe meines himmlischen Vaters eine Art Vertrauen in meine Antworten auf Gottes Ruf ein, ein Vertrauen in mein Vertrauen, in meinen Gehorsam, eine Art Besitzgefühl von Gottes Frieden und von meiner Fähigkeit, zu jeder Zeit und zu jeder Gelegenheit Dank zu sagen – ein Danksagen, das übrigens immer weniger erforderlich wurde, weil mein Mann mir immer weniger Gelegenheit gab, für Demütigungen oder Kränkungen zu danken – solange der Herr das Band, das uns aufs neue miteinander vereinte, erneuerte.

Glücklicherweise wacht der Herr über seine Kinder. In solchen Gefahrenmomenten legt er einen kleinen Stein unter unseren Fuss – eine Art Kieselstein. Ja, es bedarf wenig, um uns zu zeigen, wie erbärmlich wir häufig vor Gott dastehen!

Mein Mann war in Südfrankreich. Ich war in unserem Landhaus geblieben, um mich um meine Mutter zu kümmern, die mittlerweile fast gänzlich bettlägerig geworden war, und die nicht mehr nach Paris gebracht werden konnte. Nach dem Eintreffen einer meiner Schwestern, die gekommen war, um mich am Krankenbett abzulösen, wollte ich zu meinem Mann fahren und das Wochenende mit ihm verbringen.

Indessen erfuhr ich am Telefon von einer meiner Töchter, dass mein Mann die Absicht geäussert hätte, den Samstag in Paris zu verbringen. Was? Ich kam, und er fuhr weg? Ich raste hin und her zwischen meiner kranken Mutter und meinem Mann, der in Südfrankreich Ferien machte, obwohl er ebensogut seine Ferien in unserem Haus auf dem Lande hätte verbringen können! Und wenn ich dann losfuhr, um endlich, zwölf Stunden nach meiner Ankunft (und noch dazu Stunden in der Nacht!), bei ihm zu sein, fuhr er nach Paris und liess mich in Südfrankreich, wo ich nur hingefahren war, um das Wochenende mit ihm zu verbringen! Impulsiv, wie ich war, stürzte ich ans Telefon, um ihn zu bitten, nicht nach Paris zu fahren, ich sähe wirklich nicht ein, warum ich extra nach Südfrankreich fahren sollte, wenn ich dort alleine wäre! Ich wählte seine Nummer. Das Telefon klingelte. Niemand hob den Hörer ab. Gut, es war acht Uhr, er war vermutlich gerade essen gegangen.

Gegen 22 Uhr 30 versuchte ich erneut, ihn telefonisch zu erreichen. Dieses Mal hörte ich das Besetztzeichen. Besetzt ... besetzt ... Während ich dem Herrn mit Mund und Willen dankte, wurde ich immer nervöser. Um 23 Uhr 15 sagte der Herr mir deutlich: Genug jetzt, hör auf zu telefonieren! Und mit Mühe gelang es mir zu gehorchen.

Es war eine schlaflose und qualvolle Nacht. Was machte er bloss? Wo war er? Warum liess er mich kommen, um dann wegzufahren? Was war das für eine geschäftliche Verpflichtung am Samstag?

Wie weggeflogen war mein Vertrauen zu Gott! Wie weggeflogen mein Vertrauen zu meinem Mann! Wie weggeflogen mein innerer Friede und das Danksagen zu jeder Zeit und zu jeder Gelegenheit! Am nächsten Morgen um 8 Uhr war ich wieder am Telefon. Immer noch besetzt! Aber kaum hatte ich den Hörer aufgelegt, da klingelte das Telefon, und mein Mann rief mich an.

Er hätte gerade festgestellt, dass der Telefonhörer die ganze Nacht über falsch aufgelegt gewesen wäre. Er hätte mir viel zu sagen. So viel, dass er meine Zurückhaltung gar nicht wahrnahm. Er sagte mir alles. Ich hörte ihm zu. Er hatte mir tatsächlich soviel zu sagen (aber von seiner Fahrt nach Paris liess er kein Wort verlauten!), dass ich, während er sprach, Zeit hatte, mich zu beruhigen, und ihm, als er geendet hatte, ohne Bitterkeit sagen konnte, ich hätte angesichts der Tatsache, dass er kurz nach meiner Ankunft bei ihm nach Paris fahren würde, eine sehr schlechte Nacht verbracht.

«Glaubst du wirklich, dass es unter diesen Umständen sinnvoll ist, dass ich komme?»

«Aber es ist ja noch gar nicht sicher, dass ich fahre», antwortete er mir. «Ich werde sehen, was sich machen lässt. Herr X. ist am Samstag auf der Durchreise in Paris und möchte sich mit mir treffen. Aber es ist noch nichts festgelegt. Vielleicht ist es gar nicht nötig, dass ich ihn treffe. Dein Sohn wünscht dieses Treffen, aber es ist noch nichts entschieden. Wir werden sehen. Komm! Ich versuche, den Termin abzusagen. Ich habe keine Lust ...»

Ich glaube nicht an sein «es ist noch nicht sicher, wir werden sehen». Wieviele Male habe ich diese Worte schon gehört, die alles und nichts bedeuteten? Die alten Reaktionen, von denen ich geglaubt hatte, dass sie ganz verschwunden wären, kamen wieder zum Vorschein. Aber was sollte das alles? Er hat mich gebeten zu kommen, also los, dann fahre ich hin – wegen 1.Petrus 3, 1.

Ich kam also, wie ausgemacht, in Südfrankreich an. Mein Mann erwartete mich. Es dauerte nicht lange, bis seine Fahrt nach Paris wieder zur Sprache kam ...

«Ich habe leider das Gefühl, dass es unumgänglich ist, dass ich nach Paris fahre. Aber ich verspreche dir, dass ich am frühen Samstagnachmittag wieder zurück bin.»

Ich sagte mir: Das habe ich mir doch gedacht. Sein «Es ist noch nicht sicher» und sein «Wir werden sehen»! Es ist immer dasselbe! Er hat sich eigentlich gar nicht geändert!

Ich sagte zu ihm: «Das ist wirklich schade! Hättest du ein wenig besser geplant, wäre ich mit nach Paris gekommen. Das hätte ich um so lieber getan, als an diesem Samstag die erste Versammlung der Geschäftsleute des Vollen Evangeliums stattfindet, und ich mich riesig gefreut hätte, daran teilnehmen zu können.»

«Das stimmt», gab er zu. Dann sagte er: «Um so mehr als ich am Montag ebenfalls in Paris zu tun habe.»

Das war die Höhe! Ich kam, um genau drei Tage mit ihm zu verbringen, während meine Schwester bei meiner Mutter blieb, und er war an zwei von diesen drei Tagen nicht da! Er hatte sich wirklich nicht geändert! Alles war verdorben! Dabei hatte ich mich so sehr darauf gefreut, ein Wochenende mit ihm zu verbringen!

Schweigen.

Ich bemitleidete mich selbst. Ich dankte mit den Lippen. Ich versuchte, es von ganzem Herzen zu tun. Ich erkannte, dass ich es allein nicht schaffte. Ich sah sehr gut, dass ich nicht wie Jesus «gesinnt war» (Phil. 2, 5). Aber dennoch: «Danke, oh Herr, ich weiss, dass du alles zum Guten zusammenwirkst ...» In diesem Moment war es angebracht zu schweigen. Ich wiederholte in meinen Gedanken, dass Gott alles zum Guten zusammenwirkt. Aber ich konnte es wiederholen und wiederholen ...

«Wenn deine Versammlung in Paris stattfindet, warum kommst du dann nicht einfach mit mir? Wir fahren gemeinsam nach Paris. Ich kann X treffen, während du deine Versammlung besuchst, und du kehrst von Paris aus zu deiner Mutter zurück.»

Gesagt, getan.

Als mein Mann seinen Geschäftskollegen traf, wurde mir die Freude und Gnade zuteil, in der Versammlung der Geschäftsleute zu beten. Es gab ein Essen, an dem einige meiner Kinder und Enkelkinder teilnahmen, einen Abendgottesdienst mit Chantal und ihrem Mann, und danach haben wir bei ihnen Geburtstag gefeiert.

Da unsere gemeinsame Fahrt nach Paris ursprünglich nicht vorgesehen war, konnten wir den Sonntag zu zweit verbringen. Wir machten einen langen Spaziergang zusammen, assen im Tête-à-Tête zu Mittag, und arbeiteten am Nachmittag gemeinsam eine Rede aus, die mein Mann bei einer Geschäftsversammlung halten sollte. Schliesslich hatte ich noch Gelegenheit, am Abendgebet der Gemeinde Pierre d'angle teilzunehmen.

Dieses zu Anfang verdorbene Wochenende war schliesslich eines meiner schönsten Wochenenden seit vielen Jahren. «Dem aber, der überschwenglich tun kann über alles hinaus, was wir bitten oder verstehen, nach der Kraft, die in uns wirkt, dem sei Ehre...» (Eph. 3, 20).

Und die zwei Tage über fragte der Herr mich: «Warum hast du dir Sorgen gemacht? Warum diese schlaflose Nacht? Warum diese Qualen und diese Empörung? Weisst du denn nicht, dass ich dich liebe und mich um dich kümmere? Weisst du es immer noch nicht, nach all dem, was ich für dich getan habe? Kannst du mir wirklich nicht vertrauen? Wann wirst du endlich wissen ...?»

Herr, schenke uns «Kongruenz»!

Das Buch von Carl Rogers über die Entwicklung der Persönlichkeit, das das Thema Kommunikation behandelt, war für mich, als ich es zwei oder drei Jahre vor meiner bewussten Entscheidung, Jesus nachzufolgen, las, eine Art Offenbarung. Es stimmt, dass ich von meiner Erziehung her eher zurückhaltend menschlichen Kontakten gegenüber war.

Das Buch von Rogers zeigt einerseits den Unterschied zwischen meinem Verstand (einem Bereich, in dem ich mich stets wohlgefühlt habe) und meinen Gefühlen auf (einem Bereich, den ich im Kontakt mit anderen Menschen gern ausklammerte!) und andererseits den Unterschied meiner Reaktion auf die Worte oder Handlungen des Gegenübers im allgemeinen und auf die des Ehemanns im besonderen sowie die Bewertung seiner Worte und Handlungen. Kurz, er spricht über den Unterschied zwischen Gefühlen und Realität. Rogers bedient sich dabei des Wortes «congruence», das bei ihm eine spezielle Bedeutung hat.

Kongruenz bedeutet für ihn Kohärenz, Übereinstimmung von Gedachtem und Gesagtem, Übereinstimmung dessen, was wir fühlen, mit dem, was wir tun (um es im Jargon der Psychologie auszudrücken: Übereinstimmung von Sprache und Erleben). Etwas, das ich bislang in meiner Unwissenheit Ehrlichkeit genannt habe. Ich spreche von Unwissenheit, weil meine Ehrlichkeit nur die Übereinstimmung von Denken und Handeln betraf. Die Übereinstimmung, wie Rogers sie erklärt, ist etwas Schwieriges und Unvollständiges – so schreibt Paulus im Römerbrief «Denn das Gute, das ich will, das tue ich nicht; sondern das Böse, das ich nicht will, das tue ich» (7, 19). Sobald wir jedoch die Taufe in den Heiligen Geist empfangen haben, wird diese Kongruenz zu einer ... mehr als unvernünftigen Forderung.

Kurze Zeit nach meiner Taufe in den Heiligen Geist machte ich eine Flugreise, ich erinnere mich nicht mehr wohin. Die Stewardess war sehr unfreundlich zu mir gewesen. Ich wollte mich nämlich in der ersten Reihe auf einem der fünf Sitze niederlassen, die noch frei waren, als alle Passagiere bereits an Bord waren, war es doch so angenehm, die Beine auf diesen Sitzen auszustrecken und sein Gepäck darauf abzulegen. Ich musste freilich lange insistieren, bis man mir erlaubte, dort zu sitzen.

Die Stewardess hatte diese Sitze auf eine sehr rauhe Art verboten. Ich war ihr jedoch keine Antwort schuldig geblieben. Wir mussten den Chef an Bord rufen, der eine Entscheidung treffen sollte. Ich hatte schliesslich gewonnen.

Da sass ich also auf dem hart erkämpften Platz – erste Reihe links. Mein Mantel war im Gepäckfach untergebracht, ich zog meine Strickjacke an, Hand- und Reisetasche standen zu meinen Füssen, ich legte den Sicherheitsgurt an, und das Flugzeug war bereits gestartet. Ich streckte meine Hand aus, um meine Taschenbibel aus der Reisetasche zu nehmen und die Reisezeit zum Bibellesen zu nutzen. Ich beugte mich ein wenig vor, liess meine Hand in die Tasche gleiten, nahm die Bibel und wollte mich gerade zurücklehnen, als meine liebe Stewardess an meinem Platz vorbeikam.

Ich hielt inne.

Es war, als ob eine leise Stimme zu mir sagte: «Was? Du liest jetzt die Bibel? Vor ihren Augen? Nach dem, was sich zwischen euch abgespielt hat?»

Werde ich wirklich vor ihren Augen, da ich sie doch – um ehrlich zu sein – recht aggressiv behandelt habe, die Bibel lesen? Unmöglich! Das war wirklich nicht möglich! Der Erzengel Michael würde da stehen und sein Schwert zwischen der Bibel und mir hin und her schwingen, so dass ich sowieso nicht von der Bibellektüre profitieren würde. Ich liess meine Bibel in die Reisetasche zurückfallen. Es war unmöglich, ein solch antichristliches Zeugnis abzulegen. Wenn ich eine Christin bin, die den Auftrag hat, durch ihr Leben Zeugnis abzulegen von ihrem Glauben, dann sind gewisse Verhaltensweisen verboten. Und mein Verhalten der Stewardess gegenüber verbot mir jetzt den Zugang zur Bibel.

Zwei oder drei Jahre danach erzählte ich anlässlich einer christlichen Zusammenkunft diese wenig ehrenhafte Episode. Meine Freundin Pat fragte mich: «Dann hast du also den ganzen Tag nicht in der Bibel gelesen?»

«Nein», antwortete ich.

«Aber du hättest sie doch um Verzeihung bitten und danach die Bibel lesen können. Hast du daran nicht gedacht?»

Ich hatte nicht eine Sekunde daran gedacht. Ich habe erst viel später, nach unserer Landung, daran gedacht.

«Aber wenn dir heute so etwas passieren würde, würdest du es doch sicher sofort tun?», fragte Pat.

«Ich hoffe es», antwortete ich – viel weniger überzeugt als sie …

Indessen formt Gott uns mit Behutsamkeit, und er bringt uns mit viel Geduld, so oft wie nötig, immer wieder vor das Hindernis, das wir nicht als solches erkennen wollen.

Knapp eine Woche nach der oben erwähnten Zusammenkunft brachte er mich erneut in eine Situation, in der ich nicht genügend «Kongruenz» bewies. (Auch jemand, der viel weniger Macht hat als Gott, kann mich leicht in eine solche Situation bringen!)

Ich spielte mit meinem Mann Golf, und die Partie vor uns kam nicht von der Stelle. Die drei Spieler, zwei Männer und eine Frau, waren offenbar Anfänger. Sie verweigerten uns zweimal, uns durchzulassen. Als wir schliesslich gleichzeitig an einer Abschlagstelle ankamen (von der aus sie ihre Bälle fünfzehn, zwanzig und fünfunddreissig Meter weit schlugen) erklärte ich der jungen Frau (nicht, weil sie eine Frau war, sondern weil die beiden Männer schon ein Stück weitergegangen waren; es hätte mir genauso viel Freude bereitet, es der ganzen Gruppe zu erklären), dass, wenn man so schlecht spielte, man wenigstens die Umgangsformen des Golfs respektieren sollte. Sie zuckte mit den Schultern und ging.

Aber ich hatte noch kaum ausgeredet, als mir die Geschichte mit der Bibel wieder einfiel. Ich war der Golfspielerin sicher nicht mit Liebe begegnet. Ich hatte sie verletzen wollen, und das war mir auch gelungen. Müsste ich vor ihren Augen die Bibel lesen oder Zeugnis ablegen von meinem Christsein, es wäre mir genauso unmöglich wie damals im Flugzeug. Gleichzeitig erinnerte ich mich wieder, während mein Schlag voll daneben ging, an die wohlwollenden Worte meiner Freundin Pat, nachdem sie meine Geschichte aus dem Flugzeug gehört hatte. Die nächsten drei Schläge gingen ebenfalls daneben. Zum Glück waren die drei vor uns wieder ins Hintertreffen geraten, so dass wir sie schnell eingeholt hatten. Wir trafen uns an der Abschlagstelle 9. Ich ging auf die junge Frau zu und bat sie um Verzeihung.

Wenn wir Botschafter unseres Herrn sind und mit ihm leben, können wir auf die «Kongruenz» nicht verzichten.

Brigde zu Fünft

Das Bridgespiel ist ein spannendes Spiel, aber auch ein gefährliches. Vor allem in der Familie.

Macht ein Gelegenheitspartner eine falsche Ankündigung, begeht er einen Angriffs- oder Spielirrtum – oder spielt er, nachdem er seinen König eingezogen hat, nicht mit derselben Farbe zurück, mit der wir unser As ausgespielt haben – so regt sich in uns, entsprechend unserem Temperament, eine leichte Verärgerung, und wir machen ihn entweder in mehr oder weniger feinfühliger Weise auf seinen Irrtum aufmerksam oder wir finden uns im Stillen damit ab, im schlimmsten Fall sogar während der ganzen Spieldauer.

Handelt es sich jedoch bei unserem Spielpartner nicht um einen Gelegenheitspartner, sondern um unseren Mann oder unsere Frau, so ist es äusserst schwierig, und die Praxis hat dies in hinreichendem Masse bewiesen, nicht dem Gefühl Ausdruck zu verleihen, dass dieser Spielirrtum durchaus absichtlich begangen wurde. In diesem Fall, wenn es darum geht, das abwegige Verhalten des Partners in Frage zu stellen (oder ihm Vorwürfe zu machen), fühlen wir uns leider häufig zu weniger Feingefühl verpflichtet.

Trotz der wunderbaren Erneuerung, die der Herr in unserem Leben und unserer Liebe bewirkt hat, wird mein Mann, wenn er mir am Bridge-Tisch gegenübersitzt, zu einem anderen

Menschen. Hinzu kommt noch, dass er, wenn er seine Karte sehr gut ausspielt, ein sehr persönliches Ankündigungssystem hat. Er kann nichts dafür, denn er ist in erster Linie ein Einzelspieler; das Doppel beim Tennis hat ihn noch nie interessiert, und im Bridge ist es genauso. Da spielt er als ein Single gegen einen Partner, den er eher als so etwas wie unentbehrliches «Beiwerk» betrachtet. Das kann das Miteinander-Umgehen sehr schwierig machen! Der «Beiwerk-Partner» muss jedesmal raten, ob er 9, 13 oder 18 Punkte auf der Hand hat, weil die normalerweise üblichen Hinweise ausbleiben. So kommt es, dass der Beiwerk-Partner häufig von ihm zurechtgewiesen wird, weil er mit seinem Spiel mit 6 Punkten nicht den im folgenden angekündigten Stich mit 19 Punkten ohne Jump-Farbe gehoben hat, oder weil er mit 8 Punkten einen Ankündigungsstich von schwachen 11 Punkten gehoben hat.

Die Stärke der Reaktionen meines Mannes ist direkt abhängig von dem Intimitätsgrad, der seine Beziehung zu dem jeweiligen Partner bestimmt. Ich habe sogar erlebt, dass er mit bestimmten Gelegenheitspartnern nur stumm gelitten hat. Aber mit mir kann er nach Herzenslust umspringen! Das war wohl auch der eigentliche Grund dafür, dass er es so sehr genoss (kein anderer Begriff könnte es besser ausdrücken), mich als Partner zu haben.

Als unsere Beziehung qualvoll war, und wir nur schwierig miteinander umgehen konnten, war das Bridge-Spiel mit mir ein willkommener Anlass für ihn, sich so richtig auszutoben.

Eine konstruktive, in freundlichem Ton ausgesprochene Bemerkung ist immer willkommen und kann die Spielatmosphäre verbessern.

Seine Bemerkungen hatten jedoch nichts Konstruktives und waren in den meisten Fällen unbegründet.

Das gefiel mir gar nicht.

Jedesmal, wenn er verreiste, gab ich mir Mühe, Gott zu danken, weil er ja alles zum Guten zusammenwirkt. Aber eine Bridge-Partie dauert mindestens zwei oder drei Stunden, und es kam immer irgendwann dazu, dass ich explodierte und ihm widersprach. Dann wurde das Spiel zum Ehe-Schlachtfeld, was den anderen Spielpartnern stets sehr peinlich war. Es war schrecklich. Bald fürchtete ich diese Haus-Bridge-Partien so sehr, dass ich mit allen Mitteln versuchte, sie zu verhindern.

Der Herr hat mir einmal gesagt, als ich Beziehungs-Schwierigkeiten mit jemandem hatte: «Lass mich den Dritten im Bunde sein!» Ich habe es getan, und die Probleme waren buchstäblich wie weggeflogen.

Als es mir, zu Beginn der Krankheit meiner Mutter, so schwergefallen war, ihre Erwartungen und Forderungen zu erfüllen, hatte er auch zu mir gesagt: «Nimm mich mit zu ihr!». Ich habe es getan, und mein Problem verschwand.

So beschloss ich eines Tages, dass das Bridge-Spiel eine gute Gelegenheit wäre, ihn «mitzunehmen» und als «Dritten im Bunde» aufzunehmen. Und da er zu Pharisäern, Zöllnern und Sündern ging, als er auf der Erde lebte, würde er es sicher auch akzeptieren, mich an den Bridge-Tisch zu begleiten. Er war ja sowieso da, weil er doch stets da ist, überall und in allen Lebenslagen. Es genügt, sich dieser Tatsache bewusst zu sein. Ich nahm es mir vor.

Vor Beginn der nächsten Bridge-Partie bat ich ihn eindringlich, deutlich sichtbar da zu sein, und mich wirklich auf seine Gegenwart aufmerksam zu machen. Ich nahm ihn mit an den Bridge-Tisch und bat Ihn, mit uns Platz zu nehmen. Ich erinnere mich noch gut daran, wie seine Gegenwart den Spielverlauf änderte! Dann kam es zu einer Spielsituation, in der ich bereits eine scharfe Antwort auf eine besonders aggressive Bemerkung meines Mannes auf den Lippen hatte, als ich plötzlich Ihn sah, wie er mir gegenübersaß, zur Rechten meines Mannes. Sofort schluckte ich die Antwort herunter. Ich hörte auf, mich angegriffen zu fühlen. Ich war glücklich, weil er da war. Bei einer anderen Gelegenheit war ich diejenige, die in aggressiver Weise Vorwürfe machen wollte ... Ich schaute zu dem Platz am Tisch, wo ich ihn aufgefordert hatte, Platz zu nehmen. Ich sagte nichts. Und als ich dann meinen Mann fragen wollte, warum er nicht noch einmal Pik gespielt hätte, konnte ich ganz sanft und zärtlich sprechen.

Ich kann nicht sagen, dass das Verhalten meines Mannes sich

nach kurzer Zeit geändert hätte, aber meines änderte sich so sehr, dass es keinen Streit mehr am Bridge-Tisch gab. Mein Mann reagierte nach wie vor auf dieselbe Weise, aber da er keinen Streitpartner mehr hatte, konnte es auch nicht zum Krach kommen.

Selbst heute verhält mein Mann sich noch ... lebhaft an einem Bridge-Tisch, aber nicht mehr so wie früher. Einerseits will er nicht mehr boshaft reagieren, und andererseits weiss ich, dass er sich gar nicht der «Dezibel» bewusst ist, die er einsetzt. Sein Fortgehen ärgert mich nach wie vor sehr, aber ich weiss, dass es keine Folgen mehr hat und keinen Streit mehr hervorruft. Ich bemühe mich, nicht zu antworten – mit unterschiedlichem Erfolg, denn der ist abhängig von meiner Gegenwart in der Gegenwart des Herrn, der stets da ist, zur Rechten meines Mannes. Es passiert mir mitunter, ihn zu vergessen oder einen ungerechtfertigten Vorwurf in aggressiver Weise zu machen, aber dies dauert nie lange; plötzlich sehe ich Ihn vor mir, wie er mich anschaut.

Wir haben alle einen Bekannten oder Freund, den wir so sehr schätzen, dass es uns unmöglich ist, bestimmte Verhaltensweisen in seiner Anwesenheit zu zeigen oder bestimmte Worte zu benutzen. Ich habe einen Freund, der Priester ist, mein ehemaliger Priester in Alexandrien, vor dem es mir stets unmöglich war, zornig über einen Dritten zu sprechen. Vielleicht liegt das daran, dass ich unbewusst viel Wert darauf legte, wie er mich einschätzte. Oder weil ich wusste, wie wichtig es für ihn war, dass jeder Mensch sich geliebt fühlte.

Da ist einer, der immer bei uns ist, Zeuge jeden Augenblicks und jeder Situation unseres Lebens, und der die Liebe selbst ist. Sind wir uns seiner Gegenwart, seines Blickes bewusst, so gibt es Dinge, die wir nicht tun und nicht sagen können (die wir noch nicht einmal denken können), oder einen Ton, den wir nicht anschlagen können.

Ein grosser Teil unserer Beziehungsprobleme (und auch anderer Schwierigkeiten) wird dadurch verursacht, dass wir uns nicht ständig seiner Gegenwart bewusst sind.

Aber er ist immer da.

Ohne nach dem Schein zu urteilen

Auch schon vor meiner Entscheidung, mein Leben unter der Leitung des Heiligen Geistes zu führen, wusste ich, dass meine Bestimmung darin bestand, für andere da zu sein. Ich blieb aber meinem Wesen treu und stand nur für bestimmte Menschen zur Verfügung (für diejenigen, die den Anschein erweckten, sie brauchten mich tatsächlich, und für diejenigen, die mich interessierten oder die mir am besten gefielen). Ausserdem ging ich stets zu vielen Beschäftigungen nach. Ich hatte immer schon die Neigung, soviel wie möglich zu tun, und in den letzten Jahren hatte die Überaktivität in meinem Leben so sehr überhand genommen, weil ich der Einsamkeit und dem Grübeln entfliehen wollte, dass sie für mich wie eine Droge geworden war. Wieviel Zeit bleibt unter solchen Umständen noch für andere übrig?

Was aber meine Bestimmung betrifft, so habe ich mich nicht getäuscht, wenn ich glaubte, sie bestünde darin, für die anderen da zu sein. Nachdem ich mich der Führung des Heiligen Geistes anvertraut hatte, führte der Herr mich in zunehmend deutlicher Weise zu dieser Verfügbarkeit für andere Menschen, und zwar indem er einerseits ein äusseres Zurückschneiden an mir vornahm und mir andererseits eine innere Erziehung angedeihen liess.

Zunächst wirkte er durch sein Wort auf mich ein. Dann liess er uns mehrere Male hintereinander den Wohnort wechseln (fünfmal in vier Jahren) und brachte mich auf diese Weise dazu, eins nach dem anderen meiner «frommen Werke» aufzugeben. Ich hatte auch angenehme «Termine», wie den Bridge-Club, wohin ich flüchten konnte, wenn mein Terminkalender mitunter eine Lücke aufwies, wie beispielsweise in jener Zeitspanne zwischen 18 und 20 Uhr, in der häufig so etwas wie eine Leere aufkommen kann. Er sagte mir nicht, dass ich den Bridge-Club aufgeben sollte, sondern er liess mich einfach sehr rasch den Geschmack daran verlieren. Ich brauchte gar keine Verzichtleistungen zu erbringen, ich hatte schlechthin keine Lust mehr, in den Club zu gehen – und nötig hatte ich es auch nicht mehr.

Das war das äussere Zurückschneiden.

Aber ich hatte ebensoviel zu lernen in dem, was echte Verfügbarkeit bedeutete. Meine war in der Tat sehr selektiver Art. Da waren einmal diejenigen, für die ich jede beliebige Tätigkeit im Stich liess. Und dann gab es diejenigen, deren unvorhergesehener Besuch in mir eine mehr oder weniger starke innere Entrüstung hervorrief. Ohne von denjenigen zu sprechen, denen ich mich geradezu verweigerte ...

Ich war mir darüber klar geworden und hatte positive Beschlüsse gefasst. Es passierte mir indessen immer wieder, dass ich durch den Besuch oder bestimmte Erwartungen einiger Personen überrascht wurde und ohne Liebe reagierte, weil ich eine mehr oder weniger lange Anpassungszeit benötigte, bevor ich wieder zur Liebe zurückkommen konnte. Ich hörte, wie der Herr mir immer wieder sagte:

«Schau, wie freundlich du Jean und Marie neulich empfangen hast, als ihr unvorhergesehener Besuch dich eigentlich sehr störte, wie unfreundlich dagegen hast du auf Pauls und Lucies Kommen reagiert, obwohl sie dich nicht mehr – vielleicht sogar eher weniger – störten! Was Marcelle und Marc betrifft, so hast du ihnen dein Haus glattweg verweigert! Glaubst du wirklich, dass du alle Menschen gleich behandelst? Ich will, dass du allen Menschen in der gleichen Weise zur Verfügung stehst, ohne nach dem Schein zu urteilen.»

Selbstverständlich begann der Herr, sobald ich hörte, was er mir bezüglich meiner Verfügbarkeit zu sagen hatte, mich auf diesem Weg ein Stück weiterzuführen. Prompt stiess ich am nächsten Tag auf folgende Textstellen in der Bibel:

«Von denen aber, die das Ansehen hatten – was sie früher gewesen sind, daran liegt mir nichts; denn Gott achtet das Ansehen der Menschen nicht –...» (Gal. 2, 6) oder:

«Seid eines Sinnes untereinander!» (Röm. 12, 16).

Paulus hatte von der Annahme von Menschen nach ihrer sozialen Herkunft gesprochen, während meine Kriterien woanders lagen. Nichtsdestoweniger hatte auch ich meine Kriterien, und was auch immer diese Kriterien sein mochten, so war ich doch noch weit, sehr weit davon entfernt, allen mit dem gleichen Entgegenkommen zu begegnen, und der unvorhergesehene Besuch dieses oder jenes Bekannten konnte mich immer noch dazu führen, «unverfügbar» zu erscheinen!

Also wiederholte der Herr mir die Worte:

«Du sollst nicht nach dem Schein urteilen! Solange du einen Unterschied zwischen verschiedenen Menschen machst, solange du unter denen, die ich dir schicke, eine Auswahl triffst, und solange du überrascht und unhöflich reagierst, wenn unangemeldeter Besuch von Leuten bei dir eintrifft, die du dir erlaubst, nicht zu mögen, kannst du mit mir nicht weitergehen.»

Als dieses Wort Gottes wirklich in mir zu wirken begann: «... so soll das Wort, das aus meinem Munde geht, auch sein: Es wird nicht wieder leer zu mir zurückkommen, sondern wird tun, was mir gefällt, und ihm wird gelingen, wozu ich es sende» (Jes. 55, 11), und es mir langsam gelang, nicht mehr überrascht und ohne Liebe zu reagieren, wenn Leute zu mir kamen, über deren Besuch ich nicht unbedingt begeistert war, wollte der Herr mich immer noch weiter führen.

Ich habe einen Freund, der seit langer Zeit auf der Schwelle zu einem Leben mit Jesus steht, und der sagt: «Ich weiss, dass es das ist, was ich brauche. Aber ich kann mich nicht entschliessen. Denn, wenn ich den entscheidenden Schritt tue, wo führt er mich dann hin? Ich weiss gern selbst, wo ich hingehe, und mit ihm gibt es keine Grenzen ...»

Er hat sicherlich recht. Aber wir können Jesus vertrauen, seiner Liebe, seiner Behutsamkeit, seinem Respekt gegenüber unserer Freiheit und auch darauf, dass er jeden einzelnen von uns bestens kennt.

Mein Herr fuhr also fort, mich immer ein Stückchen weiterzubringen.

Ich war für einen halben Tag zu einer Versammlung von «Porte ouverte», einem interkonfessionellen Treffen, gegangen. Ich kam zum Mittagessen an und schloss mich anschliessend einer Arbeitsgruppe an. Während ich den kurzen Vortrag über Beziehungsschwierigkeiten anhörte, vernahm ich plötzlich «laut» den Gedanken, der mir sagte: «Brief an die Philipper, Kapitel 2, Vers 3». Es gibt Christen, die ein regelrechtes Charisma dieser Art haben, und die häufig auf diese Weise Textstellen mitgeteilt bekommen. Mir selbst ist das vorher noch nie passiert und danach auch nicht mehr. Ich öffnete meine Bibel und las: «... in Demut achte einer den andern höher als sich selbst.» Ich las die Bibelstelle zuerst nur mit den Augen und dann in hörbarer Weise. Darauf sagte jemand zu mir: «Das ist die Textstelle, die heute morgen besprochen wurde.»

Dies war der Text, durch den mein Herr am deutlichsten und eindringlichsten zu mir sprach. Er wollte nicht nur, dass ich allen Menschen in gleicher Weise begegnen sollte, sondern: «in Demut achte einer den anderen höher als sich selbst.» Indem ich so handelte, empfing ich ihn in jedem Menschen. Und er zeigte mir eindeutig, dass die Art, wie ich andere empfing, der Art entsprach, wie ich ... ihn empfing.

«Liebe mich in jedem, den du siehst. Schau mich an in jedem, den du triffst oder kennenlernst. Betrachte mich in jedem.»

«Wer seinen Bruder hasst, der ist ein Totschläger»   (1.Joh. 3, 15)

«Wir wissen, dass wir aus dem Tod in das Leben gekommen sind; denn wir lieben die Brüder»   (1.Joh. 3, 14)

Vom Tod zum Leben

Ich habe lange mit mir selbst gekämpft (seit meiner Taufe im Alter von fünfzehn Jahren), es zu erreichen, nicht über andere Menschen zu urteilen – und dies lange bevor ich mir darüber klargeworden war, dass unser Urteil tödlich sein kann.

Eines Tages, vor gar nicht langer Zeit, kam ich zum wiederholten Male mit einem Problem in dieser Hinsicht auf dem Herzen zum Gebet. Diesen Tag hatte Jesus ausgesucht, um mir zu zeigen, dass ich dieses Problem falsch anging. Er wollte nicht, dass ich blind sein sollte, sondern dass ich liebte. Das, was meinen Blick in einen urteilenden Blick umwandelte, war mein Mangel an Liebe. Es ist wichtig, dass mein Blick für meinen Mitmenschen so voller Liebe ist, dass ich ihn nicht mehr beurteile, vielmehr soll mein Blick hell sein und über Urteilsvermögen verfügen. Der Unterschied zwischen Urteilsvermögen und Urteilen ist durch das Vorhandensein oder Nichtvorhandensein von Liebe gekennzeichnet.

« ... und hätte die Liebe nicht, so wäre ich ein tönendes Erz oder eine klingende Schelle», sagt der Apostel Paulus im 1. Korintherbrief (13,1).

Johannes geht noch weiter. Er sagt: «Wer nicht liebt, der bleibt im Tod.» (1.Joh. 3, 14).

146

Und Jesus sagt uns, dass es unsere Liebe ist, durch die man ihn erkennen wird (Joh. 17, 23). Und er fordert uns gleichzeitig auf, nicht nur unsere Brüder zu lieben, nicht nur die Menschen, die uns sympathisch und angenehm sind, die uns lieben, zu denen wir uns hingezogen fühlen, sondern jeden Menschen, sogar den, der uns nicht liebt, oder der sich uns gegenüber wie ein Feind verhält. Und wir sollen ihn lieben «wie ich euch liebe» (Joh. 15, 12) ...

Ich bin ganz Ihrer Meinung: Das geht wirklich zu weit!

An dem Tag, an dem wir in unserer Bibelgruppe diese Verse lasen, brach lautes Zetergeschrei aus: «Es gibt Menschen, die kann ich einfach nicht ertragen! Ich kann nichts dafür, es gibt Menschen, die sind mir wider die Natur!», sagte einer.

In meinem tiefsten Innern sagte ich mir: «Ihn lieben, das ist unmöglich, aber ich werde ihm nichts Böses antun, und ich werde versuchen, ihn so wenig wie möglich zu treffen.»

Oder: «Als er mich zum vierten Mal wegschickte, nachdem bereits beim ersten Mal ein zusätzliches Foto fehlte, beim zweiten Mal war es die Wohnsitzbescheinigung, die er noch benötigte, und von der er mir beim ersten Mal nichts gesagt hatte, dann musste noch eine Steuermarke besorgt werden, von der er weder beim ersten noch beim zweiten Mal gesprochen hatte, und als er mir schliesslich sagte, er würde sich morgen um die Einschreibung kümmern, und ich solle dann wiederkommen, war es vorbei mit meiner Geduld! Und ihr wollt, dass ich diesen Sadisten liebe?!»

Oder: «Ich liebe alle Menschen. Ausser einem, den ich wirklich nicht lieben kann, und niemand könnte das an meiner Stelle.»

Wir besprachen noch den Fall des Vorgesetzten, der seine Assistentin nicht in Ruhe liess, und den des Neffen, dessen Lebensweise seine Tante so sehr aufregte, und so ging es noch eine Zeitlang weiter.

Aber Jesus sagt: «Du sollst lieben, wie Gott liebt.» (vgl. Mt. 5, 48) Er sagte auch zu mir: «Vorsicht: Der Spiegel, durch den du mich verschwommen siehst (1.Kor. 13, 12), wird durch jeden Menschen, den du nicht liebst, ein wenig mehr beschlagen und noch undurchdringlicher sein; jedesmal, wenn du beschliesst, jemanden nicht zu lieben, trennst du dich von mir und meiner Liebe.»

Will ich zu Jesus sagen: «Du weisst, dass ich dich liebe», so antwortet er mir: «Vergiss nicht, dass das Mass der Liebe, mit dem du den Menschen liebst, den du am wenigsten liebst, das Mass deiner Liebe zu mir bestimmt.»

Aber wie sollte ich das anfangen? Wirklich lieben – nicht nur mit jener christlichen Liebe lieben, von der einmal jemand gesagt hat, dass sie die Art der Christen wäre, diejenigen zu lieben, die sie nicht lieben – jenen rücksichtslosen Beamten, jenen unmöglichen Neffen oder jenen Onkel, der mich eines Teils meiner Erbschaft beraubt hat oder schlichtweg jenen Menschen, der mir so sehr auf die Nerven geht, oder dessen Löckchen mich aufregen?

Zuallererst müssen wir es wollen. Es ehrlich wollen. Und das ist nicht leicht.

Das erste, was Jesus mich kurz nach dem Tod meines Sohnes von der Nächstenliebe entdecken liess, ich habe bereits drüber berichtet, war die Rolle des Wollens, meines «Liebenwollens» in der Liebe, und wie dieses Liebenwollen meinen Blick für meinen Mitmenschen umwandeln kann. (Ich stellte gleichzeitig fest, wie wenig Liebe normalerweise in meinem Blick lag.) Ich kann also zuallererst und vor allem «beschliessen «zu lieben.

Später lehrte Jesus mich das «Nimm-mich-mit». Ich weiss, dass er da ist. Ich halte seine Hand ganz fest. Ich mache ihn zum Dritten zwischen diesem Menschen, für den ich natürlicherweise keine Zuneigung empfinde, und mir. Und seine Gegenwart verändert Dinge in mir und dem anderen, so seltsam das auch klingen mag. Ja, er handelt auch in diesem Menschen, ohne dass ich es weiss.

Sobald ich mir sage, wenn ich jemandem gegenüberstehe: «Jesus liebt ihn. Er liebt ihn genau so, wie er mich liebt. Er liebt ihn, wie er jetzt ist, von jetzt an. Er wartet auf ihn. Er ist für ihn am Kreuz gestorben. Dieser Mensch ist sein Tempel. Jesus will in ihm wohnen. Er bietet mir an, ihn durch ihn zu lieben» – verändert sich meine ganze Beziehung zu diesem Menschen.

Jesus will, dass ich für jeden Menschen, dem ich begegne, seinen Blick und seine Liebe habe. Er bietet mir an, mir – wenn ich es will – seine Liebe zu geben, damit ich diesen Menschen lieben kann. Er sagt mir sogar, dass ich ihn betrachten, entdecken und hören kann in diesem wenig anziehenden, ja, feindlichen Menschen!

Es gibt indessen schwierige Fälle, bei denen ich feststelle, dass ich in meinem tiefsten Innern diesen Menschen wirklich nicht «lieben wollen» «will». In mir ist etwas blockiert (etwas, das im allgemeinen in einem Rest von Nicht-vergeben-haben oder in einem Urteil wurzelt). Dann muss ich auf das Gebet zurückgreifen, um «wollen zu wollen». Ich bitte Gott, diesen Menschen wirklich lieben zu wollen, und ich beginne, für ihn zu beten. Im Gebet, das weiss ich schon, werden mein Blick und meine Gefühle zu diesem Menschen umgewandelt. Das ist sicher. Auch wenn es, wie in manchen Fällen, lange dauern kann. Und dann ist es dasselbe wie für das Vergeben: jeden Tag werde ich für diesen Menschen beten, für seinen Erfolg in allen Bereichen, dass Gott ihn materiell und geistlich segnen möge, und dass er mir seinen Blick geben möge und mich vor Liebe überfliessen lassen möge. Können wir nicht gerade deshalb lieben, weil Gott uns zuerst geliebt hat? «Lasset uns lieben, denn er hat uns zuerst geliebt.» (1.Joh. 4, 19). Und wenn wir Gott bitten, ohne uns entmutigen zu lassen, seinen Willen und seine Liebe in uns wirken zu lassen, so wird er es tun, auch wenn es manchmal lange dauert.

Inzwischen können wir auch auf Claras Methode zurückgreifen.

Meine Freundin Clara kannte eine junge Frau, die ich hier Ketty nennen möchte. Clara mochte weder ihre Anschauungen noch ihre Lebensweise noch ihre Art sich zu geben oder sich zu kleiden, kurz sie mochte nichts an Ketty. Das Unglück bestand darin, dass diese junge Frau Clara sehr mochte. Sie kam mit allem zu ihr, und Clara wusste, dass sie diese Frau, die sie nicht liebte, lieben sollte.

Sie begann damit, zu versuchen, Ketty mit dem Blick Jesu zu

sehen. Sie bat den Herrn, sie mit Liebe zu Ketty zu füllen. Sie sagte sich immer wieder, dass das zweite Gebot das gleiche wie das erste sei. Aber es war nichts zu machen. In ihrer Verzweiflung sagte sie zum Herrn: «Du siehst, dass ich es nicht schaffe. Bitte, liebe du sie durch mich.»

Einige Wochen vergingen, und Ketty besuchte Clara fast täglich. Dann kam eines Tages, als Ketty wieder bei Clara zu Besuch war, eine der Töchter Claras hinzu. Ketty blieb noch ungefähr eine halbe Stunde und verabschiedete sich dann. Sie war noch kaum zur Tür hinausgegangen, als Claras Tochter explodierte: «Aber Mama, du willst Christin sein? Ich bin empört! Du bist wirklich grob mit dieser armen Frau umgegangen! Wie konntest du dich nur so verhalten?»

Am nächsten Morgen kam Ketty wieder zu Clara unter dem Vorwand, ein Buch zurückzubringen, und nachdem sie eine Zeitlang miteinander gesprochen hatten, sagte Ketty ihr plötzlich: «Clara! Ich muss Ihnen etwas sagen: Ich durchlebe momentan eine schwierige Zeit, und Sie ahnen ja gar nicht, wie hilfreich gestern Ihr liebevoller Umgang mit mir für mich war. Ich spüre soviel Liebe bei Ihnen! Gestern fühlte ich mich besonders ... ja, von Ihrer Liebe eingehüllt!»

Es geht darum, lieben zu wollen, Gott um dieses Lieben-wollen zu bitten, wenn wir es nicht haben, ihn mitzunehmen, ihn als Dritten zwischen den Mitmenschen und uns zu setzen, um Segnungen für den anderen zu bitten, Jesus in ihm zu sehen, Jesu Liebe zu ihm zu erkennen, ihn mit seinem Blick zu sehen, ihn mit seiner Liebe zu lieben oder in der grössten Verzweiflung ihn zu bitten, diesen Menschen durch uns zu lieben ... Sie werden jetzt vielleicht sagen – oder denken – dass Ihnen die bedingungslose Liebe für Ihre Mitmenschen nicht zufliegt.

Das stimmt. Aber nichts in Gottes Wort sagt uns, dass sie uns zufliegen soll. Das einzige, was mir zufliegt, ist, dass ich in Jesus bleiben möchte («Bleibet in mir ...» Joh. 15, 4). Sobald ich beschliesse, in ihm zu bleiben, ist es nicht das Lieben, das die Sache schwierig macht, sondern die Tatsache, dass ich nicht rund um die Uhr in ihm bleibe! Ich muss immer wieder zu ihm zurückkehren.

Meine Pläne und Gottes Pläne

Mein Plan war es gewesen, allein mit jener ungläubigen, ja, sogar feindlichen Frau zu essen, mit der ich kurz vorher Bekanntschaft gemacht hatte ...

Gottes Plan ... nun, war anders als meiner.

Annette hatte einige Tücken in ihren Ehevertrag eingebaut. Aber an dem Tag, an dem sie entdeckte, dass ihr Mann sie mit einer ihrer Freundinnen betrog, war sie erschüttert, und jetzt sprach sie von Selbstmord.

Ich hatte sie an einem Tag, an dem mein Mann nicht essen kommen sollte, zum Essen eingeladen. Aber gegen elf Uhr rief er mich an, um mir mitzuteilen, dass er schliesslich doch zum Mittagessen nach Hause käme. Er hatte erwartet, dass ich mich über diese Programmänderung freuen würde. Das war jedoch nicht der Fall. Ich wollte nämlich allein mit Annette sein, um ihr, wenn die Gelegenheit sich ergeben sollte, von meinem Leben mit dem Herrn zu erzählen. Also erklärte ich ihm zunächst, es wäre schon so spät, und ich hätte nur ein Essen für zwei vorbereitet. Er versicherte mir, dass er gut auf Fleisch verzichten könne, und ich ihm ein Omelett machen solle. «Vielleicht macht es dir nichts aus, nur ein Omelett zu essen», sagte ich, «aber ich denke, es ist besser, wenn ich mit Annette allein bin, weil sie sich vielleicht aussprechen will.» Er beharrte darauf, zum Essen zu kommen, wolle nicht lange bleiben, und ich könnte dann immer noch mit Annette allein sein. Natürlich endete das Ganze damit, dass ich mich einverstanden erklärte. Aber ich bedauerte es, und dies war an meiner Stimme zu hören – was er jedoch einfach ignorierte.

Als wir alle drei beim Essen zusammensassen, ich auf der einen Seite und mein Mann und Annette mir gegenüber, wandte sie sich plötzlich meinem Mann zu und fragte: «Sie sind aber nicht gläubig?»

René zögerte. Das war das erste Mal, dass man ihn auf seinen Glauben hin ansprach. Ich wartete, innerlich unruhig, hing mit den Augen an seinen Lippen und betete zum Herrn, dass er ihm den Mut und die Kraft schenken möge ...

Schliesslich kam es heraus. Mit hochrotem Kopf, als würde er gerade eine ungebührliche Geschichte erzählen, öffnete er den Mund und sagte mit zögernder Stimme: «Aber nein, Sie irren sich, ich glaube an Gott ...» Und dann wiederholte er in einem bestimmteren Ton (das Schlimmste war geschafft): «Ja, ich glaube an Gott.»

Er entschuldigte sich jedoch ein wenig: «Ich bin zwar nicht so fanatisch wie Paulette, aber ich bin gläubig.»

«Aber Sie gehen nicht zur Kirche?», fragte Annette, indem sie die stereotype Redensart der Religiösität benutzte.

Dieses Mal sagte mein Mann sehr entschieden und ohne zu zögern: «Was denken Sie, ich gehe zur Kirche. Ja, ich gehe zur Kirche.»

So ist das Leben mit dem Herrn!

Ich, die alles arrangiert hatte, weil ich dachte, dass ich vor Annette Zeugnis ablegen müsste, brauchte gar nichts zu tun. Es war mein Mann, der an diesem Tag an der Reihe war, ein Zeugnis abzulegen, das noch viel mehr Gewicht hatte als meins!

Und dieses Zeugnis hatte doppelte Wirkung, denn der Herr hatte meinem Mann die erste Gelegenheit gegeben, von seiner Bindung an ihn zu sprechen (so bescheiden sie auch gewesen sein mag). Und Paulus versichert uns, dass unser Glaube durch das Zeugnis gestärkt wird: «... wenn man mit dem Munde bekennt, so wird man gerettet» (Röm. 10, 10).

Heilung

Dieses Kapitel könnte auch heissen: «Wie Gott zu uns spricht» oder «Wie Gott uns formt». Das lässt nebenbei auch erkennen, dass wir uns davor hüten müssen, Gott auf bestimmte Bereiche eingrenzen zu wollen. Zum Glück ist das unmöglich!

Jan Andrews ist ein anglikanischer Pastor, dem die Gabe des Heilens gegeben wurde ... für andere Menschen. Er selbst leidet unter Stottern – jedoch mit einer Ausnahme: sobald er vom Herrn spricht, verschwindet sein Stottern vollkommen.
Es war an einem Freitag im November 1982, anlässlich einer Versammlung der Geschäftsleute des Vollen Evangeliums, dass Andrews über das Thema Heilung sprach. Kurz bevor er mit seinem Vortrag beginnen wollte, bat ein junger Mann aus der Zuhörerschaft um das Wort. Er war jung, von athletischem Körperbau und sprach ruhig und bedacht. Mit wenigen einfachen Worten berichtete er, was er erlebt hatte:
Als er einige Monate zuvor in Brüssel an einer Heilungs-Versammlung mit Jan Andrews teilgenommen hatte, litt er schon seit sieben Jahren an einer Sehnenzerrung am Bein, so dass er seinen Lieblingssport, das Laufen, hatte aufgeben müssen. Als er nach der Versammlung wieder in Nantes war, stellte er einige Tage später fest, dass sein Bein nicht mehr schmerzte. Da er daran dachte, vielleicht geheilt worden zu sein, fuhr er

zum Sportstadion, um sein Bein «auszuprobieren». Er lief die erste Runde sehr vorsichtig, dann die zweite und die dritte schon ein wenig schneller. Es bestand kein Zweifel, sein Bein war geheilt! Er dankte dem Herrn und begann eine vierte Runde zu laufen, als der Schmerz sich erneut einstellte.

Anstatt aber vor dem Schmerz zu kapitulieren, begann er eifrig zu beten, weil er sofort verstanden hatte, dass es Satan war, der böses Spiel mit ihm trieb. Er betete: «Diese Heilung, die Gott mir geschenkt hat, lasse ich mir nicht von dem Satan wieder nehmen!» Er lief trotz der Schmerzen wieder los und kaum hatte er die Hälfte dieser Runde hinter sich, waren die Schmerzen und die Sehnenzerrung endgültig verschwunden. Seitdem lief er wieder täglich und trainierte.

Jan Andrews dankte dem jungen Mann für dieses Zeugnis, dankte Gott und begann mit seinem Vortrag. Er beschrieb zunächst die verschiedenen Erscheinungsweisen, die eine Heilung begleiten können: Wärmeempfindungen, Prickeln oder starke kalte Windstösse.

Beim Zuhören dachte ich mehr oder weniger ernsthaft daran, dass es angenehm wäre, keine Rückenschmerzen mehr zu haben oder von dem Juckreiz befreit zu sein, den das Tragen von Nylonstrümpfen mir seit einem Monat verursachte. Ich war deswegen noch am Vortag bei einem Spezialisten für Allergien gewesen. Er hatte mir Medikamente verschrieben, die ich aus Zeitgründen noch nicht gekauft hatte. Es wäre ebenso angenehm, wenn diese Kopfschmerzen, die mich mitunter am Morgen quälen, verschwinden würden ... Diese Gedanken waren mir kurz durch den Kopf gegangen, ich war mir aber bewusst, dass es in dieser Versammlung viele Menschen gab, die an schweren Krankheiten litten und der Heilung bedurften.

Sehr schnell liess ich jedoch von meinen «zerstreuten Gedanken» ab, weil Jan Andrews uns nun zu einer Betrachtung der Passion Christi führte, ja, uns förmlich mitzog.

Jesus am Ölberg.

Jesus verlassen.

Jesus beladen mit unseren Sünden. Verhöhnt, verspottet, bespuckt, geschlagen, sein Körper von Riemen zerfetzt ...

Mit Jan Andrews und den anderen Zuhörern versenkte ich mich in die Finsternis der Leiden Jesu, den unsere Schmerzen erdrückten, unsere Sünden marterten, der verlassen war von Gott – und plötzlich durchfuhr mich wie ein Blitz der Gedanke, dass es mir angesichts dieses Leidens unmöglich war, daran zu denken, und sei es nur für einen kurzen Augenblick, für Lächerlichkeiten wie meine kleinen Probleme um Heilung zu bitten ...

Und dennoch, auf einmal spürte ich in meinem Körper ein starkes Prickeln. Dann verschwand das Prickeln und ich stellte fest, dass der Juckreiz an meinen Beinen völlig verschwunden war. Vorsichtig (und immer noch versunken in das Leiden Jesu) sagte ich mir: «Ich werde heute abend weitersehen.» Dieser Juckreiz war nämlich im allgemeinen tagsüber recht schwach und wurde erst abends stärker.

An diesem Abend: nichts, kein Juckreiz. Am nächsten Tag: wieder nichts. Gegen Abend verspürte ich erneut ein schwaches Jucken, erinnerte mich jedoch sofort an den Bericht des jungen Läufers und beschloss, die Heilung in der Betrachtung des Leidens Jesu festzuhalten, indem ich mich auf die Worte Jesajas: «... durch seine Wunden fanden wir Heilung» (Jes. 53, 5) stützte. Selbst wenn es sich hierbei um die Heilung einer geringfügigen «Krankheit» handelte, so hat Jesus es doch für gut befunden, mich von einem «Leid» zu befreien, um das ich ihn gar nicht gebeten hatte: ich musste diese Heilung unbedingt festhalten und behalten.

Sobald ich also die Betrachtung des Leidens Jesu begann, verschwand der Juckreiz. Diese Erfahrung machte ich zwei oder dreimal an demselben Abend.

Der junge Läufer aus Nantes hatte das Wiederauftauchen seiner Schmerzen als einen Angriff des Satans erkannt. Ich wusste jedoch, dass das, was ich erlebte, nicht dasselbe war: vielmehr brachte mein Herr mir auf diese Weise bei, im Glauben zu leben und die Heilung durch den Glauben festzuhalten. Vielleicht wollte er auch, dass ich mich in die Finsternis seines Leidens versenken sollte.

Aber je bewusster mir diese Tatsachen wurden, um so deutlicher vernahm ich eine innere Stimme, die mich eindringlich aufrief, um eine andere Heilung zu bitten und auch diese festzuhalten.

Nicht die Heilung meines Rückens, an die ich am Vortag mehr oder weniger ernsthaft gedacht hatte. Auch nicht die meiner Kopfschmerzen. Sondern die einer Pilzkrankheit an der Scheide, die immer wieder auftauchte, und an der ich seit sechsundzwanzig Jahren litt. Im Laufe der Jahre war ich bei fünf verschiedenen Frauenärzten gewesen. Keiner konnte mir helfen. Die Medikamente wirkten jedesmal drei, vier Wochen, manchmal zwei Monate, bis die Parasiten sich daran gewöhnt hatten, und die Medikamente keine Wirkung mehr hatten. Dann wurden andere Mittel ausprobiert, jedoch jedesmal mit demselben Ergebnis.

Warum hatte ich gestern nicht daran gedacht? Vielleicht, weil man nach sechsundzwanzig Jahren unnötiger Anstrengungen vergisst, dass man auch anders leben könnte? Und dies, obwohl am Tag vor jenem Freitag die Anzeichen eines erneuten Rückfalls wieder sichtbar wurden, und ich noch zu meinem Mann gesagt hatte: «Es fängt schon wieder an!»

Ungefähr sechsunddreissig Stunden lang übte der Herr mit mir das «Festhalten einer Heilung durch den Glauben», die mir, ohne dass ich darum gebeten hatte, gewährt worden war, und jetzt befahl er mir, ihn um eine andere Heilung zu bitten und sie durch den Glauben festzuhalten. Ich vernahm weder eine hörbare Stimme noch eine «innere» Stimme. Da waren keine Worte in meinem Inneren, die mir sagten, ich solle diese Heilung ergreifen. Trotzdem wusste ich, ohne einen Moment zu zweifeln, dass Jesus mir befahl, um diese Heilung zu beten. Es ist mir unmöglich, besser zu erklären, was ich an diesem Tag erlebte.

Der Befehl war sehr eindringlich. Ich gehorchte. Ich betete um die Heilung der Pilzkrankheit, und während ich mich aufs neue in die Betrachtung der Passion Jesu versenkte, ergriff ich mit all meinen Kräften und durch meinen Glauben diese Heilung. Noch an demselben Tag verschwanden alle Anzeichen der Pilzkrankheit ganz plötzlich, ohne dass ich die Behandlung wieder aufgenommen hatte. Da ich trotz allem keine überstürzten Interpretationen anstellen wollte, wartete ich noch einige Tage, bevor ich meinem Mann die Neuigkeit mitteilte. Ich sagte es ihm erst eine Woche später.

Die vollkommene Heilung vollzog sich in der gleichen Weise wie die des Juckreizes, das heisst, es gab immer wieder Anzeichen eines Rückfalls, die mich an das Festhalten durch den Glauben und die Betrachtung des Leidens Jesu erinnerten. Dieses stets sehr kurze «Zur-Ordnung-Rufen» wurde mit der Zeit immer seltener. Ab Januar brauchte ich mich nur noch über meine vollkommene Heilung zu freuen und dankte dem Herrn täglich dafür. Ich berichtete meinem Mann erneut von dem Erfolg, und auch er erinnerte sich daran, dass ich noch am Tag vor der Versammlung mit Jan Andrews von neuen Anzeichen einer aufkommenden Pilzkrankheit gesprochen hatte. Bei dem Juckreiz an meinen Beinen gab es übrigens keine «spontane» Heilung; diese wurde nach einiger Zeit mit Medikamenten erzielt.

Im darauffolgenden Jahr gab ich nur ein- oder zweimal Zeugnis von dieser Heilung. Obgleich das Matthäus-Evangelium (9, 20) von einer Frau berichtet, die von ihrem Blufluss geheilt wurde, war es mir stets etwas peinlich, von dieser Pilzkrankheit zu sprechen.

Wie kostbar war mir diese Heilung geworden! Kostbar wegen der Heilung selbst, denn sie befreite mich von etwas, das mich sechsundzwanzig Jahre lang gequält und gedemütigt hatte. Aber sie war mir über all das hinaus kostbar geworden, weil sie die objektive Gegenwart Gottes und seines Handelns in meinem Leben fassbar gemacht hat. Hier ging es nicht um Glauben, sondern ich hatte die lebendige Wirklichkeit Gottes an seinem Werk in mir mit meinen Händen gefühlt und mit meinen Augen gesehen.

Doch meine Geschichte ist noch nicht zu Ende.

Im März, siebzehn Monate nach meiner Heilung, besuchte mich eine junge Amerikanerin, die ich hier Jill nennen möchte. Sie war Mitglied eines Glaubenskurses und teilte mir mit, dass jedes Mitglied der Gruppe einen Vortrag halten sollte, der auf einem persönlichen Zeugnis beruhte, und dass die Reihe jetzt an ihr war.

Sie sagte mir, dass der Herr ihr, seit sie an diesem Vortrag arbeitete, immer deutlicher zu verstehen gab, sie sollte über ihr Alkoholproblem Zeugnis ablegen und über die Heilung berichten, die Gott ihr geschenkt hat. In ihrem Kurs wusste niemand etwas davon, und es war ihr peinlich, darüber zu sprechen. Alles in ihr wehrte sich dagegen und lehnte diesen Gedanken ab.

Dies war jedoch nur eines ihrer Probleme. Das andere, das Hauptproblem, tauchte erst im Laufe des Gesprächs auf. Seit mehreren Wochen fühlte sie, dass sie Gefahr lief, erneut auf die Bahn des Alkoholismus zu kommen, und es gelang ihr nur durch angestrengtes und verzweifeltes Kämpfen, standzuhalten.

Wir beteten gemeinsam für beide Probleme und ich berichtete ihr, jedoch ohne ins Detail zu gehen, von meiner Erfahrung des «Festhaltens durch den Glauben» und von der Betrachtung des Leidens Christi, die meine Heilung ermöglicht hatten. Im Gebet erhielten wir beide die Bestätigung des Herrn, dass sie in ihrem Kurs von ihrer Krankheit und ihrer Heilung berichten sollte, und dass es ihr oblag, ihre Heilung durch den Glauben festzuhalten. Die Jill, die sich daraufhin von mir verabschiedete, machte jedoch keinen sehr überzeugten Eindruck auf mich.

Es war am Vorabend der Osterferien. Das Haus füllte sich mit sechs unserer Enkelkinder, und von dem Tag an machten sich plötzlich wieder Anzeichen einer erneuten Pilzkrankheit bemerkbar. Nach siebzehn Monaten Ruhe! Was gab es da anderes zu tun, als das Problem im Gebet vor den Herrn zu bringen und mich erneut in die Betrachtung des Leidens Jesu zu versenken? Dieses Mal jedoch gab es keine Heilung. Im Gegenteil, die Symptome der Krankheit verschlimmerten sich.

Da unsere Töchter zum Osterwochenende gekommen waren, beschloss ich, mit ihnen gemeinsam zu beten, nach dem Motto: «Wo zwei oder drei versammelt sind in meinem Namen, da bin ich mitten unter ihnen» (Mt. 18, 20). Ein Zeitpunkt gegen Abend wurde vereinbart. Doch den ganzen Tag über blieb ich dem Herrn und seinem Leiden zugewandt; ich kämpfte darum, meine Heilung wiederzuerlangen und fragte ihn, wie dieser Rückfall zu erklären sei.

Ich erwartete, die Antwort während unseres gemeinsamen Gebets zu erhalten, aber bereits einige Zeit vor unserem Zusammenkommen wurde mir allmählich klar, was der Herr mir zu sagen hatte: Während der siebzehn Monate hatte ich ihm täglich für meine Heilung gedankt. Gut. In dem gleichen Mass hatte ich meiner Freude darüber Ausdruck verliehen, dass er sich mir in so wunderbarer und klarer Weise geoffenbart hatte, und dass diese Heilung für mich ein Fels geworden war in Zeiten, in denen ich erschöpft oder entmutigt war. Gut. Aber ich hatte wenig Zeugnis abgelegt von meiner Heilung.

Und der Herr sagte zu mir: «Du tust gut daran, mich zu loben und mir zu danken, weil ich dich geheilt habe. Du lobst und dankst mit Recht, weil ich in für dich sichtbarer Weise gehandelt habe und du meine Gegenwart spüren konntest. Aber du scheinst ganz vergessen zu haben, dass diese Heilung dir auch, und vielleicht vor allem, um meines Ruhmes Willen gegeben worden ist.»

Unser gemeinsames Gebet am Abend bestätigte die Worte des Herrn, die ich vorher erhalten hatte. Am nächsten Tag wurde der Befehl noch eindeutiger. Der Herr wollte nämlich, dass ich zu seinem Ruhm sofort von meiner Heilung berichtete, indem ich an Jill schrieb und ihr genauestens berichtete, was sich vor siebzehn Monaten zugetragen hatte und was ich heute erlebte.

Es gab viel zu tun in dem vollen Haus, und zwei Tage lang verschob ich das Briefschreiben auf den nächsten Tag. Während dieser zwei Tage hielten die Symptome der Pilzkrankheit an und verschlimmerten sich sogar, während ich meinen Glaubenskampf fortsetzte, der die Heilung erwirken sollte.

Dann schrieb ich endlich den langen und schwierigen Brief. Ich faltete ihn zusammen, steckte ihn in einen Umschlag und schickte ihn ab. Noch an demselben Abend war die Pilzkrankheit verschwunden.

So hatte der Herr sich ein erneutes Mal dieser unliebsamen Mykose bedient, um mich im Glaubenskampf zu üben. Und gleichzeitig hat er mir die dritte Seite aller Heilung aufgezeigt. Eine Seite, die eigentlich die erste sein muss, nämlich, dass jede Heilung zuallererst die Offenbarung des Ruhmes Gottes ist und als solche verkündigt werden muss.

Zu Beginn dieses Kapitels habe ich darauf hingewiesen, dass es heissen könnte: «Wie Gott zu uns spricht» oder «Wie Gott uns formt». Es hätte ebensogut heissen können: «Gottes wunderbares Timing», denn als ich aus den Ferien wieder heimgekehrt war, erfuhr ich, dass mein Brief bei Jill in einer kritischen Phase eingetroffen war, und dass «Gottes Wort nicht zu ihm zurückgekehrt war, ohne sein Werk getan zu haben». Der Brief hatte Jill genau zum richtigen Zeitpunkt die ihr fehlende Kraft verleihen können, die sie brauchte, um ihre Heilung durch den Glauben zu ergreifen, und ihr Zeugnis als einer geheilten Alkoholikerin konnte im Rahmen des Glaubenskurses zum Ruhme Gottes und der Rettung mehrerer Menschen beitragen.

Gott spricht zu uns

Demut II

Wir kamen von einem Abendessen bei Freunden nach Hause. Der Abend war sehr angenehm verlaufen, die wenigen geladenen Gäste waren sehr sympathisch gewesen, die Gespräche humorvoll und geistreich, die Gesprächsthemen allgemeiner Art, aber tiefgehend.

Ich, die mir normalerweise ab 22 Uhr 30 die Augen zufallen, und die ich stets, sobald wir vom Tisch aufgestanden sind, um zum Kaffee überzugehen, meinem Mann verzweifelt Zeichen zum baldigen Aufbruch gebe, habe mich nicht einen Moment lang müde gefühlt, und wir haben uns, wie die anderen Gäste, erst lange nach Mitternacht von unseren Gastgebern verabschiedet. Als sich die Tür ihres Hauses hinter uns schloss, sagte ich mir, dass dieser Abend wirklich ein Vergnügen war. Aber kaum hatte ich diesen Gedanken gefasst, da wurde mir klar, dass ich wieder einmal meiner Versuchung erlegen war, mich intelligent und kultiviert zu geben, mich in brillanter Weise auszudrücken und mich meisterhaft der kulturellen Sprache zu bedienen, die ich gern mit einer persönlichen Note versah. Und kaum war mir diese Einsicht gekommen, da zeigte mir der Heilige Geist auch schon meine Eitelkeit. Dieses Vergnügen, worin bestand es eigentlich? Welche Selbstbefriedigung! Hätte ich mich nämlich in diesem Kreis geladener Gäste nicht als zur «intellektuellen Elite» zugehörig gefühlt, hätte ich mich nicht «auf der Höhe» der Gesprächsthemen gefühlt (intelligent, interessant usw.), hätte ich dann das gleiche Vergnügen an diesem Abend gehabt? Wie war ich doch eitel! Wie war ich doch eingebildet! Wie war ich doch selbstgefällig! ... Wie weit war ich doch von aller Herzensdemut entfernt!

Ja, sagte ich dem Herrn, du hast recht, ich bin noch nicht demütig, und ich frage mich, ob ich es jemals sein werde! Obwohl du so weitsichtig warst, mir eine Intelligenz zu geben, die nicht grösser ist als die der anderen, macht sie mich so eitel. Verzeih mir und handle entprechend in mir, denn du siehst ja, dass ich nie etwas aus mir selbst heraus unternehme.

Als ich am nächsten Morgen mein Gebet begann, las ich, wie ich es jeden Tag tat, den Vers, den mein Gebetskalender mir für den heutigen Tag gab: «Wer in den Krieg zieht, verwickelt sich nicht in Geschäfte des täglichen Lebens, damit er dem gefalle, der ihn angeworben hat.» (2.Tim. 2, 4).

Wie so oft staunte ich darüber, wie zielsicher dieses biblische Wort in meine Lebenssituation hinein sprach.

Ich begann also, anhand dieses Verses, der so genau auf meine momentane Situation zugeschnitten war, zu beten. Die Worte: «... nicht den Menschen zu gefallen, sondern Gott, der die Herzen prüft ...» fielen mir ein. Ich wollte den genauen Wortlaut kennen. Ich machte mich daran, diesen Vers in der Bibel zu suchen, aber solange ich auch suchte, ich konnte ihn einfach nicht finden. Dafür stiess ich aber auf den Brief an die Epheser (4, 1): «Führt euer Leben so, wie es eurer Berufung würdig ist», und dann auf den Brief an die Galater (1, 10): «Wenn ich mich nach dem Urteil der Menschen richte, bin ich kein Knecht Christi mehr.» Danach stiess ich auf den 2. Brief des Paulus an die Korinther, Kapitel 5, Vers 17: «Wenn ein Mensch in die Gemeinschaft mit Christus kommt, ist er eine neue Schöpfung.» Und schliesslich entdeckte ich, dass der mir heute gegebene Vers nicht im 2. Kapitel des 2. Briefs an Timotheus stand, sondern dass es sich um 2. Timotheus 4, Vers 6 – 8 handelte.

Ich hatte mich «getäuscht», es war ein «Zufall», dass ich die Angabe der Bibelstelle in meinem Gebetskalender nicht richtig gelesen hatte (aber mit Gott gibt es keine Zufälle!).

Aber das ist noch nicht alles.

Der Herr wollte offenbar ganz sicher sein, dass ich seine Ermahnung auch wirklich verstanden hatte. An diesem Nachmittag kam eine Freundin für eine Stunde zu mir. Normalerweise erzählte sie mir von ihren Problemen, und wir versuchten gemeinsam herauszufinden, was der Herr ihr zu sagen hatte. An diesem Tag jedoch schickte Gott sie mit einem ganz anderen Auftrag zu mir.

Sie war noch kaum zur Tür hereingekommen, als sie mir schon berichtete, dass sie bei einem Gerichtsprozess auszusagen gehabt hätte. Nach der Verhandlung wäre sie so stolz gewesen, weil sie in so brillanter, ruhiger und präziser Weise gesprochen hätte, sie hätte genau das gesagt, was wichtig gewesen wäre, und ihre Aussage wäre sowohl bei den Richtern als auch bei den Zuhörern sehr gut angekommen. Am nächsten Tag jedoch wäre sie beim Bibellesen auf folgende Textstelle gestossen: «Denn alles in der Welt ... und das Prahlen mit seinem Können kommen nicht aus dem Wesen des Vaters, sondern aus der Art der Welt» und eine Fussnote hätte sie darauf hingewiesen, dass das Wort «Können» sich auch auf den intellektuellen und geistlichen Bereich bezog. Plötzlich hätte sie verstanden, dass der Genuss, den ihr ihr glänzendes Auftreten vor Gericht bereitet hatte, sicher nicht von Gott kam.

Und ohne es zu wissen, überbrachte sie mir an diesem Tag Gottes Nachricht.

Aber das ist immer noch nicht alles! Am Abend desselben Tages erhielt ich in unserer Gebetsgruppe ein prophetisches Wort.

Und was sagte dieses Wort? Es forderte uns alle auf, «bereit zu sein, zurückzuschneiden, alles, was es in unserem Leben aufzugeben gab, aufzugeben» ...

Es gibt solche Tage, an denen der Herr wirklich sicher sein will, dass wir nicht nicht verstehen!

Kommunizierende Röhren

Demut III

Prinzipien sind sehr wichtig, auch wenn sie häufig das reale Geschehen nicht beeinflussen. Mein Vater sagte immer, dass sie für viele nur als Stütze dienten ...
Es gibt jedoch Prinzipien, die eine andere Bestimmung haben. Zum Beispiel das Prinzip der kommunizierenden Röhren: Nichts kann verhindern, dass das Niveau der beiden Röhren immer genau im Gleichgewicht bleibt. Vermindere ich das Niveau der rechten Röhre, so sinkt das Niveau beider Röhren. Gebe ich ein grosses Glas Flüssigkeit in die linke Röhre, so steigt das Niveau beider Röhren. Ich habe kürzlich ein wissenschaftliches Buch gelesen, das die Entdeckungen behandelte, die dank der Theorie Einsteins gemacht werden konnten. Ich lese nicht oft Bücher dieser Art und, um ehrlich zu sein, ich habe in dieses Buch hineingeschaut, um einem Freund, der überzeugt war, dass jeder Mensch dieses Buch gelesen haben müsste, eine Freude zu machen. Der Autor dieses Buches erklärt, dass viele Dinge (wie z.B. die Tatsache, dass die gerade Linie der kürzeste Weg von einem Punkt zum anderen ist, oder die Frage der Schwerkraft), die uns offensichtlich und einleuchtend erscheinen, es jedoch nur für uns hier auf Erden sind. Und

es ist also durchaus möglich, dass das Prinzip der kommunizierenden Röhren (die in diesem Buch jedoch nicht behandelt
werden) nur für uns hier auf Erden wahr ist. Hier auf Erden
jedoch ist es Ausdruck einer Realität, die wir experimentell
nachweisen können.

Vor nicht langer Zeit habe ich entdeckt, dass diese Realität
nicht unbedingt nur physikalischer Art sein muss. Ich sah plötzlich vor mir zwei kommunizierende Röhren oder eher zwei
kommunizierende Amphoren. Eine davon war gefüllt mit meinem geistlichen Leben, die andere mit meiner Demut. Muss
ich dem noch irgend etwas hinzufügen? Sinkt das Niveau der
Amphore der Demut, so sinkt auch das der Amphore, die mein
Leben mit dem Herrn abbildet. Und umgekehrt kann mein
Leben mit Gott nur wachsen, wenn auch meine Demut wächst.
Der Wunsch, mit dem Herrn zu wachsen und gross zu werden
allein genügt nicht. Wenn meine Demut nicht gleichzeitig
zunimmt, komme ich meinem Herrn keinen Schritt näher.

Gott erfüllt alles, was er verspricht

Jedes Jahr mieteten unsere Töchter für die Februarferien jeweils ein kleines Apartment in einem Wintersportort.

In diesem Jahr fuhr ich wieder, wie jedes Jahr, nach Arc, einem Wintersportort in Savoyen, um dort zwei Tage mit ihnen zu verbringen. Da ich 1983 das «Minimum an Platz für ein Maximum von Leuten» bei Chantal mitbenutzt hatte, wohnte ich in diesem Jahr bei Joëlle.

Der Älteste unserer Enkel, der damals achtzehn war, hatte mich am Fuss der Skipisten abgeholt, um mein Gepäck zu tragen. Während wir die Piste hinaufstapften, berichtete er mir, dass wir an diesem Abend mir zu Ehren alle zusammen bei seiner Mutter essen würden, was einem «Gewaltakt» gleichkam in jener Essecke, die mit einer Kochecke in Taschentuchgrösse verbunden war, und in der jeder Millimeter genauestens berechnet war.

Nachdem ich alle Bewohner der Wohnung Nr. 3225 begrüsst hatte, und mein Gepäck in dem einzigen «richtigen» Zimmer verstaut war, begab ich mich also zur Wohnung Nr. 3528, in der Chantal mit ihren Kindern wohnte. Dort wurde ich von dem Zwilling Jean-Baptiste mit Jubel und geheimnisvoller Miene empfangen: «Weisst du, dass es eine Überraschung gibt? Sollen wir es ihr sagen, Mama? Sagen wir ihr die Überraschung?»

Sofort wurden leise Rufe von den beiden älteren Geschwistern laut, die sagten: «Sei still, noch nicht, erst beim Essen, wenn alle dabei sind.»

Für den Bruchteil einer Sekunde fragte ich mich, was es wohl mit dieser Überraschung auf sich hatte, die bis zum Essen auf sich warten lassen musste. Vermutlich handelte es sich um etwas, was auch Joëlles Familie anging. Es dauerte nicht mehr lange bis zum Essen, und da wir uns seit den Weihnachtsferien nicht mehr gesehen hatten, gab es viel zu erzählen, und ich vergass die Überraschung.

Als es Zeit zum Essen war, gingen wir alle hinüber zum Apartment Nr. 3225. Wir assen, scherzten, diskutierten, und ich hatte die grosse Überraschung völlig vergessen.

Chantals Kinder hatten sie jedoch nicht vergessen. Wir waren kaum vom Tisch aufgestanden, als sie sich gegenseitig anstiessen und geheimnisvoll miteinander flüsterten: «Mama, können wir es jetzt verraten?»

Joëlle stellte ein Tablett mit Teetassen und einer Teekanne auf einen kleinen Tisch. Wir nahmen rundherum Platz, sei es auf einer der beiden Bettcouchs, die im rechten Winkel um den kleinen Tisch standen, sei es auf Hockern, die vom Tisch hergeholt worden waren: Fabienne, neunzehn und ihre achtzehnjährige Freundin, Luc, siebzehn und sein etwas jüngerer Freund sowie die ganze Familie von Chantal. In Joëlles Familie fehlten ihr Mann und ihre jüngste Tochter, deren Ferienzeiten sich nicht mit denen der Pariser Schulen deckten.

Bruno sass neben Chantal und seine Hand lag wie so oft auf ihrem Knie: «Nun ja», sagte Chantal in ihrer ruhigen Art, «ich habe euch eine grosse Neuigkeit zu verkünden ...»

Ich hatte gerade noch Zeit, weniger als eine Sekunde, zu denken: es sieht fast so aus, als würde sie uns jetzt mitteilen, dass sie ein fünftes Kind erwartet! Und sofort vernahm ich eine kleine beunruhigte Stimme in meinem Innern, die mir zuflüsterte: Das wird ja hoffentlich nicht der Fall sein, Gott bewahre!, als Chantal und Joëlle wie aus einem Munde, wie im Theater sprachen. Die eine sagte: «... ich erwarte ein Kind, eine kleine Tochter.» Und die andere: «Du wirst uns ja wohl nicht ernsthaft sagen wollen, dass du ein Baby erwartest!»

Wie soll ich hier beschreiben, was ich in diesem Augenblick empfand? Es war sicher keine Freude! Die Familie Berthon schien mir mit ihren vier Kindern eine ausgeglichene Familie zu sein.

Und ausserdem: ein Kind bekommen mit über neununddreissig!

Und noch dazu, wo der Vater beschlossen hatte, nur noch halbtags zu arbeiten, weil er die Leitung der Geschäftsleute des Vollen Evangeliums für ganz Frankreich übernommen hatte! Das wäre wirklich sehr unvernünftig!

Alle diese Gedanken und diese Besorgnis hatten mich so sehr beschäftigt, dass ich gar nicht bemerkt hatte, dass Chantals Ankündigung doch recht ungewöhnlich gewesen war.

Sie hatte nämlich nicht gesagt: «Ich erwarte ein Kind», sondern: «Ich erwarte eine kleine Tochter!»

Chantal kam auch schnell auf das Wesentliche zu sprechen: «Vor ungefähr zwei Jahren hörte ich, während ich betete, auf einmal: ‹Ich habe eine kleine Tochter für dich, willst du sie haben?› Damals hatte ich wirklich überhaupt keine Lust, ein Baby zu bekommen. Aber je mehr ich betete, allein, mit Bruno oder mit anderen, desto mehr fanden diese Worte des Herrn Bestätigung. Also haben wir gemeinsam ‹ja› gesagt.»

«Das ist wie bei Maria», sagte Jean-Baptiste.

Allgemeines Lachen, eine heilige Jungfrau mit vier Kindern!

«Nicht ganz», lachte Chantal.

Mitten in den nun folgenden Ausrufen und Fragen (Wann kommt das Baby? Freut ihr euch? usw.) fragte ich mich, wie das Ganze wohl auf die beiden Freunde der ältesten Kinder Joëlles wirkte, für die direkte Beziehungen zu Gott ja nicht unbedingt eine tägliche Erfahrung sein mussten. Die Kinder Joëlles waren es gewöhnt, ihre Mutter und Tante so reden zu hören, obwohl die liebe Tante dieses Mal doch wirklich ein bisschen zu weit ging!

Was mich betrifft, so brauchte ich doch einige Tage, um diese Schwangerschaft zu akzeptieren und mich darüber freuen zu können. Und trotz allem, was ich selbst an direktem Eingreifen des Herrn in meinem Leben erfahren hatte, trotz allem, was ich durch Chantal vom Herrn persönlich bekommen hatte, trotz allem, was ich wusste oder sah, wie wunderbar der Herr in meinem Leben und in dem von Chantal und Joëlle wirkte, trotz alledem fragte ich mich, ob es wirklich Gottes Stimme war, die Chantal vernommen hatte. Schliesslich kann jeder sich mal irren!

Und dennoch, ich selbst hatte doch häufig und mit Sicherheit die innere Stimme Gottes in verschiedenen Formen kennengelernt und erkannt. Und jedesmal wusste ich, es gab keine andere Antwort auf diese Stimme als nur den totalen Willen zu gehorchen.

Aber weder dieses Wissen noch meine persönlichen Erfahrungen konnten diese innere Stimme in mir zum Schweigen bringen: Sie wird mystisch. Sie übertreibt. Es ist gar nicht sicher, dass es die Stimme Gottes war, die sie gehört hat. Vielleicht ist es einfach das altbekannte schlechte Gewissen einer berufstätigen Mutter, das da in ihr arbeitet ... Als ob die Stimme des Herrn nur eindeutig sein konnte, wenn sie sich an mich richtete!

Gleichzeitig bewunderte ich diesen Gehorsam (selbst wenn sie sich geirrt hatte), der soweit ging, ihr ganzes Leben zu verändern.

Und dann machte ich mir auch Sorgen über eine Schwangerschaft und eine Geburt dieser fast vierzigjährigen Frau, und ich betete viel dafür, als ob der Herr nicht wüsste, was er tat und sich der Risiken (an die mich zahlreiche Freunde und Bekannte in den folgenden Monaten immer wieder erinnerten) nicht vollkommen bewusst war.

Ich bewunderte auch den Glauben, mit dem Chantal allen die Umstände dieser Schwangerschaft erklärte: «Es ist der Wille des Herrn, und wir freuen uns auf dieses kleine Mädchen, von dem er gesagt hat, dass es für uns wäre.» Aber gleichzeitig fragte ich mich, ob eine solche Ankündigung nicht ein wenig unvorsichtig war. Ich selbst sagte den anderen vorsichtig, dass Chantal und Bruno diese Schwangerschaft akzeptiert hätten, weil Chantal «im Gebet verstanden» hätte, dass Gott es so wollte. Zu den christlichen Schwestern und Brüdern ging ich sogar soweit, zu sagen, dass Gott zu Chantal gesagt hätte, er wollte, dass sie dieses fünfte Kind bekäme, und dass sie es deshalb erwarteten.

Sie verkündete also, dass sie die kleine Tochter erwarteten, die Gott ihnen schenken wollte. Und wenn es ein Junge würde? Würde das nicht vielen noch zögernden oder zweifelnden Christen schaden? Aber gleichzeitig sagte ich mir: was für ein schöner Glaube!

Kurz, es gab viele widersprüchliche gefühlsmässige Reaktionen und Überlegungen, die in mir kämpften, viele Gefühle und Gedanken und schliesslich die Annahme einer unabwendbaren Tatsache. Und da war auch mein Glaube, der in diesem Moment nicht sehr stark war ... Indessen fing auch ich langsam an, mich auf dieses Kind zu freuen.

Einige Monate später fuhr ich zu Chantal, um ein Paket dort abzugeben, und traf sie zu Hause an, obwohl sie zu dieser Zeit eigentlich in ihrem Büro oder geschäftlich unterwegs hätte sein müssen. «Du hier? Um diese Zeit? Bist du krank? Ist etwas mit den Kindern?», fragte ich beunruhigt.

«Nein, nein, es ist alles in Ordnung», versicherte sie mir. Ja, sie sei zu Hause, weil sie jetzt nur noch halbtags und für ein Viertel ihres Gehalts arbeitete. «Der Herr will, dass ich mehr Zeit zu Hause mit den Kindern verbringe, und dass ich mehr Zeit für Seine Arbeit aufbringe.»

Fünf Kinder und weniger als die Hälfte des Gehalts! Das war wirklich zuviel − oder vielmehr, zuwenig! Die vorsorgende Bourgeoise, die in mir eher wacht als schläft, liess ihrer Besorgnis freien Lauf:

«Das ist ja alles gut und schön, aber wie willst du deine fünf Kinder grossziehen? Schule, Ernährung, Sport, Bekleidung ... Sollte man nicht, wenn man elterliche Pflichten übernimmt ...?»

«Aber der Herr wird vorsorgen», antwortete Chantal mir freundlich. «Und ausserdem ist es nicht für immer. Mach dir keine Sorgen! Es ist nur für eine bestimmte Zeit. Es geht nur darum zu lernen, abhängiger vom Herrn zu sein. Und schau doch,» sagte sie zu mir, um mich zu beruhigen, «wie er sich um mich kümmert. Die Mutter einer Schulfreundin Juliettes, der ich nichts erzählt habe, und die ich nur vom Sehen kenne, kam gestern mit Kleidungsstücken, die ihren Söhnen zu klein sind. Ein Haufen vollkommen neuer Sachen. Unsere drei Söhne sind für das kommende Jahr völlig neu eingekleidet!»

Mir keine Sorgen machen, das war leicht gesagt. Das ist alles gut, wenn man keine Kinder hat. Oder in Büchern! Aber wenn es sich um die eigene Familie handelt, sieht die Sache gleich ganz anders aus. Ich begann die Einstellung der Familie des Franz von Assisi zu verstehen! Ich legte grossen Wert darauf, dass meinen Enkelkindern das Gleiche zustand wie unseren Kindern. Und der Gedanke, dass sie die alten Kleider einer Nachbarin auftrugen, die dazu noch nicht einmal eine Freundin war, löste nicht gerade Entzücken in mir aus! Dass wir hilfsbedürftige Menschen mit Kleidung versehen, ist eine gute Sache, aber von anderen welche zu bekommen, ist etwas ganz anderes. Das war ja Wahnsinn! Oder zumindestens sehr unvernünftig. Natürlich, wenn diese relative Armut wirklich von Gott kam ... Aber nichts war weniger sicher. Und die Bestätigungen von Brüdern und Schwestern aus verschiedenen Gemeinden, die selbst nicht betroffen waren, konnten mich nicht überzeugen!

Es ging nicht darum, (ein erneutes Mal) mit dem Finger darauf zu zeigen, wie schwierig es für mich war, die Wege des Herrn, die nicht mit den meinigen übereinstimmten, für meine Kinder und mich zu akzeptieren, sondern es handelte sich um einen tiefen Zweifel: war das wirklich Gottes Weg (so vernünftig, wie er doch sonst immer war! ...)?

Ich brachte das Ganze im Gebet vor ihn. Aber die so vernünftige Bourgeoise hörte nicht auf, immer wieder die Oberhand zu gewinnen.

Inzwischen vergingen die Monate, und der Tag der Entbindung rückte näher. Chantal, die bei allen drei vorherigen Geburten bis zum Schluss gearbeitet hatte, klagte dieses Mal über Müdigkeit und gab zu, dass sie sehr erschöpft war. Sie gefiel mir gar nicht. Sie verbrachte gemeinsam mit ihrer Familie den neunten Schwangerschaftsmonat bei uns auf dem

Lande. Wie immer gegen Ende der Sommerferien machten auch in diesem Jahr wieder zahlreiche Freunde der drei Generationen der Familie, die auf der Durchreise waren, Halt in unserem Haus. Und es wurde natürlich viel über das kleine von Gott angekündigte Mädchen gesprochen.

Eine «nicht-wiedergeborene» Christin (entsprechend der Ausdrucksweise einer meiner amerikanischen Freundinnen) erhob eines Tages den Einwand: «Und wenn es ein Junge ist? Dann kannst du nicht mehr sagen, dass Gott zu dir spricht!» Viele waren, wie diese Freundin, neugierig auf das, was die Familie Berthon wohl erwartete, und diese Neugierde auf die Geburt des Kindes von Chantal und Bruno betraf nicht nur die Familie Berthon, sondern die charismatische Bewegung schlechthin.

Wenn es ein Junge würde, wären viele unserer Bekannten sehr erleichtert, weil die Frage nach der Realität der Stimme Gottes oder nach der Erfordernis, ihm zu gehorchen, damit hinfällig würde.

Wenn es ein Junge wäre ...

Und ich?, die ich nun auch, wie die anderen von Félicité (so hiess das Mädchen) sprach, hörte ich nicht ausser der Stimme in mir, die fortfuhr, die Folgen des Wahnsinns zu befürchten, Gott als Bürgen für die Geburt eines Mädchens einstehen zu lassen (wenn es ein Junge wäre, was wäre das für ein Anti-Zeugnis!), eine zweite Stimme? Diese flüsterte mir leise zu, dass Chantal und Bruno vielleicht, wenn es ein Junge wäre, feststellen würden, dass man sich, wenn es um die Stimme des Herrn geht, auch irren oder etwas einbilden kann, und dass der Herr in Wirklichkeit vielleicht gar nichts von Chantal verlangt hatte... Sie flüsterte mir jedoch nicht zu, dass sie vielleicht feststellen würden, der Herr habe von Chantal gar nicht verlangt, dass sie noch ein Kind bekäme, vielmehr sagte sie mir leise, sie würden vielleicht feststellen, dass der Herr von Chantal gar nicht verlangt hatte, nur noch halbtags zu arbeiten für das Gehalt einer Viertelstelle.

... Und würde er dies auch belohnen?

... Nun, vielleicht nicht im Übermass, aber wohl doch ein wenig!?

Am 10. September 1984 teilte Chantal mir telefonisch mit, dass Félicité, das Mädchen, das Gott ihr und Bruno versprochen hatte, «wenn sie es annehmen wollten», am Vorabend um 22 Uhr 10 in weniger als zwei Stunden geboren worden war, und dass es Mutter und Tochter prächtig ging.

Während sie sprach, wurde ich von einer grossen Freude erfüllt, und ich verspürte den starken Drang, Gott von ganzem Herzen Dank zu sagen.

Freude und Dank löste die glückliche Geburt in mir aus. Freude und Dank, weil Félicité gesund war. Freude und Dank, weil Gott sich uns geoffenbart hatte.

Und auf einmal, sozusagen als Beiwerk, konnte ich im Licht dieser Offenbarung all die Gefühle erkennen, die bis dahin im Dunkeln in mir gewirkt hatten und verworren waren: meinen fehlenden Glauben, meine Widersprüche, die verschiedenen Masse, mit denen ich gemessen hatte (eins für Gott, der zu mir sprach, und eins für die Glaubwürdigkeit seines Wortes an Chantal; eins für Gott und eins für die menschliche Vorsicht).

Ein herzliches Lachen stellte sich in meinem Inneren ein, das Lachen des Humors meines Gottes, der mir wieder einmal widersprach und sagte:

«Hast du gesehen, wie deine Sorge um die Sicherheit deiner Kinder meine Stimme zum Ersticken bringt? Hast du gesehen, wie wenig du mir vertraust? Hast du gesehen, dass du immer noch mit einem Bein am anderen Ufer stehst? Hast du gesehen, wie schwach dein Glaube ist trotz der wunderbaren Erlebnisse, die du schon mit mir gehabt hast?»

Das innere Lachen sprudelte hervor, und ich gestand Chantal nicht nur alles, was mir in den letzten Monaten durch den Kopf gegangen war, sondern auch die leise Hoffnung, die ich mir selbst nicht eingestanden hatte, dass es ein Junge wäre, und dass sie bald wieder ihre Vollzeitstelle aufnehmen würde ...

Ja, Gott hält, was er verspricht.

Kümmere du dich um meine Lämmer, und ich kümmere mich um deinen Mann!

Seitdem wir im Jahre 1956 Ägypten verlassen hatten, träumte ich davon, eine Nilreise von Kairo nach Assouan zu machen, nicht nur eine zwei- oder dreitägige Fahrt von Luxor nach Assouan, sondern eine zehntägige von Kairo nach Assouan.

Gegen Ende des Jahres 1983 besprach ich diese Idee mit meinem Mann. «Warum nicht?», meinte er. «Wir können diese Reise anvisieren unter der Bedingung, dass wir Anfang Dezember reisen, weil das geschäftlich für mich der günstigste Zeitpunkt ist.»

Im Lauf der folgenden Monate buchten fast zwei Dutzend unserer Freunde, denen wir von unseren Reiseplänen berichtet hatten, die gleiche Reise, um sie mit uns zusammen zu unternehmen. Ab und zu fragte ich meinen Mann immer wieder einmal, ob sich noch nichts an seinen Plänen geändert hätte und mein Traum Wirklichkeit werden würde. Seine Antwort fiel stets positiv aus, und ich hatte bald keine Zweifel mehr, dass dieses Mal nichts dazwischen kommen würde.

Als wir im Oktober eine erste Anzahlung zu leisten hatten, erhob mein Mann keinerlei Einwände.

Im November sprach ebenfalls noch alles für unsere geplante Abreise.

Wir wollten uns am 4. Dezember mit unseren Freunden am Flughafen treffen, um gemeinsam den Flug nach Kairo anzutreten.

Am 21. November traf ein Telegramm aus Kanada ein, in dem meinem Mann ein Treffen auf den Bermudas angeboten wurde, und kurz darauf kam ein zweites Telegramm aus Mexiko, in dem es um eine wichtige Geschäftsabwicklung am ersten und dritten Dezember ging. So sehr wir auch versuchten, mit den verschiedenen Daten zu jonglieren, war es für meinen Mann doch unmöglich, am 4. Dezember nach Kairo zu fliegen. Wir kamen also überein, dass er direkt von Mexiko nach Kairo fliegen würde, um dort zu uns zu stossen. Das war eben «das Leben mit René», an das ich mittlerweile (fast) gewöhnt war.

Das Reisebüro erklärte sich bereit, uns die Kosten für sein Flugticket zu erlassen, und ich flog schliesslich allein mit den dreiundzwanzig Freunden nach Kairo.

Von Genf kamen auch Pat und ihr Gatte dazu. Sie war diejenige, die mich in die Bibelgruppe eingeführt hatte, und mit ihr hatte ich die Gebetsgruppe gegründet, von der die Rede war, als ich von Andriene berichtete.

Da laut Reiseprogramm zunächst anderthalb Tage Aufenthalt in Kairo vorgesehen waren, hätte mein Mann Zeit genug gehabt, über Genf zu reisen und am Tag der Abfahrt der Nile President vor 18 Uhr zu uns zu stossen.

Um 16 Uhr war er weder auf dem Schiff eingetroffen noch hatte ich irgendwelche Nachricht von ihm erhalten. Ich ging zurück zum Hotel, das nicht weit entfernt von der Anlegestelle unseres Schiffes lag und konnte nach langem Insistieren endlich eine telefonische Verbindung mit Genf erhalten. Mein Mann war gerade dort angekommen. Er erklärte mir, dass es Probleme im Büro gegeben hätte, die nicht so schnell geregelt werden konnten, wie er gehofft hatte, dass es ihm deshalb unmöglich wäre, längere Zeit das Büro zu verlassen, und dass er sowieso in drei Tagen wieder in die USA fliegen müsse ...

Ich ging zum Schiff zurück und verspürte ein laues Gefühl in der Magengegend. Es war mittlerweile dunkel geworden, und den ganzen Weg am Kai entlang bis zum Schiff lobte ich Gott dafür, dass mein Mann nicht kommen würde, «weil er alle Dinge zum Guten zusammenwirkt». Niemals verliert diese Reaktion im Leben mit dem Herrn ihre gewichtige Bedeutung! (Aber es gelang mir nicht, mit dem Herzen zu danken. Ich dankte und lobte willentlich mit den Lippen, und das Gefühl in der Magengegend wollte nicht von mir weichen.)

Meine Freundin Pat hatte auf der Anlegebrücke auf mich gewartet: «Well, is he coming?», fragte sie mich. «Nein,» antwortete ich ihr, indem ich versuchte, meine Enttäuschung so wenig wie möglich zu zeigen, «er kann nicht kommen.» Da meinte sie sogleich: «Wenn du unter diesen Umständen die Reise lieber nicht antreten möchtest, hast du noch Zeit genug, deine Koffer wieder ausladen zu lassen und nach Genf zurückzufliegen.»

Diese Frage hatte ich mir auf dem Rückweg vom Hotel zum Schiff auch schon gestellt. Das Schiff würde in weniger als einer Stunde ablegen. Ees war etwas über 7 Uhr, denn es hatte eine ganze Zeitlang gebraucht, bis ich die Telefonverbindung nach Genf bekommen konnte.

Sollte ich meinen Plan also ändern? Das bedeutete, allein in Genf zu sein, da mein Mann ja in drei Tagen schon in die USA fliegen würde, am späten Abend noch ein Hotel in Kairo ausfindig zu machen, in letzter Minute noch einen Flug nach Genf zu buchen. Wann wäre ein Platz frei? Und das alles, um schliesslich drei Tage von den zwölf geplanten mit ihm zu verbringen? Und ausserdem waren wir doch diejenigen gewesen, die diese Reise organisiert hatten ...

Ich beschloss, dass das alles nicht der Mühe wert wäre, und sagte mir, dass auch ein plötzlicher Rückzieher unseren Freunden gegenüber unmöglich wäre. Während ich mich in meiner Kabine häuslich niederliess und dann langsam in dem Doppelbett einschlief, fuhr ich fort, dem Herrn laut mit den Lippen zu danken, aber mein Herz war traurig.

Die Auffahrt des Nils begann. Langsam, wie zeitlos, in gewisser Weise bewegungslos. Es war eine Bewegungslosigkeit, die ausgelöst wurde durch die Schwankungen des Schiffes, durch sein stets gleichbleibendes Kielwasser, durch die Schönheit des Himmels und des Lichts, durch die Küstenstreifen, die wie ein Film an uns vorbeizogen, indem sie abwechselnd eine Sand- und eine Feldlinie freigaben, welche wiederum unterbrochen wurden durch die vertikalen Wellenlinien der Palmen und die wie eckige oder ovale Bauklötze wirkenden Bauernhäuser, die in kleinen Gruppen beieinanderstanden, schliesslich durch das Kommen und Gehen der rosafarbenen Felsen, die bis zu den Ufern vordrangen oder zurückwichen und über die Sand- und Feldlinien hinweg bis zum Horizont reichten.

Pat und ich hatten beschlossen, jeden Tag gemeinsam zu beten. Da ich allein eine Kabine bewohnte, haben wir uns vom ersten Tag an dort zusammengefunden.

Und ich vernahm vom ersten Tag an in meinem Innern den «lauten Gedanken»: «Kümmere du dich um meine Arbeit (liebe jeden Menschen, wie ich ihn liebe, betrachte jeden Menschen mit meinem liebenden Blick, sprich von mir, sei ein Mensch, in dem die anderen meine Gegenwart spüren können), und ich kümmere mich um deinen Mann.»

Pat und ich kehrten strahlend von unserer Gebetsstunde zu den anderen zurück: «Die auf ihn sehen, werden strahlen vor Freude», heisst es im Psalm 34, Vers 6, und Pat bestätigte mir auf der Türschwelle zu meiner Kabine die Worte, die der Herr mir gegeben hatte. Ich hatte aufgehört, ihm für das Fehlen Renés zu danken. Es war unnötig geworden, weil ich ja jetzt wirklich mit Freuden ganz in seinem Willen stand. Pat und ich spürten beide, dass der Herr einen Plan mit unseren Freunden hier auf dem Schiff hatte, für uns und für sich.

Am nächsten Tag schlug eine unserer Freundinnen uns gerade in dem Moment, in dem wir zum Beten gehen wollten, vor, eine Partie Bridge miteinander zu spielen, da an diesem Tag keine Landung vorgesehen war.

«Nicht jetzt», antwortete ich ihr, «Pat und ich wollen jetzt zum Beten gehen.»

Sie war etwas verwirrt, fragte jedoch alsbald: «Kann ich auch kommen?»

177

«Natürlich», sagte ich enthusiastisch. «Wir treffen uns in meiner Kabine.»

Anne teilte eine Kabine mit Nadine. Am dritten Tag mussten wir einen Hocker für Nadine holen, weil auch sie sich zu unserer Gebetsstunde gesellte. Von Anfang an beteten die beiden völlig ungeniert laut mit uns. Es war wunderbar zu sehen, wie leicht sie sich integrierten, obwohl sie noch nie vorher in einer Gebetsgruppe gewesen waren.

Pat und ich hatten vor ihrem Kommen gebetet, dass unsere Neulinge ohne Probleme in unserer Gruppe beten könnten, und dass sie eine lebendige Beziehung zu Christus eingehen würden. Nachdem sie gegangen waren, blieben wir beide noch einen Moment zusammen, um dem Herrn zu danken und für die beiden zu beten. Die Hand Gottes und das Gute, das er aus der Abwesenheit Renés «zusammenwirkte», wurden deutlich sichtbar. Er bewirkte Gutes und machte uns fähig, ihm zu dienen.

Als wir unser Dankgebet beendet hatten, sagte Pat: «Die Gebetsgruppe wird mit jedem Tag um eine Person wachsen. Morgen bringe ich zwei Hocker aus meiner Kabine mit.»

Ich hatte das gleiche gedacht. Aber es gab zunächst eine Pause. Vielleicht, weil der Herr unsere Gruppe, die sich noch in der Embryonalphase befand, stärken oder weil er die Leitung übernehmen wollte.

Am nächsten Tag gesellte sich niemand zu uns. Wir sagten uns, sie würden morgen kommen.

Aber auch am Tag darauf waren wir nur vier. Da dachten wir uns, es sei vielleicht der Wille des Herrn, dass wir vier blieben bis zum Ende der Reise.

Am kommenden Tag waren wir sechs.

Anne und Nadine hatten sich ohne Schwierigkeiten in unsere Gebetsgruppe integrieren können. Mit den beiden anderen war es nicht so gegangen. Fast die gesamte Gebetszeit war vergangen, ohne dass die eine oder andere den Mund aufgetan hatte. Ich betete inständig, dass es ihnen gelingen möge, den Herrn mit lauter Stimme zu loben, wenn es auch nur zwei, drei Worte wären. Sofort begannen sie nacheinander damit!

Nachdem sie die Kabine verlassen hatten, berichtete ich Pat voller Freude, was geschehen war. Sie begann zu lachen und sagte zu mir: «Ich habe in genau demselben Augenblick wie du den Herrn um dasselbe gebeten!»

Und dabei fiel uns das Wort Jesu ein: «Wenn zwei unter euch eins werden auf Erden, worum sie bitten wollen, so soll es ihnen widerfahren von meinem Vater im Himmel» (Mt. 18, 19). Wir verstanden in diesem Augenblick, wie sehr ein tiefes Einverständnis zweier oder mehrerer Personen im Namen (und Willen) des Herrn, wie wir es gerade erlebt hatten, Gottes Erfüllung eines Gebets herbeiführen kann.

Zwei Tage darauf waren wir sieben.

Die Gebetszeit des Lobpreises und der Anbetung endete stets mit Bitten um Segen für jedes Mitglied unserer Gruppe, für jedes Mitglied unserer «touristischen» Freunde, für jedes Mitglied der Schiffsmannschaft und für jeden Mitreisenden auf unserem Schiff.

Man betet nicht jeden Tag auf diese Weise, ohne dass sich eine Änderung im Verhalten zu denjenigen, die man im Gebet vor Gott bringt, vollzieht oder sich der Blick für sie ändert. Das Strahlen und die Freude der Mitglieder unserer Gebetsgruppe fielen ohne Worte auf den Rest unserer Reisegruppe. Man kann nicht am Morgen voller Liebe für jemanden beten und ihn dann beim Mittagessen kritisieren. Ich glaube, dass es noch nie eine Gruppe von dreiundzwanzig Menschen gegeben hat, die eine vierzehntägige Reise miteinander machten, ohne sich nicht manchmal zu kritisieren, zu verurteilen oder schlecht übereinander zu reden. Wir sahen wirklich, wie die Macht des Gebets am Werk war.

Pat und ich haben auch gesehen, wieviel Gelegenheiten der Herr uns gab, Zeugnis abzulegen, entweder einzeln oder zu zweit, in Form von Berichten oder durch die Liebe, die er uns für jeden einzelnen schenkte, und wie sehr unser Zeugnis mit jedem Tag stärker wurde, und wir uns immer mehr gegenseitig darin ergänzten. Dieses Erleben zeigte uns, warum er seine Jünger stets zu zweit aussandte. Wir sind überzeugt, dass er uns zu zweit auf diese Reise geschickt hat, damit wir uns gegenseitig ergänzen und durch das Gebet unterstützen konnten, damit das tiefe Einverständnis, die Liebe, die Freude und die Aufmerksamkeit für jeden anderen sowie unsere Kraft und unser Zeugnis, die er durch uns geben konnte, doppelt so stark sein würden, weil es von zwei Personen ausging – und in diesem besonderen Fall noch dazu von zwei verschiedenen Altersgruppen (Pat hatte das Alter meiner ältesten Tochter), von zwei verschiedenen Kulturen und von sehr unterschiedlichen Temperamenten.

Am letzten Tag unserer Kreuzfahrt stiess ein weiteres Ehepaar zu uns. Wir waren jetzt in dieser winzigen Kabine, in der wir auf den beiden Betten und den aus den diversen Kabinen mitgebrachten Hockern sassen, neun Personen, die zusammen beteten: fast die Hälfte unserer ganzen Reisegruppe. Ausser Pat und mir hatte noch niemand an einer Gebetsgruppe teilgenommen, und viele hatten seit langer Zeit nicht mehr gebetet.

Während dieser Zeit kümmerte sich Gott, der sein Wort hielt, um meinen Mann.

Als ich nach Genf zurückgekehrt war, fand ich auf meinem Schreibtisch einen Brief von meinem Mann vor, in dem er mir berichtete, was er während meiner Abwesenheit gelesen und unternommen hatte, und in dem er mir sagte, wie sehr ich ihm gefehlt hätte.

Es war fünfzehn Jahre her, dass ich nicht mehr einen solchen Brief bekommen hatte. Und fast sieben, die ich darauf gewartet hatte.

Ich kenne meinen Mann. Jeder hält ihn für extravertiert, dabei gibt es keinen Mann, der introvertierter ist als er. Als wir uns in unserem Schlafzimmer wiedersahen, sagte ich ihm in neutralem Ton und darauf achtend, ihn nicht anzuschauen: «Vielen Dank für den Brief.»

Aber das ist noch nicht alles.

Am nächsten Morgen rief ich beim Frühstück eine meiner Schwestern an, um ihr mitzuteilen, dass ich am kommenden Wochenende nach Paris käme und schlug ihr vor, mit mir zu einer Versammlung der Geschäftsleute des Vollen Evangeliums zu kommen. Diesen Vorschlag machte ich ihr bereits seit zwei oder drei Jahren, aber stets ohne Erfolg. An diesem Morgen sagte sie zu meiner grossen Überraschung: «Das ist eine sehr gute Idee. Hol mich ab!»

Als ich den Hörer aufgelegt hatte, sagte ich zu meinem Mann: «Es ist phantastisch. Meine Schwester ist bereit, zur Versammlung der Geschäftsleute zu kommen.»

Er legte seine Zeitung auf den Tisch und sagte zu mir: «Es ist nicht wegen deiner Schwester, aber ich hatte auch beschlossen, dort hinzugehen.»

Ich zeigte nichts von der grossen Freude, die mich erfüllte. Ich sagte nur zu ihm: «Möchtest du einen Toast?»

Eine Frucht des Geistes ist die Selbstbeherrschung.

Kümmere du dich um meine Arbeit, ich kümmere mich um deine

Vor etwas mehr als einem Jahr war ich zu einem Einkehrwochenende gefahren. Es gibt keinen besseren Ort, um zu erkennen, was der Herr von uns erwartet, und wie sein Plan für uns aussieht. Der Sinn eines Einkehrwochenendes liegt natürlich nicht nur darin, aber es ist ein wichtiger Punkt.

Mitunter, während der Anbetung, bat ich also meinen Vater im Himmel, er möge mir zeigen, was er aktuell von mir oder für mich begehrte.

Und wenn wir ihn fragen, gibt er uns auch eine Antwort. Je länger ich betete und je weiter die Zeit fortschritt, um so klarer wurden seine Befehle.

Da war zunächst die Bestätigung eines allgemeinen Befehls bezüglich meiner Lebensführung. Wie stets und immer wieder sagte der Herr zu mir: «Lass mich handeln. Vertraue mir!»

Ein prophetisches Wort wurde mir durch Pastor Sch. gegeben (es handelte sich um ein ökumenisches Wochenende, das von einem Jesuitenpater und einem Pastor geleitet wurde). Sie begann mit den Worten: «Wie ich dir bereits gesagt habe...»

Wenn ich eine Bestätigung brauchte, da war sie, (denn der Herr wiederholt sich nicht zum Spass), und sie bewies mir, dass ich nach all diesen Jahren noch einen langen Weg zu gehen hatte, bis ich ihn so handeln liess, mich so auf ihn verliess und ihm so vertraute, wie er es wollte.

Dann erhielt ich weitreichende grundlegende Lebensrichtlinien. Während der Mahlzeiten hörten wir uns Kassetten an. Am dritten Tag wurde eine Kassette mit dem Titel: «Jesus sehen» abgespielt. Der hochtrabende Ton, in dem der Satz der Griechen im zwölften Kapitel des Johannes-Evangeliums wiedergegeben ist: «Herr, wir möchten Jesus gern sehen», und der zu Anfang der Kassette unaufhörlich wiederholt wurde, ging mir gewaltig auf die Nerven. Konnte der Sprecher auf der Kassette nicht in einfacherer Weise sprechen und zur Sache kommen?

Meine Reaktion hätte mir eigentlich zu denken geben müssen. Ich hätte eigentlich erkennen müssen, dass diese Verärgerung ein Zeichen dafür war, dass mir etwas sehr Wichtiges gesagt wurde oder geschah, denn dieses Reaktionsschema vollzog sich sehr häufig! Aber nein, ich verstand es nicht! Im Gegenteil, der Sprecher ging mir immer mehr auf die Nerven. Es fehlte nicht viel, und ich hätte den Tisch verlassen. Man hätte uns wirklich etwas Erbaulicheres, Gehaltvolleres anbieten können! Und während die Kassette sich langsam abspulte, trat sie unentwegt mit dem Satz: «Herr, wir möchten Jesus gern sehen» auf der Stelle.

Plötzlich, als drei Viertel der Kassette bereits abgespielt waren, und kurz bevor uns der besagte Satz in anderen Worten erläutert wurde, konnte ich ihn verstehen! Ich verstand, dass er genau das aussagte, was der Herr mir sagen wollte: «Wenn die anderen dich sehen, müssen sie mich sehen können.» (Nicht weniger als das!)

Und dass ich hierher gekommen war, um genau das zu hören. Die Menschen wollen Jesus sehen, und wir, die Christen, lassen sie ihn nicht sehen ...

Dann erhielt ich von einem Tag auf den anderen im Gebet und in der Meditation einige spezifischere Befehle: klareres Zeugnis abgeben vor einer bestimmten Person, tiefergehende Versöhnung mit einer anderen Person, bei der ich mich nicht mit meinem Verziehenhaben zufrieden geben durfte, sondern bei der ich sichergehen musste, dass sie mir gegenüber keinen heimlichen Groll mehr hegte. Und wenn das der Fall war, so weit wie nötig gehen, damit sie mir nichts mehr vorzuwerfen hatte ...

Und schliesslich erhielt ich in Form einer insistierenden Überzeugung einen anderen, ganz speziellen Befehl: «Jetzt gib das Novellenschreiben auf und schreibe mein Buch!»

Vier oder fünf Jahre nach meiner Taufe in den Heiligen Geist hatte Chantal mir immer wieder gesagt: «Anstatt deine Zeit damit zu verbringen, Novellen zu schreiben» (sie hat nicht gesagt: «anstatt deine Zeit damit zu vergeuden», aber ich spürte sehr gut, dass es das war, was sie sagen wollte!), «solltest du ein Buch schreiben, in dem du Zeugnis ablegst über das, was du mit dem Herrn erlebst. Es gibt im Französischen kein solches Buch – oder fast keins. Es handelt sich stets um Übersetzungen aus dem Englischen oder Amerikanischen. Und dann wäre es wenigstens», so fügte sie schalkhaft hinzu, «in gutem Französisch geschrieben, da du dich doch ständig über den Stil dieser Bücher beklagst!»

Aber mir war nicht danach, ein solches Buch zu schreiben. Und ich hatte ebensowenig das Gefühl, dass ich es schreiben sollte. Wo blieb da die Demut? Und das Im-Hintergrund-Bleiben? Wie sollte ich ein solches Buch schreiben, ohne meinen Mann zu verletzen? Wie sollte ich es fertigbringen, dass der wunderbare Humor Gottes, der mein Leben erfüllte und meine Freude war, in einem solchen Buch zum Tragen kam? Wie sollte ein Buch aussehen, das in Ichform geschrieben werden musste, in dem aber Gott die Hauptperson sein sollte?

Es gab so viele unüberwindliche Schwierigkeiten ...

So viele Gründe, die eine Entscheidung offen liessen.

Und dann waren da eben auch all die Novellen, die ich schrieb. Die ich so gerne schrieb. Novellen, in denen Gott übrigens immer mehr in den Vordergrund trat. Ich hatte gerade einen dritten Band mit Novellen fertiggestellt und ihn meinem Verleger gebracht.

Weil der erste Band den Preis des Sommerbuches (Prix du livre de l'été) von France Inter, einem französischen Radiosender, erhalten hatte, war für ihn viel Werbung gemacht worden, so dass er sich für ein Erstwerk beachtlich gut verkauft hatte. Der Werbeeffekt hatte noch ausgereicht, dass der zweite Band ein Jahr später erscheinen konnte. Als ich meinem Verleger den dritten Band brachte, sagte er mir ohne Umschweife, dass sein Verlag keine Gesellschaft für Menschenfreundlichkeit wäre, und ich ging, während ich den vierten Band mit Novellen fertigstellte, von Verlagshaus zu Verlagshaus und hausierte mit meinem dritten Band, wobei der vierte langsam den Platz eines Satelliten am Himmel der Verleger einzunehmen begann. Manchmal ermutigte mich einer jener Verleger dazu, «weiter zu schreiben», indem er mir mein Manuskript zurückschickte, .

Ich brauchte keinerlei Ermutigung dieser Art, um weiter zu schreiben, denn es ging mir ganz natürlich von der Hand. Ich fuhr also fort, Novellen zu schreiben – die des fünften Bandes – und reichte meine Manuskripte von Verleger zu Verleger weiter. Kurz vor dem Einkehrwochenende hatte ich, auf Anraten einer Freundin, die Manuskripte einer Journalistin gegeben, die bei einer grossen Lausanner Zeitungen arbeitete, und die sie dem für die Literaturseiten verantwortlichen Redakteur gab in der Hoffnung, dass dieser eine oder zwei Novellen auswählen würde. Und als Chantal erneut anfing, von dem Buch zu reden, in dem ich Zeugnis ablegen sollte, antwortete ich: «Vielleicht. Mal sehen. Momentan steht mir noch nicht der Sinn danach.»

Ich konnte es mir immer noch nicht vorstellen. Aber jetzt hatte ich den Befehl erhalten. Anfang September, als unser Landhaus sich allmählich wieder leerte, begann ich, anstatt mich wieder an meine Novellen zu begeben, über das «Wie» dieses Buches nachzudenken. Ich machte mich daran, einzelne Zettel, auf denen ich nach und nach notiert hatte, was ich mit dem Herrn erlebt hatte, und auf denen kleine Episoden, an die ich mich noch erinnerte, in Stichworten und völlig ungeordnet aufgeschrieben waren, zusammenzusuchen.

Ich hatte diese vorbereitende Arbeit noch nicht lange aufgenommen, als ich eines Morgens während meiner Gebetszeit in meinem Gebetskalender, den ich benutze, um einen Ausgangspunkt für mein Gebet zu finden, auf Vers 51 des 10. Kapitels des Markus-Evangeliums stiess, in dem Jesus sich an den blinden Bartimäus wendet und ihn fragt:

«Was willst du, dass ich für dich tun soll?»

Ich machte mich zunächst daran, mein Leben mit Jesus zu betrachten. Was wünschte ich mir von ihm? Und wieder einmal ergab es sich, dass ich eine Weile damit zubrachte, über das Geheimnis des Bittgebets nachzusinnen. Jesus wusste ja sehr genau, was der Mann wollte. Er war blind. Was anderes als sein Augenlicht wiederzubekommen, hätte er sich wünschen können? Aber Jesus wollte, dass der Mann seine Bitte aussprach: «Bittet, so wird euch gegeben» (Mt. 7, 7). Wenn ihr nicht bittet, bekommt ihr auch nichts. Es gab noch etliche andere Stellen in der Bibel, die diese Pflicht, die Bitte auszusprechen, betonten: Was soll ich für euch tun? Willst du geheilt werden? Was willst du? Ich liess all die Dinge, die ich mir von Herzen wünschte, in Gedanken an mir vorüberziehen ... schön geordnet nach ihren Prioritäten und im Licht des Blickes meines Herrn.

Im Laufe des Tages wurde der Gedanke an diesen Bibelvers so eindringlich, dass ich am Abend darauf zurückkam. Ich hatte noch nie darfür gebetet, dass meine Manuskripte publiziert würden: ihre Veröffentlichung nahm keine vorrangige Stellung in meiner Prioritätenliste ein, und es war für mich selbstverständlich, dass, wenn er es wollte, es so kommen würde, auch ohne dass ich ihn besonders darum gebeten hatte. Natürlich hatte ich ihm mitunter eine Blitznachricht bezüglich dieser Frage zukommen lassen, aber es war nie eine ausgesprochene Bitte gewesen. An diesem Abend jedoch spürte ich in eindringlicher Weise die Notwendigkeit, und diese kam nicht von mir selbst, «das, was ich für mich wollte», auszusprechen. Nicht, was ich für meine Angehörigen wollte, nicht, was ich für die anderen wollte, nicht, was ich für mein geistliches Leben wollte, sondern was ich für mich wollte.

«Du kennst die Gründe meines Herzens», sagte ich zu Jesus, «besser als ich selbst. Du weisst, worum ich dich bitten möchte, was ich mir wünsche, dass du für mich tust, und du weisst, was für mich vorrangige Bedeutung hat: mein Glaube und in dir zu wachsen, und dies gilt für alle, für meinen Mann, meine Kinder und Enkelkinder und für mich selbst. Da du jedoch darauf beharrst, mir zu sagen: «Was willst du, dass ich für dich tue?», nun, du weisst, wie glücklich ich wäre, wenn meine Manuskripte akzeptiert, veröffentlicht und so gut verkauft würden, dass es sich für den Verleger lohnt, meine Novellen weiterhin zu drucken. Und von nun an werde ich darüber nicht mehr zu dir sprechen. Und ausserdem soll es sowieso so sein, wie du es willst. Wenn die Novellen nicht veröffentlicht werden sollen, so soll es deine Entscheidung sein.»

Nachdem ich auf diese Weise geantwortet hatte, vergass ich das Ganze, um so mehr als der besagte Bibelvers ab dem Zeitpunkt aufhörte, in meinen Gedanken zu insistieren, als ich meine Antwort formuliert hatte, und ich jetzt ganz mit der Redaktion meines Buches über das Wirken des Herrn in meinem Leben beschäftigt war.

Mehrere Monate vergingen.

Alle zwei oder drei Monate hatte ich mit Lausanne telefoniert, um zu erfahren, wie es um meine Novellen stand. Jedesmal hatte Herr K. mir geantwortet, dass er noch nicht die Zeit gefunden hätte, sie zu lesen und mich gebeten, in zwei Monaten wieder anzurufen. Dies war mittlerweile Routine geworden.

Es waren inzwischen fünf Monate vergangen, in denen ich an dem Buch, das ich für den Herrn schreiben wollte, gearbeitet hatte, als ich wieder einmal – ohne jede Überzeugung – in Lausanne anrief. Aber siehe da, dieses Mal sagte Herr K. mir, er habe die Novellen gelesen. Er fragte mich, ob ich es bevorzugte, ihn in Lausanne aufzusuchen oder ob er mir schreiben solle. Ich verspürte nicht die geringste Lust, einen weiteren Brief zu erhalten, in dem man mir erklärte, dass meine Novellen ..., und der mich ermuntern sollte, weiterzuschreiben... Ausserdem musste ich ohnehin zum Verlag fahren, um diese Novellen abzuholen. Ich antwortete ihm also, ich käme persönlich vorbei.

Ich fuhr am 23. Januar 1985 mit dem Auto nach Lausanne. Ein Teil in mir wusste, dass er mir meine Manuskripte mit ein paar freundlichen Worten zurückgeben würde, ein anderer winziger, ganz schwacher Teil sagte mir, ohne dass ich es mir wirklich eingestehen wollte: «Wer weiss?»

Ich kam zum vereinbarten Zeitpunkt an (meine Familie ist für ihre schreckliche Pünktlichkeit bekannt). Die Sekretärin liess mich auf einer jener Sitzbänke Platz nehmen, die viel zu niedrig und viel zu weich sind, und die für jemanden, der bei dem geringsten Anlass Rückenschmerzen bekommt, äusserst unbequem sein können, und ich wartete.

Als Herr K. endlich erschien, trug er meine beiden Manuskripte unter dem Arm, und sogleich verflog der letzte Hoffnungsschimmer. Es war offensichtlich, dass er sie mitgebracht hatte, um sie mir zurückzugeben. Ich stand auf und sagte mir: Gut, verlieren wir keine Zeit. Ich nehme sie und verschwinde wieder.

Aber nachdem er sich für seine Verspätung entschuldigte hatte, sagte er zu mir: «Wenn sie wollen, können wir zusammen nebenan eine Tasse Tee trinken gehen.»

Gut. Warum nicht? Da sassen wir also «nebenan» an einem kleinen runden Tisch in einer für meinen Geschmack etwas zu düsteren Hotelhalle vor den bestellten Teetassen. «Wie kommt es», fragte er mich, «dass diese Novellen auf meinem Schreibtisch gelandet sind?»

Also das war die Höhe! Jetzt würde er mich anschnauzen, weil meine Novellen durch die Mithilfe meiner Freundin bei ihm gelandet waren!

Nur die Ruhe bewahren! Ich erklärte ihm, auf welchem Weg diese Novellen bei ihm angekommen waren, und dass ich gehofft hatte, er würde eventuell eine Möglichkeit finden, eine davon in der Rubrik Literatur unterzubringen. «La Croix (eine katholische Zeitung) und Le Monde (eine französische Tageszeitung) veröffentlichen von Zeit zu Zeit welche», fügte ich hinzu.

Daraufhin schleuderte er mir entgegen: «Aber sie sind viel zu gut für diese Rubrik! Das ist das Beste, was ich seit einem Jahr gelesen habe!»

Ich bin nicht imstande, wortwörtlich wiederzugeben, wie es weiterging. Alles, was ich noch weiss, ist, dass er glaubte, eine Schriftstellerin vor sich zu haben. Und zwar eine echte. Und dass das einzige, was er nicht verstünde, war, wie es möglich war, dass die Verleger sich nicht um meine Manuskripte gerissen hatten! Nach all meinem Herumziehen von einem Verlag zum anderen erschien mir das Ganze eher grotesk! Er war Lektor für einen Schweizer Verlag, kannte den Verlagsdirektor sehr gut und wollte sich dafür einsetzen, dass meine Manuskripte dort akzeptiert würden. Ich sollte nicht denken, dass sie schon angenommen wären, aber man müsse alles daran setzen, um das zu erreichen.

Mehr als eine halbe Stunde lang hielt er Lobreden auf meine Manuskripte und sprach zu mir in einer Weise ... wie jedweder Autor nur davon träumen würde, dass jemand über sein Werk spricht. Während er sprach, war ich hin- und hergerissen zwischen Freude und Verwirrung. Als ich ihn verliess (ohne meine Manuskripte!), war ich wie in einem Rausch. Ich bin sicher, dass ich, hätte ich einen Alkoholtest machen müssen, auf dem kürzesten Weg ins Ortsgefängnis marschiert wäre. Eine Frau, die Novellen schrieb, und die zufällig zwei Bücher veröffentlichen konnte, war nach Lausanne gefahren. Eine Schriftstellerin war zurückgekehrt.

Eine Schriftstellerin, die wusste, dass der Herr, während sie an seinem Buch arbeitete, sich um ihre Bücher kümmerte.

LUC

Man könnte unser Leben – nicht nur in der Nachfolge Jesu – mit einem Eisberg vergleichen. Die Spitze ist sichtbar, greifbar, aber sie ist nur Teil einer langen, im Verborgenen gebliebenen Geschichte, der Teil nämlich, der zum Vorschein gekommen ist.

Ich möchte hier die Geschichte erzählen, wie mein Enkel Luc zum Glauben gefunden hat. Sie hat sich vor ungefähr einem Jahr zugetragen. Ich erzähle sie nicht, weil sie wunderbar und lustig ist, sondern weil sie in perfekter Weise das darstellt, was ich an anderer Stelle «Gottes Timing» genannt habe.

Luc, der Älteste unserer Enkelsöhne und das zweite Kind unserer Tochter Joëlle, war ein rundlicher Junge, von seiner älteren Schwester ein wenig an den Rand gedrängt, aber allerliebst, unkompliziert, ungehorsam und unordentlich. Was immer man ihm sagte, es glitt an ihm ab wie Wasser an Entenfedern.

Auch als er langsam in die Pubertät kam, änderte sich daran nicht viel. Unkompliziert, allerliebst, ungehorsam, unordentlich, ja, so war dieser Junge. Er war durchaus in der Lage, alle Dinge in Anspruch zu nehmen (die der anderen ebensogut wie seine eigenen, was manchmal Entrüstung hervorrief), ohne ihnen besondere Bedeutung beizumessen. Er ging regelmässig zur Messe, was ihn jedoch in keiner Weise daran hinderte, seinen bequemen Lebenswandel weiterzuführen. Für ihn war das Leben grossartig, Sport etwas Phantastisches und Arbeit etwas, was man, wenn eben möglich, umgehen musste. Sich gut amüsieren, sich nichts draus machen, es geht schon immer irgendwie, so schien seine Devise zu lauten. Wenn einer seiner Freunde jedoch mitunter blasphemische Äusserungen machte oder schlecht über die Kirche redete, so liess er das niemals zu und behauptete stets, ein Christ zu sein.

Als er ungefähr fünfzehn war, besuchte er ein christliches Internat. Als er zum ersten Mal dorthin ging, sagte seine Mutter, die gerade zum Glauben gekommen war, zu ihm: «Wenn du irgendein Problem hast, vergiss nie, dass es jemanden gibt, der dir aus jeder Art von Not heraushelfen kann, und das ist Gott.»

Übrigens legte sie häufig Zeugnis ab vor ihm über das, was sie mit dem Herrn erlebte. Luc hörte ihr dann immer aufmerksam zu, und sie hoffte, dass diese Dinge nicht einfach an ihm abgleiten würden.

Zum Ende des zweiten Trimesters der elften Klasse wurde den Schülern angeboten, an einem Einkehrwochenende teilzunehmen. Zur allgemeinen Verblüffung hatte Luc sich zu diesem Wochenende angemeldet und daran teilgenommen. Er war sehr empört zurückgekommen, weil einer der Leiter dieses Einkehrwochenendes anlässlich eines Erfahrungsaustausches die Göttlichkeit Jesu, seine reelle Gegenwart sowie die Existenz des Bösen und der Hölle angezweifelt hatte.

«Ich habe ihnen gesagt, dass man darüber keine Vermutungen anstellen könne, weil darüber kein Zweifel bestehe», erzählte er seinen Eltern. Indessen hatte seine öffentliche Stellungnahme an seiner Lebensführung nicht das Geringste geändert. Um es mit seinen Worten auszudrücken, er schob eine ruhige Kugel. Das ging so weit, dass er sich für seine mündliche Französischprüfung von dreissig vorzubereitenden Texten ... einen einzigen anschaute.

Der Tag der mündlichen Prüfung war schliesslich da. Um acht Uhr früh befand sich Luc in dem Klassenraum, in dem er darauf wartete, zur mündlichen Prüfung aufgerufen zu werden. Die

Zeit verging, und je weiter sie vorrückte, um so mehr geriet er, der Hartgesottene, dem normalerweise nichts etwas anhaben konnte, in Panik. Um elf Uhr hielt er es nicht mehr aus. Er fasste einen Entschluss. Wenn Gott wirklich jeden Menschen aus jeder Art von Not retten konnte, wie seine Mutter es ihm gesagt hatte, dann war jetzt der Augenblick gekommen, ihn zu «benutzen», denn nur ein Wunder konnte ihm jetzt noch helfen.

«Ich bitte dich, Gott, dass ich über den Text befragt werde, den ich vorbereitet habe», hatte er gebetet.

Um zwölf Uhr wurde er gerufen. Er musste einen viermal gefalteten Zettel ziehen, und siehe da, er zog den einen Zettel, der ihm den einzigen von ihm vorbereiteten Text zuwies.

Zuhause erzählte er seiner Mutter alles, was sich am Morgen zugetragen hatte, und er fügte hinzu: «Weisst du, das war wirklich der Herr, der auf mein Gebet geantwortet hat.»

Dann räumte er den Herrn so gut weg, dass dieser ihn nicht mehr behelligen konnte und wandte sich wieder seinem amüsanten und problemlosen Leben zu.

Der Sport nahm einen wichtigen Platz in seinem Leben ein. Er spielte in der Hockey-Nationalmannschaft und hatte gerade entdeckt, dass das Rugbyspielen ihm noch besser gefiel.

Am Ende des zweiten Trimesters der zwölften Klasse beschloss er, schnell die versäumte Zeit aufzuholen, denn er war weit davon entfernt, für die Abiturprüfung vorbereitet zu sein, und es war bereits recht spät. Auch seine Eltern, die sich schon sehr beunruhigt gefragt hatten, wie er sein Abitur wohl bestehen wollte, waren sich darüber im Klaren.

Also wandte er sich am Vorabend des Prüfungsbeginns dem Herrn zu, und dieser erfüllte erneut seine Bitte – und zwar auf besonders grosszügige Weise. Luc bestand sein Abitur mit Auszeichnung. Als er am Tag der Bekanntgabe der Prüfungsergebnisse die ausgehängten Ergebnisse las, traute er seinen Augen nicht. Selbst seine Schwester, die Leuchte der Familie, hatte keine Auszeichnung auf ihrem Abiturzeugnis gehabt! Es war wirklich phantastisch, mit Auszeichung das Abitur zu bestehen, und erst recht, da noch nicht einmal die Schwester es so weit gebracht hatte. Er war noch dazu der einzige seiner Klasse, dem dies gelungen war. Er, der stets ein mittelmässiger Schüler gewesen war, hatte seine Kameraden überholt, und sie fragten ihn: «Das ist ja phänomenal. Wie hast du das bloss hingekriegt?» Aber Luc wusste genau, dass diese Superergebnisse nicht auf seine Leistungen zurückzuführen waren, und dass er ohne den Herrn das Abitur noch nicht einmal bestanden hätte. Er wusste, dass diese Auszeichnung ein Zusatzgeschenk war. Aber er konnte doch jetzt nicht hingehen und allen verkünden: «Ich habe zum Herrn gebetet, und er hat das für mich arrangiert.»

So sagte er ganz nonchalant: «Oh, wisst ihr, ich bin in den Prüfungen eben besser als im Unterricht. Da zeigen sich meine wahren Talente ...»

Und wieder liess er, nachdem er sein Abiturzeugnis in der Tasche hatte, prompt den Herrn beiseite und kehrte zu seinem gewohnten Lebenswandel zurück. Mehr noch. Von jenem Tag an «wandte er sich echt vom Herrn ab», wie er es selbst später ausdrückte und begann, ein recht «liederliches Leben zu führen».

Als er nach Paris gezogen war, um Jura zu studieren, wohnte er in einem sehr gemütlichen Apartment, das aus einem ehemaligen Kammermädchenzimmer hergerichtet worden war. Und er war ein sympathischer Kerl, gross, stark und gutaussehend, 1,81 m gross, 80 Kilo nur Muskeln, spielte Rugby in der zweiten Reihe, Hockey auf der Mittellinie, ja, er konnte sehr nett sein, wenn man ihn weitgehend in Ruhe liess; gleichzeitig aber war er unordentlich und stets etwas lasch. Und vor allem war er meist unerreichbar. Ein Minimum für das Studium, ein Maximum für Ausgehen und Nachtleben...

Seine Mutter kannte natürlich auch seine anderen Seiten. Und sie wusste, dass er mitunter über wichtige Fragen nachdachte, und dass er doch schon einige Male ernsthaft Kontakt zu Gott aufgenommen hatte. Jedesmal, wenn sie nach Paris fuhr, brachte sie ihm evangelistische Bücher mit, ohne sich grosse Hoffnungen zu machen, dass er diese Bücher auch wirklich lesen würde. Und hätte man sie gefragt, wie es um seinen Glauben stehe, so hätte sie geantwortet, dass er der letzte der Familie wäre, der zum Glauben finden würde.

Dennoch korrespondierte Luc, während er sein Lotterleben weiterführte, mit einem ehemaligen Klassenkameraden, der in die Vereinigten Staaten gezogen war, und sie sprachen in ihren Briefen hauptsächlich über Glaubensfragen. Sie hatten nämlich einmal gemeinsam ein sehr intensives Erlebnis mit dem Herrn (was jenen unsichtbaren Teil des Eisberges sichtbar macht, von dem ich bereits gesprochen habe) und hätten das gerne «noch einmal erlebt» ... , allerdings unter der Bedingung, dass sich an ihrem bequemen Lebenswandel nichts änderte. Ausserdem nahm Luc sich die Zeit, wenn auch in sehr unregelmässigen Abständen, einen anderen Klassenkameraden zu besuchen, der infolge eines Motorradunfalls gelähmt war. Er ging diesen Freund nicht leichten Herzens besuchen. Es war sicherlich nichts so schwierig für Luc wie der Besuch bei diesem Freund. Aber er ging trotzdem hin – wenn möglich mit vielen anderen Freunden, um bloss nicht allein zu sein mit diesem achtzehnjährigen Behinderten, bei dem er nicht wusste, was er sagen sollte, und der an Maschinen und Schläuche angeschlossen war, was ihm Angst einflösste.

Die von seiner Mutter zu Dutzenden mitgebrachten Bücher von Menschen, die Gott kennengelernt haben, stapelten sich auf seinem Bücherregal. Aber jedesmal, wenn einer seiner Freunde ein Problem hatte, gab er ihm eins von diesen Büchern und sagte: «Lies das, der Herr wird zu dir sprechen. Das ist das einzige Mittel, das dir helfen kann.»

Er selbst jedoch fuhr fort, in vollem Zuge sein Leben als Junggeselle in Paris zu geniessen.

Eines Morgens im Februar 1985 sagte eine Freundin Joëlles zu ihr: «Gestern habe ich deinen Sohn auf seinem Motorrad in der Rue d'Assas getroffen. Er hat ganz freundlich angehalten und wir haben miteinander geplaudert.»

Joëlle wusste von der Existenz dieses Motorrads. Im Oktober hatte ihr Sohn ihr von dem Angebot eines gebrauchten Motorrads berichtet (dieses Motorrad war «die Gelegenheit», die durfte er auf keinen Fall verpassen!), dessen Kaufpreis er gerade mit seinen Ersparnissen aufbringen konnte. Sie hatte ihn frei entscheiden lassen unter der Bedingung, das Motorrad erst dann zu fahren, wenn er seinen Motorradführerschein gemacht hätte und eine Versicherung abgeschlossen wäre. Und sie wusste, dass er zu diesem Zeitpunkt weder seinen Führerschein hatte noch das Motorrad versichert war.

Am nächsten Abend war Joëlle in Paris und befragte Luc zu diesem Thema. Hatte er mittlerweile seinen Motorradführerschein und eine Versicherung abgeschlossen?

«Nein, das ist alles zu kostspielig.»

Da fuhr Joëlle aus der Haut: War er sich eigentlich im Klaren darüber, was er da machte? Er brauchte nur jemanden bei einem Unfall zu verletzen, und die ganze Familie wäre ruiniert! Sie erteilte ihm striktes Verbot, noch weiter dieses Fahrzeug zu benutzen. Sie verlangte von Luc das feierliche Gelöbnis, dass er nicht mehr mit dem Motorrad fuhr und es so schnell wie möglich wieder verkaufte, da er sich den Führerschein und die Versicherung nicht leisten konnte.

Luc versprach in feierlichem Ton, alles zu tun, was seine Mutter verlangte. Es war ihm stets leicht gefallen, jede Art von Versprechen zu geben. Schliesslich verpflichtete ihn das zu gar nichts.

Am nächsten Morgen, einem Dienstag, fuhr er in aller Ruhe mit seinem Motorrad zur Vorlesung. Er trug stets einen Sturzhelm. Er fuhr niemals zu schnell. Es gab überhaupt kein Problem.

Aber an diesem Morgen fand er keinen Parkplatz in der Nähe der Universität, und er war schon recht spät dran. Na und? Dann parkte er sein Motorrad eben auf dem Bürgersteig.

Und es war auf diesem Bürgersteig, dass der Herr ihn abermals erwartete und zwar in der Person eines Polizisten.

Luc war gerade dabei, auf sein Motorrad zu steigen, als der «Gesandte des Herrn in Uniform» ihn ansprach: «Ihr Motorrad steht hier seit zwei Uhr. Wissen Sie, dass es verboten ist, auf Bürgersteigen zu parken? Name und Adresse?»

Und während Luc sich normalerweise stets sagte: «Mir kann keiner etwas anhaben, ich kann tun und lassen, was ich will und wo ich will», stand er nun kleinlaut vor dem Polizisten und gab

ihm seinen wahren Namen und seine richtige Adresse. Jedesmal, wenn er in der Metro ohne Fahrschein erwischt worden
war, hatte er, ohne mit der Wimper zu zucken, falsche Angaben
gemacht. Wie konnte er nur so dumm sein und sich hier auf
dem Bürgersteig von einem Polizisten anhalten lassen! Und
noch dazu nach dem feierlichen Gelöbnis vom Vortag!
«Ihre Papiere?», sagte der Polizist. Da gewann er jedoch seine
Gelassenheit wieder: «Ich habe sie zu Hause vergessen.»
«Gut, ich gebe Ihnen vier Tage Zeit, sie auf das Polizeibüro zu
bringen.»
Sobald der Polizist seinen Notizblock zugeschlagen und ihm
den Rücken zugekehrt hatte, wurde Luc von Panik ergriffen.
Es war unmöglich nach dem gestrigen Versprechen, die Eltern
um Hilfe zu bitten. Was war er nur für ein Idiot, dem Polizisten
seinen wahren Namen und seine wahre Adresse zu nennen!
Wie sollte er da nur wieder herauskommen? Einige Freunde
rieten ihm, sich falsche Papiere herzustellen, und der eine gab
ihm einen alten Führerschein, den er frisieren sollte, der andere
Versicherungspapiere, die nicht mehr gültig waren. Als er
jedoch wieder allein zu Hause war, brauchte er nicht lange, bis
ihm klar wurde, dass er wahrhaftig kein Talent hatte, etwas
Glaubhaftes auf die Beine zu stellen.
Da fielen ihm wieder seine Mutter, seine Tante und seine
Grossmutter ein, die alle so häufig von Antworten Gottes auf
ihre Gebete sprachen. Auch erinnerte er sich an die Hilfen des
Herrn, die ihm selbst zuteil geworden waren. Unglücklicher-
weise dachte er gleichzeitig daran, wie schnell er jedesmal wieder seine alten Lebensgewohnheiten aufgenommen hatte und
an das Leben, das er in diesen letzten Monaten geführt hatte.
Wie könnte er unter diesen Bedingungen noch um irgendetwas
bitten? Und dazu noch um etwas in dieser Grössenordnung?
Es war ein seltsamer Nachmittag. Er begann, die Papiere zu
bearbeiten, liess sie dann jedoch liegen, um einige Bruchstücke
von Gebeten hervorzubringen. Dann wandte er sich wieder
den Papieren zu, und es wurde ihm klar, wie unmöglich dieses
Vorhaben war. Er spürte vage die Anwesenheit Gottes in der
ganzen Geschichte.

Am Spätnachmittag fielen ihm auf einmal wieder die «frommen» Bücher ein, die seine Mutter ihm mitgebracht hatte, und die er seinen Freunden geliehen hatte, wenn diese in Schwierigkeiten waren. Er selbst hatte noch nie eins dieser Bücher aufgeschlagen. Er nahm aufs Geratewohl eins aus dem Bücherregal. Er schlug es auf und stiess auf folgenden Vers: «Mein Sohn, achte nicht gering die Erziehung des Herrn und verzage nicht, wenn du von ihm gestraft wirst» (Hebr. 12, 5).

Das war ein Schock.

Er hatte häufig, ohne zu überlegen, leichtfertig zu seinen Freunden gesagt: «Gott wird zu dir sprechen», und jetzt erlebte er selbst diese Realität. Gott selbst sprach zu ihm. Er sagte ihm, dass diese Geschichte mit dem Motorrad wahrhaftig er war. Das er es war, der den Sohn züchtigte, und dass er es war, der ihm sagte, dass er ihn liebte und diesen Sohn annehmen wollte. Luc vertiefte sich in ein Buch nach dem anderen.

Ja, der Herr sprach. Der Herr handelte. Ja, es war der Herr, und nur er, der ihm aus dieser schmutzigen Geschichte heraushelfen konnte. Aber gleichzeitig verstand er mit jeder Seite ein wenig mehr, dass es nun nicht mehr in Frage kam, den Herrn einfach zu benutzen, wie die vorherigen Male.

Es war, als ob der Herr zu ihm sagte: «Dieses Mal kannst du mich nicht benutzen, wie die anderen Male. Dieses Mal musst du auch etwas tun.»

Bloss wusste er nicht, was er «tun» musste. Noch wusste er, ob er es überhaupt tun wollte! Um dem Ganzen ein Ende zu bereiten, sagte er sich, dass es wohl das Beste wäre, zu einer Gebetsversammlung zu gehen, wo man für ihn beten konnte. Denn diese Geschichte mit der Polizei war doch ziemlich schwerwiegend: Sechstausend Francs Bussgeld und ein Monat Haftstrafe mit Bewährungsfrist! Und ausserdem würde er vielleicht zu der Lösung seines Problems noch das finden, wovon all diese Bücher sprachen.

Die Gebetsgruppe hatte er gleich zur Hand; es war die seiner Tante und seines Onkels.

Am Telefon stiess er auf einen seiner kleinen Cousins: «Mama ist nicht zu Hause, aber die Gebetsgruppe trifft sich morgen abend. Ich kenne die Adresse nicht, aber wenn du herkommst, kannst du mit meinen Eltern hingehen. Und du hast Glück, morgen abend kommt nämlich jemand zu Besuch zur Gebetsgruppe. Sie heisst Kim Kollins und ist Klasse!»

Tatsächlich war es so, dass dieser Abend – rein zufällig natürlich! – nicht wie die anderen Abende in Pierre d'angle war. Normalerweise ist die Gebetsversammlung ... eine Gebetsversammlung.

Aber an diesem Abend war Kim Kollins auf der Durchreise in Paris.

Kim Kollins ist eine Amerikanerin, die den Dienst erhalten hat, in ganz Europa zu lehren. Sie hätte ebensogut zwei Wochen vorher kommen können. Oder zwei Wochen später. Es ergab sich, dass sie gerade an diesem Tag in Paris weilte. Und zu diesem Anlass hatte die Gebetsgruppe Freunde und Bekannte eingeladen, die nicht zur Gruppe gehörten. Sie sollte während dieser Versammlung sprechen.

Luc trat in den kleinen Saal, der voller Menschen war. Er war sehr vorsichtig und fürchtete sich ein wenig vor dem, was da wohl auf ihn zukommen würde. Er nahm im äusseren Kreis Platz und achtete darauf, sich abseits zu halten. Fast wäre er nicht gekommen. Der Lobgesang begann, und er vergass schnell seine Befürchtungen und Ängste und bald sogar den Grund, der ihn hierher gebracht hatte. Er fühlte sich gut.

Dann sprach Kim Kollins. Sie redete über das Thema Vergebung. Damit hatte Luc nichts zu tun.

Am Ende ihres Vortrags sagte sie: «Wer möchte, dass wir für ihn beten? Kommen Sie bitte nach vorne, und wir werden für Sie beten.»

Luc sass am äussersten Rand des Kreises auf seinem Eisenstuhl und drückte sich. Er spürte, dass der Herr wollte, dass er aufstand und nach vorne ging. Vielleicht war das die Bedeutung von «etwas tun»? Aber gleichzeitig hatte er wirklich Angst, vor all diesen Menschen aufzustehen. Und da hörte er ganz deutlich eine andere Stimme, die zu ihm sagte: «Was machst du eigentlich hier? Geh weg von hier! Mit deinen Problemen wirst du schon alleine fertig.»

Mit grosser Anstrengung stand er auf und ging nach vorne.

Sofort verstummte die Stimme, die eben noch: «Geh weg!» gesagt hatte, und er vergass aufs neue vollkommen sein Motorradproblem.

Kim Kollins und die kleine Gruppe um sie herum begannen für Luc zu beten. Luc schaute auf Kim Kollins. Sie betete sehr intensiv. Sie hatte die Augen geschlossen. Er war glücklich, dass sie für ihn betete. Er spürte, dass sie sehr intensiv betete. Dann betete sie in Sprachen. Luc schaute auf sie und fand das alles sehr interessant, und er verstand nicht, warum gar nichts in ihm geschah. Dann fühlte er noch einmal, dass der Herr ihn aufforderte, einen Schritt auf ihn zu zu machen, und plötzlich hörte er auf, auf Kim Kollins zu schauen und sagte zum Herrn: «Herr, wirklich, ich akzeptiere dich in meinem Leben, ich möchte dich wirklich kennenlernen.»

Und sobald er diese Worte ausgesprochen hatte, spürte er, wie die ganze Liebe des Herrn in ihn strömte, und gleichzeitig sah er seinen eigenen Schmutz, all seine Sünden, wie er sie vorher noch nie gesehen hat. Er fühlte, wie der Herr in ihm Einzug hielt und Hausputz machte, alles reinwusch, und er begann zu weinen, obwohl sein Herz voller Frieden und Freude war. Jetzt wusste er, dass «etwas tun» das hier war und dass er das «Von-Neuem-Geboren-Werden» (Joh. 3, 3), wovon er schon öfter gehört hatte, gerade am eigenen Leibe erlebte.

In dem Moment rief Kim Kollins, die kleine, zarte Frau, die vor diesem kräftigen Jungen stand, den anderen zu: «We've got a new babe! Look at the Lord's new babe!»

Dann sagte sie zu Chantal: «Kümmere du dich um ihn!»

Und das neugeborene Baby setzte sich neben Chantal und weinte heisse Tränen.

Als Chantal und Bruno nach Hause fuhren, überlegten sie, dass es sicher gut für Luc wäre, wenn sie eine Jugendgruppe für ihn fänden.

Chantal hatte in der Kirche zu Luc gesagt: «Du musst jetzt weitergehen auf diesem Weg. Du kannst entweder wieder zu unserer Gruppe kommen oder dir selber eine suchen. Aber du musst eine Gruppe haben. Man kommt allein nicht weiter auf dem Weg mit dem Herrn, vor allem am Anfang.»

Es ist wunderbar, wenn jemand Sohn oder Tochter Gottes wird, aber wenn er anschliessend nicht genügend geistliche Nahrung bekommt, läuft er Gefahr, sehr schnell wieder vom Wege abzukommen!

Luc hatte sich selbst auch schon die Frage gestellt, wie es jetzt, in seinem neuen Leben, weitergehen sollte.

Sie hätten sich alle Anstrengungen diesbezüglich sparen können, denn Gott hatte bereits alles in die Wege geleitet. Als Luc am nächsten Morgen die Eingangshalle der juristischen Fakultät betrat, kamen drei Studenten auf ihn zu, die ihm unbekannt waren, zwei Jungen und ein Mädchen. Sie waren etwas verlegen und unsicher und begannen, von ihrer Gebetsgruppe, einer Studentengruppe, zu sprechen. Sie würden sich zwei mal wöchentlich treffen. Ob Luc nicht Lust hätte, heute abend zu kommen? Nur so, um mal zu sehen ...

Da lachte Luc und sagte: «Gerade gestern abend habe ich mein Leben Gott anvertraut!»

Und genau an diesem Wochenende organisierte diese Studentengruppe einen Gebets- und Vortragstag.

«Euer Vater weiss, was ihr bedürft, bevor ihr ihn bittet» (Mt. 6, 8).

Einen Monat später erfuhr Chantal, warum diese drei Studenten Luc an diesem Morgen angesprochen haben, und wie es dazu gekommen war. Und es war weder zwei Wochen vorher (da hätte er ihnen wahrscheinlich einen Korb gegeben) noch zwei Wochen später geschehen (da hätte er vielleicht wieder einmal den Herrn vergessen gehabt), nein, es geschah an diesem Morgen.

Chantal hatte ihren Mann zu einer Versammlung der Geschäftsleute des Vollen Evangeliums nach Ostfrankreich begleitet. Dort erzählte ihr eine junge Frau, was ihre Nichte, die Jurastudentin in Paris war, erlebt hatte.

Jene Nichte war seit Beginn des Semesters Mitglied einer Gebetsgruppe, wo sie die Taufe in den Heiligen Geist empfangen hatte. Alle Mitglieder der Gruppe hatten das immer stärker werdende Gefühl, dass der Herr sie aufrief, vor ihren Studienkameraden Zeugnis abzulegen. Aber es fehlte ihnen der Mut dazu, und sie waren zu schüchtern. Es ist nicht einfach, zum ersten Mal auf Studienkollegen zuzugehen, von denen man noch nicht einmal weiss, ob sie gläubig sind, um zu ihnen von Jesus und einer Gebetsgruppe zu sprechen. Seit einiger Zeit versuchten sie schon, ihren Mut zusammenzunehmen und einfach anzufangen.

An diesem Donnerstag morgen waren sie etwas früher zur Universität gekommen, um gemeinsam zu beten und den Herrn um Mut zu bitten. Und während sie beteten, verstanden sie, dass der Herr ihre Aufmerksamkeit auf den Jungen lenkte, der gerade die Eingangshalle betrat.

«Und stellen Sie sich vor», sagte die junge Frau zu Chantal, «dieser Junge hatte gerade am Abend vorher den Herrn kennengelernt!»

Dieser Junge konnte natürlich nur Luc sein, der nur zu gerne bereit war, das Zeugnis der Studenten mit offenen Armen in Empfang zu nehmen und sie in ihrem Vorgehen zu bestärken – und der das dringende Verlangen verspürte, Hilfe zu bekommen und ein neues Leben mit Christus zu beginnen.

Ja, die Pläne und das Timing des Herrn sind perfekt, und er kann unzählige Parameter in seiner allmächtigen Hand halten, ohne sie jemals durcheinanderzubringen.

P.S. Und was ist aus dem Strafmandat von Luc geworden?
Wie Luc, so hätte auch ich beinahe dieses Strafmandat vergessen.
Luc hat schliesslich Chantal und Bruno die ganze Geschichte erzählt. Ihre Antwort war nicht angenehm ausgefallen: «Der Herr wünscht sicherlich, dass du die Sache mit der Polizei regelst. Du hast eine Dummheit begangen und musst dafür bezahlen, wie jeder andere auch. Wenn der Herr in dieser Sache etwas für dich tun will, so wird er es danach tun.»
Luc ist also zum Polizeibüro gegangen und hat gesagt: «In Wirklichkeit habe ich gar keine Papiere.»

Er musste hundertfünfzig Francs für gesetzeswidriges Parken auf dem Bürgersteig bezahlen, und der Polizeibeamte sagte zu ihm: «Was die Papiere anbelangt, so werden Sie wieder von uns hören.»

Von diesem Tag an wurde über diese Sache nicht mehr gesprochen.

Und das Motorrad hat Luc in der ersten Woche nach seiner Umkehr zu Gott verkauft.

Meine Geschichte mit Gott

Als die Juden im VII. und VI. Jahrhundert vor Christi Geburt als Sklaven ihr Land verlassen mussten, machten sie sich unter der Führung ihrer Propheten daran, ihre «Geschichte» noch einmal zu studieren.

Sie erinnerten sich und erzählten sich wieder alles, was Jahwe für sie getan hat, wie er in ihnen und für sie gewirkt und gehandelt hat, wie er sich ihnen offenbart hat, wie er zu ihnen gesprochen hat, was er zu ihnen gesagt hat, wie er sie «mit starker Hand» befreit und «ihnen ein Land geschenkt» hat, in dem «Milch und Honig fliessen», und was er ihnen befohlen hat. Und da erkannten sie, wie dieser mächtige Gott in allen Situationen ihrer Geschichte, den schmerzlichsten wie den ruhmreichsten, gewirkt hat.

Und diese Geschichte, ihre heilige Geschichte, liess sie Wurzeln fassen im Glauben, in der Hoffnung und im Gehorsam, sie erfüllte sie mit Kraft und Treue, da, wo sie am schwächsten waren, wo sie sich niedergeworfen und entblösst vorkamen.

Wenn ich schwierige Zeiten, Zeiten der Dürre oder mangelnden Glaubens durchlebe, wende ich mich meiner persönlichen heiligen Geschichte zu. Der Geschichte meiner Begegnungen mit dem lebendigen Herrn, die meiner Taufe in den Heiligen Geist und meines Lebens mit ihm und die seiner Gebote.

Ich lese noch einmal meine persönliche heilige Geschichte durch und erkenne rückblickend den roten Faden des Planes, den Gott für mich gemacht hat.

Meine Geschichte mitGott führt mich zurück an den Anfang meines Lebens: zu den Eltern, die er mir gegeben hat; zur Entdeckung des grünen Büchleins; zu den verschiedenen Begegnungen mit Priestern, Freunden, Schriftstellern, Vorbildern; zum Tod meines Sohnes; zu der Entdeckung, dass es einen Unterschied gibt zwischen Lieben und den Gesten der Liebe sowie der Rolle, die das Wollen in der Liebe spielt; zu der Erkenntnis, wie Leid «abgebeizt» werden kann ... es sind so viele Etappen gewesen, und jede war unentbehrlich, jede hat mich zu ihm geführt, mich auf ihn vorbereitet. Betrachte ich all diese Jahre, so erkenne ich auch den ganz konkreten roten Faden einer intellektuellen und psychologischen Ausbildung, einer Ausbildung im Zuhören und einer Ausbildung, die mich auf einen ganz spezifischen Dienst vorbereitete.

Ich lese meine persönliche Geschichte mit Gott noch einmal durch und betrachte dabei die wunderbaren Taten, die der Herr für mich vollbracht hat. Wie ich die Taufe in den Heiligen Geist erhalten habe. Wie der Lobgesang aus mir heraussprudelte. Wie er mich von aller Sklaverei befreit hat. Wie er mich freigemacht hat. Wie ich seine Liebe kennenlernen durfte – und seinen Humor! Wie er mich durch die Wüste geführt hat, indem er mir das Manna zu genau dem Zeitpunkt geschenkt hat, zu dem ich es brauchte. Wie mein Leben, das sich immer mehr zusammenzog, sich immer mehr verschloss, sich von dem Moment an ins Unendliche öffnete, wo ich die Taufe in den Heiligen Geist empfangen habe. Wie er mich mit Freude, Liebe und Frieden erfüllt hat, wie er mich verändert hat und damit mein ganzes Leben. Wie er mich erfüllt hat.

Ich lese meine persönliche Geschichte mit Gott noch einmal durch. Ich hatte keinen perfekten Raketenstart hingelegt, dem Vertrauen und dem Gehorsam entgegen. Ich sehe eher einen verschlungenen Pfad, der manchmal sogar vom richtigen abwich. Und ich höre, wie Jesus mir immer wieder sagt: «Hab keine Angst!» ... wie er seine Jünger anredete, im Morgen-grauen, als diese ihn nicht erkannten, als er auf dem Wasser auf sie zukam. Sie waren erschrocken. Und er rief ihnen zu: «Habt keine Angst, ich bin es!» Sie zweifelten. Petrus sagte zu ihm: «Wenn du es bist, befiehl mir, dir auf dem Wasser entgegenzu-kommen.»

Wie oft war Jesus auch zu mir gekommen, im Morgengrauen, auf dem Wasser. Ich erkannte ihn nicht, und er sagte zu mir: «Hab keine Angst. Erkenne mich in dem, was du erlebst. Ich bin es, der auf dich zukommt.»

Auf die Worte Jesu hin begann Petrus das Unmögliche. Er ging auf dem Wasser. Zu mir hat Jesus auch gesagt: «Komm, beginne das Unmögliche – dein Unmögliches!»

Also machte ich mich auf, auf diesem Unmöglichen zu gehen. Ich ging unter, zehn-, zwanzig-, dreissigmal. Aber jedesmal rief ich ihm zu: «Hilfe, Herr! Ich versinke!»

... wie er es mit Petrus gemacht hat, so fasste er auch meine Hand und stellte mich wieder auf die Füsse – will sagen auf sei-ne Füsse! Und langsam, Schritt für Schritt, wurde das Wasser meiner Lebensumstände zu einem immer fester werdenden Boden unter mir... solange ich die Augen auf ihn gerichtet hielt. Sobald ich meinen Blick von ihm abwandte, begann ich zu versinken. Sobald ich an die Schwierigkeiten dachte, an den Wind, die Wellen, versank ich im Wasser. Aber sobald ich ihn anrief, stellte er mich wieder auf die Füsse.

Und jedesmal begriff ich ein wenig mehr, dass für Gott nichts unmöglich ist. Mein Vertrauen wuchs; und gleichzeitig lernte ich, dass ihm zu vertrauen auch bedeutete, die Umstände zu akzeptieren, in denen ich mich befand. So wie sie waren.

Ich lese meine persönliche heilige Geschichte noch einmal durch. Mir wird klar, welche Arbeit mein Weingärtner an mir vollbracht hat. «Ich bin der rechte Weinstock, und mein Vater ist der Weingärtner» (Joh. 15, 1). Ich sehe dem Weingärtner beim Arbeiten zu. Er schneidet zurecht, stutzt, beschneidet, düngt.

Die Arbeit Gottes, die immer wieder anders ausfällt, ist stets auf jedes einzelne seiner kostbaren Kinder zugeschnitten und ist keine Kastration. Er sucht für jeden von uns die grösstmögliche

Entfaltung unserer Möglichkeiten, Freude und Glück zu finden zu seinem Ruhm. Es sind die Kenner, die immer wieder vom Fuss des Rosenstocks ausgehen, um ihn zu stutzen (vom ursprünglichen «alten Menschen», wie Paulus sagen würde), andernfalls, würde er den Rosenstock unbeschnitten wachsen lassen, würde die Persönlichkeit des Rosenstocks zunichte gemacht. Die wuchernden Äste und die abgestorbenen Zweige würden ihn zum Ersticken bringen, würde er ihn nicht davon befreien. In dieser Arbeit kommt das Werk Gottes zu seiner vollen Entfaltung.

Ich sehe nun die in meinem Leben vollbrachte Arbeit, die vom ersten Tag an unendlich zärtlich, einfühlend und geduldig war. Es ist eine einzigartige, persönliche, personengebundene Arbeit, und sie ist wie handgemacht.

Ich sehe, wie er mich lehrt, ihm zu danken in allen Lebenslagen, ihn zu loben in allen Lebenslagen, ihm zu vertrauen in allen Lebenslagen.

Die wegweisenden Aufrufe treten deutlich hervor: zur Demut, zur Vergebung, zum Gehorsam und zur Liebe (wobei die beiden letzten miteinander verbunden sind. Wenn Sie Zweifel daran haben, lesen Sie Mt. 22, 39 und Joh. 14, 15).

Und, dass es vom ersten Tag an personengebunden war, erkenne ich an dem roten Faden einer massiven Anti-Aktivismus-Kampagne, denn der Herr brachte mich dazu, eine Aktivität nach der anderen aufzugeben. Er sagte immer wieder zu mir: «Lass mich machen! Bleib ruhig! Setz dich hin!» (Das sagt er mir selbst heute noch oft!)

«... und die Schafe hören seine Stimme... Und wenn er alle seine Schafe hinausgelassen hat, geht er vor ihnen her, und die Schafe folgen ihm nach...» (Joh. 10, 3-4).

Mein Schafhirte sagt zu mir: «Geh nicht vor, sondern folge mir nach!»

Ich sehe, wie er mich lehrt, mich hinzusetzen und die anderen handeln zu lassen.

Ich höre, wie er zu mir sagt: «Höre auf nachzudenken!»

Und ich höre in meiner Geschichte seine Worte, die in den jeweiligen Situationen zu mir sprechen.

Ich lese meine persönliche heilige Geschichte noch einmal durch und erinnere mich an den Tag (es war vor einem Jahr!), an dem ich endlich verstand, was es bedeutet, «für Christus zu sterben» («Denn Christus ist mein Leben, und Sterben ist mein Gewinn» Phil. 1, 21), an dem ich begriff, wie es möglich werden kann, dass ein Mensch das Sterben für Christus anstrebt, und ... was diese Freude eigentlich ist, von der ich seit meiner Taufe in den Heiligen Geist erfüllt bin.

Es war an einem Tag der offenen Tür. René Jacob (ein Pastor der Diözese Lens) hielt einen Vortrag. Er begann damit zu fragen, wer von den Zuhörern die Freude Jesu Christi kenne. Viele Hände gingen hoch. Als er dann fragte, wer jeden Tag die Freude Jesu Christi erlebe, waren es schon weniger Hände, die in die Höhe gingen.
Ich hob meine Hand. Es stimmte, ich erlebe die Freude Jesu Christi jeden Tag.
Aber bereits als meine Hand in die Höhe ging, sagte ich mir: «Jeden Tag, ja. Aber nicht den ganzen Tag. Warum nicht den ganzen Tag?» Indessen fuhr René Jacob fort und stellte eine dritte Frage: «Wie kommt es, dass unsere Freude manchmal nicht vollkommen ist?» Wie kam es, dass meine Freude manchmal, im Lauf eines Tages, nicht vollkommen war? Wann verliess mich diese Freude oder war nicht vollkommen?
In dem Moment, in dem ich mir diese Frage stellte, wurde mir auch schon die Antwort klar. Meine Freude hörte auf, vollkommen zu sein oder verliess mich ganz, wenn ich mich über etwas «ärgerte», wenn etwas «gegen» meinen Willen geschah, wenn mein Mann stichelte oder er (oder jemand anderes) mir nicht mit der Aufmerksamkeit entgegenkam, die ich wie ein Recht beanspruchte, wenn die Dinge nicht den Lauf nahmen, den ich mir wünschte, wenn meine Planungen, meine Absichten, meine Pläne für den Tag oder auf lange Sicht durch die Pläne, Absichten oder Vorhaben anderer gestört wurden ...
Was ich will, was ich mir wünsche, was ich erwarte, das, worauf ich ein Recht habe. Es war stets ich.
Und René Jacob sagte: «das Selbst muss sterben ... von Grund

auf sterben ... vollkommen tot sein ... sogar mein Sein, meine Person, meine Persönlichkeit ...»

Plötzlich begriff ich, was dieses geheimnisvolle Sterben des «alten Menschen» in uns bedeutete. Und wie sich dieses Sterben vollziehen musste. Mir wurde nämlich auf einmal mit grosser Eindrücklichkeit klar, dass auf der anderen Seite dieses Sterbens die vollkommene, immerwährende Freude Jesu ist, und dass diese Freude Jesus selbst ist, und dass ich auf keinen Fall auf diese Freude, die er selbst ist, verzichten konnte.

Ich lese meine persönliche heilige Geschichte noch einmal durch und gewinne wieder Gewissheit, auch wenn sie mitunter durch das, was ich gerade erlebe, verschleiert ist.

Ich lese die von Gott erfüllten Bitten noch einmal durch, die ich auf den Seitenrändern meiner Bibel notiert habe, und die immer zahlreicher werden, und in meinem gelben Notizheftchen lese ich noch einmal die Worte, die er auf unterschiedliche Weise zu mir gesagt hat.

Ich lese meine persönliche heilige Geschichte noch einmal durch und ich weiss, wie auch immer meine momentanen Probleme und Schwierigkeiten aussehen mögen, mein allmächtiger Vater liebt mich und er hat einen perfekten Plan für mich – auch wenn ich in diesem Augenblick unfähig bin, ihn zu erkennen.

Jeder von uns hat seine persönliche heilige Geschichte.

Gott führt jeden von uns auf einem sehr individuellen Weg.

Jedem von uns hat er besondere Gnadengaben geschenkt, Begegnungen mit seiner Liebe, eine Gabe, eine Heilung, Augen, mit denen wir seinen Plan für uns sehen können, mit denen wir sein Handeln in unserem Leben sehen können, das lange vor dem Tag, an dem wir ihn als Herrn und Meister unseres Lebens angenommen haben, begonnen hat.

So steht uns in Situationen, in denen unser Glaube geschwächt ist, in denen wir mit tragischen Ereignissen konfrontiert werden und in Zeiten der Gebetsdürre die Hilfe und die Kraft unserer Geschichte mit unserem Gott und Herrn zur Verfügung. Und wir lesen diese Geschichte noch einmal durch und wissen, dass er da ist und alles lenkt, selbst die verworrensten und unverständlichsten Dinge unseres Lebens, zum Guten denen, die ihn lieben.

Das grosse Abenteuer

Man sagt uns, mir und anderen «charismatischen» Christen nicht selten: «Woher habt ihr das alles? (Die Rolle des Heiligen Geistes, das Zungenreden, die Charismen ...) Ist das auch katholisch? Oder orthodox? Oder protestantisch?»
Mitunter hören wir sogar: «Befindet ihr euch nicht auf einem Irrweg?»
Oder es geht noch weiter: «Gehören Sie etwa einer Sekte an?»

«Das alles» ist direkt den Lehren Jesu entnommen, seinem Leben und dem Neuen Testament. Jemand hat einmal geschrieben, dass der Plan Gottes «nicht bloss darin bestehe, dass wir im Heiligen Geist neu geboren werden (durch die Taufe in den Heiligen Geist), sondern dass wir in den Heiligen Geist eintauchen und von seiner Liebe, seinem Leben und seiner Kraft überfliessen.» Und dies sind die Worte Jesu, und sie stehen auf vielen Seiten des Neuen Testaments und des Alten Testaments geschrieben.
Die charismatische Bewegung ist nichts anderes als die Wiederentdeckung dessen, was das erste Pfingstfest in Wirklichkeit war, und alles dessen, was uns im Alten und vor allem im Neuen Testament über den Heiligen Geist versprochen und mitgeteilt wird.
Angesichts dieser Wiederentdeckung der Kraft des Heiligen

Geistes und der von Jesus erhaltenen, ihn selbst betreffenden Versprechungen (diese Aspekte waren seit der Zeit der Aufklärung verschleiert worden) sagte die charismatische Bewegung nicht: das ist nicht gut für uns, sondern sie weiss – wie es so viele andere während der ersten zwanzig Jahrhunderte wussten – dass «das» für uns ist, hier und jetzt. Dass Jesus wirklich heute jeden von uns mit seinem Geist erfüllen will. Dass er heute jedem von uns seinen Trost und seine Gaben schenkt.

Jesus bietet mir diesen Tröster an. Wie kann ich ihn empfangen?

Der Geist ist zunächst eine Gabe Gottes. Und er kann in dieser Eigenschaft im wahrsten Sinne des Wortes schlichtweg über uns kommen, wie es den Aposteln am ersten Pfingstfest geschah und später Paulus und Kornelius.

Das Pfingstfest und die Geschichte des Paulus sind hinreichend bekannt. Die Geschichte des Kornelius ist es vielleicht weniger. Dieser Hauptmann der römischen Kohorte (Apg. 10) war noch nicht einmal ein Jude. Aber er war ein frommer Mann und «gottesfürchtig» (d.h. er war ehrerbietig und willig, Gott zu gehorchen) und er «gab dem Volk viel Almosen und betete immer zu Gott» (Apg. 10, 2).

Der Herr begann damit, ihm einen Engel zu schicken, der ihm sagte: «Deine Gebete und deine Almosen sind hinaufgekommen ins Gedächtnis vor Gott» (Apg. 10, 4) und ihm zu befehlen, Petrus holen zu lassen.

Kornelius gehorchte und sandte einen Diener aus, der Petrus holte. Als dieser bei Kornelius ankam, hatte der «alle seine Verwandten und nächsten Freunde zusammengerufen und erwartete Petrus» (10, 24). Und während Petrus erzählte, wie Gott «Jesus von Nazareth ... mit dem Heiligen Geist und mit Kraft gesalbt hat» (10, 38) und von seinem Handeln und seiner Macht berichtete, denen ihre Sünden zu vergeben, die an ihn glauben, «kam» der Heilige Geist «über» all diejenigen, die seine Worte hörten ... sogar noch bevor sie (mit Wasser) getauft waren.

Wenn wir sagen, dass der Heilige Geist (oder der Glaube) eine Gabe Gottes ist, bedeutet das keineswegs, dass Gott schuld daran ist, wenn wir ihn nicht empfangen! Gott bietet ihn uns an. Aber wir haben die Freiheit, darum zu bitten, ihn zu empfangen oder ihn abzulehnen.

Im Lukas-Evangelium versichert Jesus uns, dass «der Vater im Himmel den heiligen Geist gibt denen, die ihn bitten» (Lk. 11, 13). Und im Johannes-Evangelium lesen wir, dass wir Jesus gehorchen, wenn wir ihn lieben: «Liebt ihr mich, so werdet ihr meine Gebote halten» (Joh. 14, 15). Und wenn wir ihm gehorchen, wird er beim Vater für uns bitten, und der Vater gibt uns «einen anderen Tröster, dass er bei euch sei ewiglich» (Joh. 14, 16).

Diese beiden Bibelstellen lehren uns, wie wir normalerweise den Heiligen Geist bekommen können: wir kennen Jesus, wir möchten ihm gehorchen, und wir bitten ihn um den Heiligen Geist.

Wir müssen also zunächst Jesus kennenlernen und ihn lieben, und zwar zugleich Jesus, den wahren Gott, den wahren Mensch gewordenen Sohn Gottes, den uns das Evangelium bezeugt, und die heute und jetzt lebendige Person Jesus. Wir müssen unsere Sünden erkennen und bekennen (für die wir seine Vergebung und seine Rettung brauchen), wir müssen Jesus nachfolgen wollen und an sein Wort glauben.

Dann müssen wir den Heiligen Geist empfangen wollen. Unser Wille muss das Akzeptieren Jesu als Herrn und Meister unseres ganzen Lebens mit einbeziehen («Liebt ihr mich, so werdet ihr meine Gebote halten»). Wir müssen persönlich, freiwillig und bedingungslos uns selbst und unser Leben dem Vater und dem Sohn übergeben.

Und schliesslich müssen wir darum bitten. Und ihn empfangen. Allein im Gebet oder, wie es normalerweise der Fall ist, durch das Gebet (mit oder ohne Handauflegen) von Christen, die die Taufe in den Heiligen Geist bereits empfangen haben.

Nach jener ersten Versammlung, zu der unsere Tochter Chantal mich mitgenommen hatte, habe ich das Neue Testament noch einmal, mit einem Farbstift in der Hand, durchgelesen und alle Bibelstellen untersucht, die im Zusammenhang mit dem Heiligen Geist stehen. Und ich habe all die wunderbaren Versprechungen entdeckt, von denen die Bibel bezüglich des Heiligen Geistes spricht. Da steht geschrieben, dass er uns zur Wahrheit führen wird: «Wenn aber jener, der Geist der Wahrheit, kommen wird, der wird euch in alle Wahrheit leiten» (Joh. 16, 13); dass er uns verkündigen wird, «was zukünftig ist» (16, 13); dass er uns mitteilen wird, was Jesus selbst ist: «Er wird's von dem Meinen nehmen und euch verkündigen» (16, 15); dass er Zeugnis ablegen wird: «der Geist der Wahrheit, der vom Vater ausgeht, der wird von mir Zeugnis ablegen» (16, 26); dass er uns Zugang zum Himmelreich verschafft: «Von Gott sage ich dir: Wenn jemand nicht geboren wird aus Wasser und Geist, kann er nicht in die Königsherrschaft Gottes eingehen» (Joh. 3, 5); dass er uns mitteilt, was von Jesus zu sagen ist, wenn wir Zeugnis ablegen müssen: «Aber auch ihr werdet Zeugnis ablegen, weil ihr von Anfang an mit mir zusammengewesen seid» (Joh. 16, 27); dass er unser Anwalt, Verteidiger und Tröster ist, dass er für uns bittet, unser «Lebenswasser» (Joh. 7, 38) ist und unsere «Kraft aus der Höhe» (Lk. 24, 49).

In der Apostelgeschichte sehen wir den Heiligen Geist am Werk. Er ist es, der diese armseligen Apostel auf so spektakuläre Weise verändert. Sie beginnen nicht nur in Zungen zu reden und die Grösse Gottes zu rühmen, sondern sie, die sich vor Angst vor den Juden im Obersaal eingeschlossen hatten, gehen jetzt hinaus auf die öffentlichen Plätze und verkündigen die Frohe Botschaft. Diese Fischer und Bauern reden jetzt wie gebildete Männer: «Die Führer des Volkes sahen die Freimütigkeit des Petrus und Johannes und verwunderten sich um so mehr, als es ja einfache und ungebildete Leute (Laien) waren» (Apg. 4, 13).

Wenn also Gott nicht den Geist über uns kommen lässt, wie er ihn über Paulus oder Kornelius oder über die ersten Christen am ersten Pfingstfest kommen liess, über uns, die wir doch all jene Wunder, die der Heilige Geist gewirkt hat, gesehen und all die Versprechungen gehört haben, werden wir ihn sicher um den Heiligen Geist bitten?!

Aber nein, scheinbar ist es doch nicht so!

Manche sind blind und taub: «Wir haben das Neue Testament immer wieder gelesen, aber wir haben nie gehört, was Gott uns über den Heiligen Geist gesagt hat, noch haben wir verstanden, dass er zu uns sprach, zu euch, zu mir, hier und jetzt.»

Bei anderen – den besonders guten Christen – handelt es sich um das Pharisäer-Syndrom. Die Pharisäer waren die «Stützpfeiler der Kirche» von damals, fromm und tugendhaft, sie respektierten jedes Wort des Gesetzes und der Tradition, sie waren im Besitz der ganzen Wahrheit und praktizierten sie.

Wie kann man unter diesen Bedingungen annehmen, dass Menschen von neuem geboren werden? Wie können wir unter diesen Bedingungen glauben, dass diesen Menschen etwas Wichtiges fehlt, etwas, das alles verändern kann? Ist es womöglich unser perfektes Christentum, das uns daran hindert, um den Heiligen Geist zu bitten? Wir haben Angst. Es geht darum, sich voll und ganz zu engagieren. Nicht ein wenig hier, ein bisschen dort, wie es uns gerade passt. Sondern hundertprozentig. Es geht darum, Jesus zu gehören. Wer weiss, wohin uns das führen kann? Wer weiss, an welcher Stelle Gott anfangen wird, die Führung zu übernehmen? (Nichts Genaues zu wissen macht uns diese Entscheidung nicht gerade leichter!)

Wir sind bereit, ja zu sagen zu Jesus, aber nur unter der Bedingung, dass wir selbst die Grenzen festlegen: «Alles, ausgenommen dies und jenes.» Ich bin bereit, zwölf Kilometer mit dir zu gehen, aber nicht zwölfeinhalb.» «Ich möchte nicht, dass du in mein Berufsleben eingreifst oder an diesen oder jenen Punkt meines Privatlebens oder meiner gesellschaftlichen Situation rührst», usw.

Wir kennen den Herrn. Wir glauben. Wir bekennen uns als Sünder. Wir wissen, dass er Worte des ewigen Lebens aussprechen kann, und wir wollen ihm dienen ... aber auf unsere Weise und entsprechend unseren persönlichen Entscheidungen, die wir als vernünftig betrachten. Und wir wissen ja viel besser, was vernünftig ist, als Gott, nicht wahr? Ein Engagement, bei dem wir versuchen wollen, zu tun, was er uns sagt und wann er es will, das ist etwas ganz anderes!

Mitunter, und so geschah es mir, öffnen sich unsere Augen und

Ohren für das, was uns das Wort Gottes sagen will, zu einem Zeitpunkt in unserem Leben, wo wir so unglücklich sind, so verloren, dass wir diesen Schritt nur deshalb tun können, weil wir am Ertrinken sind, und er unser Rettungsanker ist (im wahrsten Sinne des Wortes). Aber im normalen Leben, in dem Glück, Sorgen, Vergnügen, körperliche und berufliche Umstände im Lot sind, und in dem wir ein befriedigendes Christenleben führen, ist das viel schwieriger.

Wir sind bereit, Jesus in unser Leben einziehen zu lassen, «ins Wohnzimmer», manchmal, mehr oder weniger regelmässig: am Sonntagmorgen oder vielleicht jeden Tag oder sogar mehrere Male am Tag. Aber ihm die Türen unseres Hauses zu öffnen, die Türen aller Aspekte unseres Lebens und die unseres geliebten Ichs ... Mehr noch: ihn als den absoluten Meister anzuerkennen ... Das ist etwas anderes. Das erfordert wirklich reifliches Überlegen. Auch wenn wir uns bewusst sagen, dass Gott unser Vater und die Liebe ist, macht uns seine Hand, die auf uns liegt, Angst. Schliesslich wissen wir aus den Evangelien, dass Jesus selbst die ersten Jünger-Kandidaten warnte, dass er keinen festen Platz hatte, wo er sein Haupt hinlegen konnte. Anders ausgedrückt heisst das, dass wir, wenn wir ihm folgen wollen, akzeptieren müssen, es blind zu tun, ohne zu wissen, wohin er uns führen wird.

Wir trauen uns nicht so richtig, uns unter diesen Bedingungen zu engagieren. Wir müssen vorher unseren «Karriereplan» kennen, müssen wissen, bis wohin unser Engagement uns führen kann – und nicht weiter. Kurz, wir wollen Gott Grenzen setzen.

Und dann sehen wir wie ein Kind, das auf einer hohen Mauer sitzt, da hinten, ganz weit entfernt, die offenen, ausgestreckten Arme unseres Vaters. Und er sagt zu uns: «Hab keine Angst! Vertrau mir! Spring!»

Aber wir trauen uns nicht. Und wenn er uns nicht auffängt?

Oder wir bleiben dort am Ufer des Meeres stehen, wo die Welle uns nicht berühren kann. Und das Wasser, das heranrollt, lässt uns kleine Sprünge machen ... nach hinten. Oder vielleicht haben wir den Mut gehabt, bis zu den Knien ins Wasser zu gehen. Und zitternd und steif stehen wir da und kommen keinen Schritt weiter – das ist auch nicht besser! In dieser Stellung können wir kein Vergnügen finden. Solange wir uns nicht ganz ins Wasser hineingestürzt haben, können wir weder die Freude, vom Wasser getragen zu werden, kennenlernen noch das Gefühl der Freiheit unseres Körpers im Salzwasser erleben.

Aber gleichzeitig sind wir auch wie ein Kind (oder ein Erwachsener) vor einem Schaufenster, in dem viele köstliche Leckereien ausgestellt sind, die wir begehren.

Es ist die Liebe Jesu, die wir mit genausowenig Erfolg anstreben wie es in dem uns allen bekannten Traum der Fall ist, in dem wir auf der Stelle laufen und nicht vorwärts kommen oder höchstens ein paar Zentimeter. Und dann ist da noch jene aussergewöhnliche Veränderung, die wir bei anderen Menschen feststellen, wie es bei mir mit Chantal war. Jenes Strahlen der Freude und der Liebe, und die Bereitschaft, Zeugnis für Jesus abzulegen, zeigen uns, dass wir längst nicht alles besitzen, was Jesus uns geben kann und will ...

Aber es kommt der Tag, an dem wir entdecken, dass wir Jesus ganz nahe sein wollen, an dem wir so viel von dieser Freude, diesem Strahlen und jener Kraft zum Zeugnis für ihn bekommen wollen, dass wir bereit sind, um den Heiligen Geist zu bitten, auch zu diesem hohen Preis: «Liebet ihr mich, so werdet ihr meine Gebote halten. Und ich will den Vater bitten, und er wird euch einen anderen Tröster geben» (Joh. 14, 15-16).

Und dann springen wir ins Wasser. Ein Sprung ins Meer – ein Kopfsprung – ohne Bedingungen und ohne Karriereplan: Wir beschliessen, dass wir Jesus als Herrn und Meister wollen und bitten um den Heiligen Geist.

Und in dem Augenblick entdecken wir, dass wir niemals vorher Gott wirklich Vertrauen geschenkt haben; dass wir unser Leben mit ihm (einmal hierhin, einmal dorthin, mit der Zuversicht, dass er uns schon geben wird, was wir brauchen) wie die Frucht unserer Bemühungen, unseres Willens, unseres Handelns begriffen haben, und dass unser Leben die Frucht unseres guten Willens und seines Handelns war. Wir stellen fest, dass wir uns stets auf unsere eigene Stärke verlassen haben, und dass er uns seine anbietet – jene «wunderbar denkende Kraft, die Ursprung des Universums» ist. Dass wir auf wundervolle Weise geliebt werden, wunderbar frei sind, dass Gott sich für alles, was unser Leben betrifft, bis ins kleinste Detail interessiert, und dass seine Geduld und seine Feinfühligkeit grenzenlos sind. Wir sind nicht, wie Paulus es ausdrückt, «vollkommen» («Nicht, dass ich's schon ergriffen habe oder schon vollkommen bin»), sondern wir sind von Jesus «ergriffen» und «strecke(n uns) nach dem, das da vorne ist» (Phil. 3, 12-13). Ein neues Leben ist in uns geboren. Ein neues Leben ist für uns geboren. Das grosse Abenteuer beginnt.

«Du erfreust mein Herz, ob jene auch viel Wein und Korn haben»
(Ps. 4, 8)

Schlussfolgerung

Das grosse Abenteuer hat für mich begonnen, als ich achtund-
fünfzig Jahre alt war. Für andere beginnt es mit zwölf, achtzehn,
dreissig, vierzig – oder siebzig Jahren! Ist es nicht wunderbar,
dass es in jedem beliebigen Alter beginnen kann?

Und wie wunderbar ist dieses Abenteuer! Es gibt nichts
Vergleichbares.

Viele Personen, ob sie Glauben «praktizieren» oder nicht, stossen sich an dem Gleichnis von den Arbeitern im Weinberg (Mt.
20, 1-16). Wenn man vor meiner Taufe in den Heiligen Geist
versuchte, mich in Bezug auf diese Beispielgeschichte in Ver-
legenheit zu bringen, antwortete ich stets, dass es sich hier um
die Befriedigung handele, eine Aufgabe erledigt zu haben, dass
es eine Freude sei, etwas aus reiner Liebe zu tun ... Als ich
jedoch anfing, im Heiligen Geist zu leben, drängte sich mir die
wahre Antwort auf. Und sie lautet, dass wir von früh an diese
vollkommene Freude erleben dürfen, die Freude der Liebe
Christi in uns, die des ewigen Lebens in uns, hier und jetzt:
«Du erfreust mein Herz, ob jene auch viel Wein und Korn
haben» (Ps. 4, 8). Vom frühen Morgen an können wir mit dem
Herrn zusammensein, uns in vollem Vertrauen auf ihn stützen,
von seinem Frieden und seiner Freude erfüllt sein, die Ströme
des Lebenswassers empfangen, die er denen versprochen hat,
die zu ihm kommen: «Wenn jemand Durst hat, der komme zu

mir, und es trinke ein jeder, der mir vertraut! Denn die Schrift sagt: Von dessen Leibe werden Ströme von Lebenswasser fliessen.» (Joh. 7, 37-38)

... Und da stehen sie, diese «um fünf Uhr Eingestellten» (Mt. 20, 9), die das alles seit vielen Jahren hätten haben können, die aber bis zur letzten Minute gewartet haben. Sie haben, das stimmt, den gleichen Lohn erhalten, aber wie schade ist es doch für sie, unwiederbringliche Jahre verloren zu haben, die Jahre der Fülle und des Überflusses gewesen wären!

Wenn ich über meine persönliche Geschichte mit Gott spreche, darüber, wie ich meine Probleme dem Herrn übergeben habe, von meiner Taufe in den Heiligen Geist, geschieht etwas Seltsames: Ich erzähle, was der Herr für mich und in mir getan hat, was er von mir begehrte, von der wunderbaren Art und Weise, mit der er mich geführt hat, von der Freude, dem Frieden, der Freiheit, meiner Selbstentfaltung im Gebet, von den Mauern, die gefallen sind ... und ich spreche kaum noch (ausser bei Rückfällen) von meinen «Lebenslagen».

Dieses Bild gibt wieder, was mit mir geschehen ist. Nicht sofort, nicht von heute auf morgen, nicht ganz. Aber es stimmt, dass das, was sich zwischen meinem Herrn und mir abgespielt hat, langsam, Schritt für Schritt, wenn auch durch unzählige Erschütterungen und Rückfälle, das Wichtigste in meinem Leben geworden ist, das, was heute an erster Stelle steht.

Und häufig stellt man mir, wenn ich davon rede, die Frage: «Aber Ihre Probleme, Ihre Lebenslagen? Hat Gott wirklich darauf geantwortet? Hat er sie verändert?»

Was jedoch die Menschen, die mir diese Frage stellen, am meisten beschäftigt – und was in Wirklichkeit ihre Frage ist – ist dies: «Ist Gott fähig, mein Problem zu lösen?»

Die Antwort heisst: Ja, er kann es. Und was mich betrifft, so hat er mir geantwortet, meine «Lebenslagen» haben sich verändert. Ja, Jesus antwortet. Er antwortet nicht unbedingt entsprechend dem Schema, das wir im Kopf haben. Er antwortet nicht unbedingt so schnell, wie wir es uns wünschen. Aber er antwortet «über das hinaus, was wir uns haben träumen lassen oder was wir erhofft haben».

Ja, meine «Lebenslagen» haben sich in wunderbarer Weise verändert – über das hinaus, was ich mir habe träumen lassen oder erhofft hatte. Und sie verändern sich weiter. Der Heilige Geist, das ist ein bisschen wie Masern, wenn die in einer Familie Einzug halten, stecken sich nach und nach alle Familienmitglieder an.

Auch ich habe mich verändert.

Es wurde mir sehr bald nach meiner Taufe in den Heiligen Geist gesagt. Und heute noch höre ich oft die Worte: «Wie Sie sich verändert haben!» oder «Wissen Sie, Sie haben sich sehr verändert!»

Und stellen Sie sich vor, obwohl es mich natürlich sehr freut, dass die Veränderungen, die der Herr in mir vornimmt, sichtbar werden, ärgert es mich manchmal ein wenig. Denn das lässt vermuten, dass vieles in mir der Änderung bedurfte! Es sind halt Dinge, die man sich selbst gern eingesteht, die man jedoch nicht so gern aus dem Mund anderer Menschen hört ...

September 1984 – Mai 1986

Am 11. Juli 1987 hat mein Mann um die Taufe in den Heiligen Geist gebeten und sie empfangen.